O PODER
DO FOCO
INABALÁVEL

DANDAPANI

O PODER DO FOCO INABALÁVEL

Tradução
STEFFANY DIAS

Copyright © 2022 by Dandapani Satgunasingam

O selo Fontanar foi licenciado para a Editora Schwarcz S.A.

Grafia atualizada segundo o Acordo Ortográfico da Língua Portuguesa de 1990, que entrou em vigor no Brasil em 2009.

TÍTULO ORIGINAL The Power of Unwavering Focus

CAPA Joana Figueiredo

PREPARAÇÃO Julia Passos

ÍNDICE REMISSIVO Probo Poletti

REVISÃO Marise Leal e Eduardo Santos

Dados Internacionais de Catalogação na Publicação (CIP)
(Câmara Brasileira do Livro, SP, Brasil)

Satgunasingam, Dandapani
  O poder do foco inabalável / Dandapani Satgunasingam ;
tradução Steffany Dias. — 1ª ed. — São Paulo : Fontanar,
2023.

  Título original: The Power of Unwavering Focus.
  ISBN 978-65-84954-14-4

  1. Atenção 2. Autocontrole 3. Consciência I. Título.

23-144017   CDD-153.733

Índice para catálogo sistemático:
1. Atenção : Psicologia 153.733

Eliane de Freitas Leite – Bibliotecária – CRB-8/8415

Todos os direitos desta edição reservados à
EDITORA SCHWARCZ S.A.
Rua Bandeira Paulista, 702, cj. 32
04532-002 — São Paulo — SP
Telefone: (11) 3707-3500
facebook.com/Fontanar.br
instagram.com/editorafontanar

Este livro é dedicado ao meu guru,
SATGURU SIVAYA SUBRAMUNIYASWAMI,
carinhosamente conhecido como Gurudeva.

*Seu amor incondicional por mim
e seu compromisso particular com a minha evolução
estão no cerne do que me inspirou a escrever este livro.
Ele me deu a maior das dádivas: os ensinamentos e
as ferramentas de que preciso para conhecer
a mim mesmo e vivenciar o divino
dentro de mim, e os fundamentos do que ele
me ensinou estão nas páginas deste livro.*

Sumário

Introdução............................... 11

PARTE I: UMA VIDA COM PROPÓSITO E FELICIDADE

1. **Preceitos básicos para cultivar uma mente concentrada**............................ 19

   Lição 1.1: Uma vida com foco nos propósitos.... 21

   Lição 1.2: Assumindo o controle............. 26

   Lição 1.3: Desejo, a força suprema da vida...... 33

   Lição 1.4: Argumentando.................... 38

2. **Se preparando para o sucesso**................ 43

   Lição 2.1: A vida deve ser vivida com alegria.... 45

   Lição 2.2: Manifestando a vida que você deseja... 48

   Lição 2.3: Morte, o maior incentivo............ 50

   Lição 2.4: A lei da prática.................... 59

   Lição 2.5: Intenção e obediência.............. 68

   Lição 2.6: O poder de dar um passo de cada vez.. 74

PARTE II: A MENTE INEFÁVEL

3. **Compreendendo a mente**.................... 83

   Lição 3.1: A ferramenta mais poderosa do mundo................................. 85

Lição 3.2: O grande segredo da mente 91

Lição 3.3: A mente como uma mansão 99

Lição 3.4: A consciência como um viajante 104

4. **A energia flui onde a consciência está** **109**

Lição 4.1: A importância da terminologia 111

Lição 4.2: A consciência no dia a dia 115

Lição 4.3: A consciência como um cão. 122

Lição 4.4: A história da energia 126

Lição 4.5: O poder magnético da emoção. 131

Lição 4.6: O micélio da mente 138

5. **Dominando a consciência** **145**

Lição 5.1: Definindo o propósito e o objetivo 147

Lição 5.2: Movimentando a consciência na
mente. 152

Lição 5.3: Chamando a atenção da consciência . . . 158

Lição 5.4: Separando a consciência. 161

Lição 5.5: O mestre da consciência 169

PARTE III: AS ASAS DA MENTE

6. **O foco inabalável** **175**

Lição 6.1: Não me drogue, por favor 177

Lição 6.2: Definindo a concentração 185

Lição 6.3: Distração — a praga mental 190

Lição 6.4: Integrando o foco à vida. 197

Lição 6.5: Estabelecendo rituais de
concentração 207

7. **Força de vontade, a maior força da vida** **217**

Lição 7.1: Definindo e compreendendo a força
de vontade 219

Lição 7.2: Três formas de desenvolver a força
de vontade 226

Lição 7.3: Integrando a força de vontade à sua
vida. 233

Lição 7.4: Estabelecendo rituais de força de
vontade. 239
Lição 7.5: A fonte da força de vontade 246
Lição 7.6: Fazendo o trabalho pesado 249

8. **Considerações sobre concentração.** 255
Lição 8.1: Tecnologia e concentração 257
Lição 8.2: As Engrenagens da Mente 266
Lição 8.3: Reflexões sobre o foco 272
Lição 8.4: Os frutos do foco 278
Lição 8.5: Desmistificando o foco. 286

PARTE IV: UMA PANACEIA PARA A MENTE

9. **Os quatro inimigos** 297
Lição 9.1: Estar presente: a solução 299
Lição 9.2: A raiz da preocupação 307
Lição 9.3: Vencendo o medo. 315
Lição 9.4: Domando a ansiedade e o estresse. 322

10. **As ferramentas em ação** 329
Lição 10.1: Reações lamentáveis. 331
Lição 10.2: Os conflitos da mente 340
Lição 10.3: Um divisor de águas. 346
Lição 10.4: No coração dos negócios 351
Lição 10.5: Foco nos negócios 357

Conclusão 371
Agradecimentos. 373
Índice remissivo 375

Introdução

O tempo que passei vivendo recluso com meu guru em seu mosteiro como um monge hindu ordenado foi a maior bênção da minha vida. Eu aprendi bastante e percebi que tenho muito mais para aprender. Ele estabeleceu as bases para o meu desenvolvimento, sabendo que isso seria o trabalho de uma vida inteira para mim e que ele não estaria presente o tempo todo para me guiar. Infelizmente, isso era a mais absoluta verdade, pois ele faleceu três anos depois que entrei para sua ordem monástica.

Sete anos após o meu guru falecer, eu havia passado uma década vivendo como monge no mosteiro e optei por não renovar os meus votos. Resolvi me arriscar no mundo, fui morar em Nova York e me tornei um sacerdote hindu. No hinduísmo, os sacerdotes são chefes de família — eles se casam, trabalham e ganham a vida como a maioria dos provedores.

Eu saí do mosteiro no segundo semestre de 2008, no auge da crise financeira global, com dois mantos, mil dólares e um MacBook Pro. O dinheiro e o laptop foram presentes gentis do mosteiro para me ajudar a iniciar a minha jornada pelo mundo. Embora eu tivesse poucos bens materiais, meu guru tinha me oferecido, enquanto estive no mosteiro, uma série de ensinamentos e ferramentas para me ajudar em meu desenvolvimento espiritual.

Eu sabia que esses ensinamentos eram tudo de que eu precisava para construir a próxima fase da minha vida. Eu havia sido bem-sucedido com eles no mosteiro e sabia que também teria bons resultados com eles fora dali. Esses antigos ensinamentos ancestrais estavam ancorados em verdades universais. Não importava onde eu me encontrasse ou o que fizesse. Eu ou qualquer um que os conhecesse e os compreendesse podia aplicá-los não importa onde estivesse.

Quando eu era um monge, muitas vezes ouvi visitantes do mosteiro dizerem: "Não deve ser difícil viver com propósito e felicidade em um mosteiro pacífico no Havaí". Eu não discordo deles. A vida monástica tem desafios intensos, mas sem dúvida foi mais fácil pôr os ensinamentos em prática num ambiente com a estrutura adequada. Mas, através das experiências e dos resultados que tive ao aplicar esses ensinamentos em minha vida, não tive dúvida de que eles funcionariam também fora do mosteiro.

Abracei a vida empreendedora como consultor de empresários, atletas e pessoas de qualquer área, ajudando-os a compreender e a potencializar a mente para viver uma vida com propósito e felicidade. Mas, para mim, só fazia sentido atuar como conselheiro se eu pudesse aplicar esses ensinamentos em minha própria vida. Meu entorno e meu estilo de vida sofreram uma mudança muito abrupta. Eu tive que criar novas maneiras de exercer esses ensinamentos como marido, pai, empresário etc.: aprimorando a todo momento a forma como os colocava em prática conforme eu progredia e meus clientes mudavam.

Agora, mais de uma década depois de ter deixado o

mosteiro, posso confirmar com confiança que, sim, esses ensinamentos funcionam tanto no mosteiro como fora dele. Fiquei muito satisfeito ao ver uma criança de sete anos aplicá--los para controlar a ansiedade. Já vi empresários e atletas bem-sucedidos os utilizarem para aumentar seu desempenho e melhorar suas vidas. Recebi incontáveis depoimentos de pessoas ao redor do mundo que testemunharam como esses ensinamentos as transformaram, o que confirmou ainda mais o que eu já intuía. Eles funcionam tão bem quanto sempre fizeram.

Neste livro, eu compartilho o treinamento básico que recebi do meu guru — ensinamentos, formas de compreensão e ferramentas que aprendi com ele e alguns que eu mesmo desenvolvi, aprimorados ao longo de uma década para a vivência no mundo ao aplicá-los de forma prática em minha vida, em empresas de capacitação e com milhares de pessoas ao redor do planeta.

Se eu estivesse no leito de morte e pudesse compartilhar apenas uma coisa, seria o conteúdo deste livro. É o meu maior presente para você. Não é possível enfatizar o quanto esses ensinamentos e essas ferramentas são transformadores. Você só deve querer aplicá-los de forma consistente em sua vida para que produzam resultados.

Este livro está dividido em quatro partes, e cada uma é composta de capítulos e lições.

A parte I é dedicada a *por que* você deve ter foco. Isso é fundamental. Sem compreender o propósito de levar uma vida com foco, você pode não se sentir motivado a pôr em prática os ensinamentos e as ferramentas deste livro. (As palavras "concentração" e "foco" são sinônimos, e eu as uso de forma intercambiável.) Na parte II, começamos a aprender sobre a nossa própria mente, a ferramenta (*ou* tecnologia) mais importante que temos — ela cria a nossa própria realidade — e é a única que vem sem manual. Compreender a mente é a base para construir uma vida com foco. Na parte III, eu falo sobre como podemos aprender a nos concentrar e a desenvolver nossa força de vontade, os dois ingredientes indispensáveis para nos tornarmos os condutores da nossa mente. Na parte IV, eu examino as aplicações práticas desses ensinamentos para superar os desafios mais comuns — como medo, preocupação, ansiedade e estresse — e para transformar a produtividade e o desempenho no trabalho, na arte e no esporte. Também discuto como a aplicação desses ensinamentos vai melhorar a sua saúde mental e ajudá-lo a estar presente para que de fato experiencie a sua vida.

Meu objetivo aqui não é inundar você de ferramentas. Eu acredito bastante que não precisamos de muitas. Na verdade, poucas ferramentas que estejam alinhadas e sirvam para cumprir nosso propósito são o suficiente. Elas devem ser bem compreendidas e, então, aplicadas de forma consistente.

Neste livro, você não vai encontrar mágica, atalhos ou truques — mas uma abordagem definida com clareza, um passo a passo, com objetivos traçados, para viver uma vida com foco. Não é um exercício mental sem fundamento, e sim algo que vai trazer benefícios para você. É por isso que eu vivo uma vida focada.

A minha capacidade de concentração abriu possibilidades incalculáveis para mim e me possibilitou viver de uma forma que eu nunca poderia ter imaginado. Nestas páginas, eu tento compartilhar uma parte das recompensas de uma vida com foco.

Leia esses ensinamentos com atenção. Se esforce para compreendê-los bem. Seja implacável em seus esforços para aplicá-los. Eles podem transformar vidas, mas apenas se forem colocados em prática — além disso, você precisa de fato querer transformar a sua condição. Sem um desejo forte e sincero de transformação, este livro não terá nenhuma importância.

O maior presente que você pode me dar, se quiser agradecer por esses ensinamentos, é compreender de verdade o conteúdo que apresento aqui e dominar a noção de ter uma mente consciente. Esse é o meu desejo, que você, ao embarcar nas lições, adote a atitude de quem está começando um caminho — que se sinta animado, entusiasmado, aberto ao aprendizado, e sem saber absolutamente nada.

PARTE I

UMA VIDA COM PROPÓSITO
E FELICIDADE

1. Preceitos básicos para cultivar uma mente concentrada

LIÇÃO 1.1
Uma vida com foco nos propósitos

*Não existe nada mais importante do que saber quem você é,
o caminho que está trilhando e como vai terminar.*

GURUDEVA

Durante o inverno de Munique, em uma noite fria e de muito vento, nós caminhávamos rápido em direção ao restaurante. Por mais que eu adore passear nessa antiga cidade bávara — meu lugar favorito na Alemanha —, eu estava aflito para sair do frio. Não demorou muito para chegarmos ao nosso destino, e o calor do pitoresco restaurante com piso de madeira gasta nos abraçou. Nos acomodamos em uma mesa no canto, cobrimos as cadeiras com nossas roupas de inverno, pedimos um pouco de vinho e continuamos a conversa. Eu estava na companhia de um amigo querido, Moritz, um empresário alemão que conheço há alguns anos. Ele estendeu a mão para pegar a taça de vinho, tomou um gole, colocou-a de volta na mesa e me perguntou: "Se você diz que conhecer o propósito de vida é tão importante, crucial, na verdade, então por que você sempre fala sobre mente e foco? Por que não começa a ensinar as pessoas a encontrar o seu propósito?".

A cadeira de madeira rangeu quando me inclinei para a frente e respondi: "Nós descobrimos o nosso propósito de vida com a mente. Para isso, precisamos compreendê-la e dominá-la o suficiente, além da habilidade de focá-la. Só então conseguimos manter um estado de autorreflexão consistente durante algum tempo para chegar a uma conclusão clara e definitiva de qual é o nosso propósito de vida. Portanto, embora possa parecer que devemos começar buscando o propósito de vida, na verdade não é bem assim".

Eu prossegui: "Quando pergunto o que as pessoas querem da vida, a maioria responde algo como alguma versão de 'quero ser feliz'. Muitas vezes nós ouvimos os pais dizerem aos filhos: 'Nós só queremos que você seja feliz'. A felicidade nunca deve ser uma busca. Na verdade, devemos procurar seguir um estilo de vida que resulte na felicidade. Por exemplo, estou tomando vinho com meu amigo querido na minha cidade favorita na Alemanha e me sinto feliz. Então o segredo é tomar um bom vinho com bons amigos na Alemanha".

Moritz riu e respondeu: "Um brinde a isso!".

"Saúde!", eu sorri quando tocamos nossas taças.

Estava quente lá dentro, mas, sentado ao lado da janela, eu podia sentir o frio tentando desesperadamente penetrar através do vidro. "É um processo em que uma coisa leva a outra", eu disse. "Ter uma boa compreensão do funcionamento interno da mente e a capacidade de se concentrar é a base do que precisamos para descobrir o nosso propósito de vida. Ele define as nossas prioridades, e estas definem o estilo de vida que devemos levar. Viver uma vida definida pelo nosso propósito leva à felicidade."

Moritz respondeu: "Bem, olhando por esse lado, faz sentido que você comece compreendendo a mente e aprendendo a se concentrar".

"Quando vivemos focados no propósito, conseguimos viver de maneira gratificante."

Este livro vai oferecer a você os ensinamentos básicos e as ferramentas necessárias para entender e alavancar a mente e o poder do foco inabalável. Compreender essas duas coisas — a sua mente e como focá-la — vai permitir que você inicie o processo de descobrir o seu propósito de vida e, depois, definir as suas prioridades e se concentrar nelas, para que você viva uma vida de propósito e felicidade. Nos próximos capítulos, vamos aprender, entre outras coisas, a empregar esses aprendizados para viver no presente e curar muitos males que afligem nossa mente, como a preocupação, o medo, a ansiedade e o estresse.

Vou compartilhar o passo a passo de um processo para compreender como a mente funciona para que você possa controlá-la e direcioná-la. Você também vai aprender a se concentrar. Além disso, vou falar sobre uma série de ferramentas simples e práticas, embora altamente eficazes, que vão ajudar você a aprimorar a habilidade de controlar a mente e se concentrar. Você vai aprender a usar essas ferramentas de forma fácil e consistente em sua vida diária, de modo a auxiliar o seu progresso rumo aos objetivos que deseja alcançar. Não espere dominar nenhuma dessas ferramentas ao chegar ao final do livro; em vez disso, espere obter uma compreensão boa e sólida de como essas ferramentas funcionam e técnicas práticas para aplicá-las em todos os aspectos de sua vida. A sua constância no uso dessas ferramentas pelas próximas semanas e pelos próximos meses vai determinar o quanto você de fato vai se beneficiar delas. Em algum momento, se for constante o suficiente, você vai descobrir que a forma como pensa e seus hábitos vão começar a mudar, e assim você vai criar um estilo de vida diferente para si.

A capacidade de concentração é um dos maiores atributos da humanidade. Está no centro de todo o sucesso e o esforço humanos, porque é ela que ajuda as pessoas a manifestarem seus objetivos na vida. A maioria deseja experimentar alguma versão de felicidade, contentamento, iluminação ou outros sentimentos edificantes, mas não sabe como atingir esses estados porque nunca lhes foi ensinado que o caminho para criar a vida almejada é a concentração. Além disso, a maioria das pessoas nunca aprende a utilizar e a direcionar os poderes de foco como uma ferramenta de realização.

Agora podem fazer a seguinte pergunta: "Eu preciso ter foco na vida?". Minha resposta é: "Não". Você não *precisa* de jeito nenhum ter foco na vida. Viver uma vida com foco é uma escolha, e todos podemos escolher se é isso que queremos ou não. É a sua vida, e você deve decidir como quer vivê-la. Dito isso, viver com foco vai ajudar você a ter uma vida mais gratificante.

Existe uma razão pela qual você está lendo este livro, e eu espero que seja porque algo aí dentro diz que levar uma vida com foco ou focada no seu propósito vai melhorar a sua qualidade e fazê-la ter mais sentido.

Qual é a diferença entre uma vida com foco e uma focada no propósito? Uma vida com foco é aquela em que você é capaz de dar a sua atenção total a alguém ou a alguma coisa com a qual esteja envolvido. Você está completamente presente em todas as suas experiências e, assim, constrói uma existência verdadeiramente gratificante, embora as suas experiências não sejam impulsionadas por um propósito maior e abrangente. Uma vida focada no propósito, por outro lado, é aquela em que o seu propósito define as suas prioridades, e estas orientam o seu foco. A sua vida é vivida com intenção. Você faz escolhas sábias todos os dias com base no seu propósito: com quem você passa seu tempo, a que coisas se dedica, que músicas ouve, quais livros lê, que programas assiste, o que come e assim por diante. Você dá a alguém e a algo a sua atenção total, mas esse alguém ou esse algo são escolhidos de forma intencional.

Portanto, o objetivo deste livro é ajudar você a viver uma vida com foco ou uma vida focada no seu propósito e colher os benefícios ilimitados dessa escolha.

LIÇÃO I.2
Assumindo o controle

Na vida, podemos escolher no que vamos nos concentrar. Nem sempre é fácil fazer essa escolha. Às vezes, senão com frequência, é extremamente difícil, mas ao menos temos a opção.

Quando eu era monge no mosteiro do meu guru, conheci um homem das Ilhas Maurício que sempre sorria. Ele estava, por falta de um termo melhor, fazendo um treinamento no mosteiro por alguns meses, e durante esse tempo eu o conheci. Um dia eu perguntei a ele: "Por que você está sempre sorrindo?".

Ele olhou para mim e disse: "Meu pai morreu quando eu era muito jovem. Minha mãe, viúva, teve que criar a mim e meus irmãos sozinha, e nós éramos muito pobres. Todas as manhãs ela nos acordava, nos deixava de pé um ao lado do outro e depois nos fazia rir por cinco minutos. Era assim que começávamos o dia".

Eu não sou capaz de explicar como essa história impactou a minha vida. Aquela senhora, confrontada com a perda do marido, que de repente se viu forçada a sustentar os filhos e a si mesma, optou como começaria o dia. Ela escolheu no que os filhos iriam se concentrar, como iria influenciar aqueles subconscientes maleáveis logo pela manhã. Mal sabia ela que seus feitos viajariam o mundo e chegariam ao Havaí no exemplo vivo de seu filho, e que depois seriam contados em um livro.

Nelson Mandela passou 27 anos na prisão. Depois foi solto, derrubou o sistema racista de apartheid da África do Sul e se tornou presidente. Essa é uma grande lição de alguém que escolheu no que iria concentrar sua mente enquanto estava encarcerado.

Esses são dois exemplos de pessoas que assumiram o controle da mente e optaram de forma consciente no que iriam se concentrar. Não podemos deixar que nosso ambiente determine no que focar. O resultado disso seria desastroso. Nós devemos nos responsabilizar pelas coisas em que queremos nos concentrar. Também não podemos deixar esse trabalho para a nossa mente, porque ela não tem capacidade de discernir entre o que é bom para você e o que não é.

Se a minha mente soubesse o que é bom para mim, eu seria perfeito. Toda vez que eu pegasse uma porção de batata frita, minha mente diria: "Pode comer três batatas, mas depois coma uma salada, é mais saudável". Mas a minha mente não fala isso. Ela diz o seguinte: "Sim, vá em frente. Coma essa porção de batata frita e coloque bastante ketchup, porque é muito, muito bom". E depois: "Coma um pouco de *onion rings* também".

A mente só vai saber o que é bom para você e o que não é quando você a treinar para discernir entre os dois. Ao fazer isso e programá-la para ser capaz de determinar com sabedoria o que é benéfico em termos físicos, mentais, emocionais e espirituais, isso o ajudará a fazer escolhas melhores.

Houve um tempo em que as pessoas acreditavam no conceito de que fumar era bom. Elas confiavam nisso, diziam às suas mentes que fazia bem e se acabavam de fumar. No entanto, se a mente soubesse que fumar era ruim, teria dito: "Seu idiota! Fumar mata. Pare de fazer isso. Você vai nos matar". Mas ela não disse isso porque, a menos que você dê a ela a informação correta, ela não tem capacidade para guiá-lo na direção certa.

No entanto, existe uma parte da mente que sabe o que é bom para você. Chama-se "mente superconsciente".

OS TRÊS ESTADOS DA MENTE

Para compreender melhor a mente, você pode observá-la em três estados. Este livro não se aprofunda na compreensão dos vários estados mentais, mas quero apresentar uma concepção breve e simplificada que irá respaldar muitos dos pontos que trago aqui.

Você pode enxergar esses três estados como a mente consciente, a subconsciente e a superconsciente. Para compreender melhor, imagine a mente como um prédio de três andares: a mente superconsciente está no último andar; a subconsciente, no meio; e a consciente, no térreo. Vamos analisar as características de cada um desses estados.

A mente consciente é a externa, voltada para o mundo ao nosso redor, e está ligada aos nossos cinco sentidos. É a nossa parte instintiva, e muitas vezes me refiro a ela como a mente instintiva. Ela governa, por exemplo, a nossa fome e a nossa sede, as faculdades básicas de percepção e movimento, procriação, processos de pensamento impulsivo e assim por diante.

A mente subconsciente é a intelectual. É a sede da razão e do raciocínio lógico. É possível afirmar que a mente subconsciente é o nosso "disco rígido". Ela registra todas as experiências da mente consciente, quer lembremos delas ou não. Além disso, ela armazena impressões e padrões de hábitos e governa processos fisiológicos involuntários.

A mente superconsciente, como Gurudeva descreve, é "a mente de luz, a inteligência onisciente da alma". Em um nível mais profundo, o superconsciente pode ser descrito como "consciência espiritual" ou "não dual". É a fonte da criatividade, da intuição, das experiências espirituais profundas e assim por diante.

Ao conceber os três estados da mente como um edifício de três andares, podemos tirar as seguintes conclusões. Para gravar algo na mente subconsciente, nós precisaríamos passar pela consciente (ou seja, passar pelo primeiro andar para chegar ao segundo). A intuição, que vem da mente superconsciente, deve passar pela subconsciente para chegar à consciente para que possamos percebê-la. Um subconsciente desordenado dificultaria a passagem da intuição.

Desses três estados da mente, apenas o superconsciente sabe o que é bom para você. Afinal, é a inteligência onisciente da alma. Isso é um problema porque as pessoas funcionam, na maioria das vezes, usando a mente consciente e a subconsciente com apenas um lampejo ocasional da sabedoria intuitiva que vem da mente superconsciente.

A mente subconsciente não sabe o que é bom para você, a menos que você a tenha treinado com esse objetivo. Para isso, você deve primeiro ter uma boa compreensão e um bom controle da mente. Então é hora de reunir as informações certas, assimilá-las, elaborar conclusões claras e inseri-las no subconsciente de forma organizada, para que ele possa usá-las como guia. Quando isso acontece, o subconsciente se torna um recurso incrível. Um subconsciente esclarecido que trabalha em harmonia com o superconsciente é um poder imensurável ao qual você tem direito.

No mundo de hoje, o tsunami de informações que nos acomete todos os dias devasta o ambiente da nossa mente subconsciente. Ela morre lentamente de indigestão de informação, levando à incapacidade de tomar decisões (até mesmo as simples), confusão, preocupação excessiva, ansiedade, estresse e por aí vai. Nós consumimos informação mais rápido do que um homem faminto faz uma refeição, mas não damos tempo bastante para essa informação ser processada e chegar ao estágio crítico da formação de conclusões claras. Essa prática debilita o subconsciente. Cada vez mais, as pessoas são simplesmente incapazes de tomar decisões ou até mesmo de saber o que querem da vida.

Ao longo do dia, a sua consciência funciona em um desses estados da mente (e nós vamos aprender mais sobre a consciência no capítulo 3). A maneira como você age e reage às experiências da vida é baseada em qual desses estados da mente está a sua consciência. No fim das contas, você deve dominar onde sua consciência está na mente.

Ao assumir o controle de sua vida, você também não deve deixar que o seu ambiente — ou, ainda pior, "o Universo" — norteie o seu caminho. Para todas as pessoas que dizem: "O Universo vai me guiar", eu posso garantir que Júpiter, Plutão e Urano não estão sentados tentando descobrir como resolver as complexidades da sua vida. Sua mente é uma ferramenta. A responsabilidade é sua. Entenda como ela funciona e se concentre para criar a vida que deseja.

Quanto mais cedo você aprender esses ensinamentos, mais tempo terá para aplicá-los na sua vida e aproveitar os benefícios. Mesmo que tenha mais uma década de vida, você ainda pode aproveitar esses ensinamentos para viver a sua década mais incrível. Esse é um dos maiores presentes que você pode dar a si mesmo. Também é um ótimo presente para dar a outras pessoas. À medida que você se beneficia e se torna uma versão melhor de si mesmo, você beneficia todos que estão conectados a você.

Lembro que, alguns meses depois de ingressar no mosteiro, eu me senti muito triste, pois não falava com a minha família havia muito tempo. Eu sentia falta deles. Parte de viver recluso como um monge hindu ordenado na minha tradição era que não tínhamos mais contato com as pessoas que conhecíamos. Um dia fui visitar Gurudeva em seu escritório para compartilhar com ele o que estava sentindo.

Eu disse a ele: "Gurudeva, estou muito triste. Sinto falta da minha família. Tenho saudade dos meus amigos e dos meus parentes. E às vezes não posso deixar de sentir que estar no mosteiro pode ser um pouco egoísta, que eu não os estou ajudando de fato".

Ele ouviu pacientemente, com total atenção, como sempre fazia, e então fez algo muito interessante. Abriu uma caixa em sua mesa e tirou um lenço de papel, estendeu-o sobre a mesa e disse: "Você está aqui no meio. Seu pai está neste canto, sua mãe está neste canto, seu irmão está naquele canto e seu outro irmão está naquele outro canto".

Então ele posicionou os dedos no meio do tecido e começou a puxá-lo em direção ao teto e disse: "Você está no meio e, conforme se eleva, olhe para o que está fazendo com todos os outros: você os está elevando também". À medida que ele levantava o lenço puxando o centro, todos os quatro cantos foram erguidos da mesa.

Ele continuou: "Sua energia está conectada com a de todos aqueles que estão em sua vida. À medida que você se eleva, ergue todos eles junto. Portanto, investir seu tempo no desenvolvimento pessoal não é um ato de egoísmo".

Foi uma lição simples, mas para mim muito profunda. Deixou uma impressão indelével em minha mente de que o trabalho que eu faço para ser uma versão melhor de mim não afeta apenas minha vida, mas todos ao meu redor.

Você tem uma vida, e por isso precisa assumir o controle dela e viver da melhor forma que puder. O conhecimento, as ferramentas e as práticas neste livro são os ensinamentos fundamentais necessários para isso.

LIÇÃO 1.3
Desejo, a força suprema da vida

Sem um desejo inabalável, nada pode ser alcançado.

O místico do século xx Napoleon Hill disse em seu livro *Pense e enriqueça*: "Nessa demanda por coisas novas e melhores, uma qualidade é necessária para vencer, isto é, *a definição de propósito*, o conhecimento do que se quer e um grande *desejo* de alcançá-lo".

Saber o que se quer e ter o desejo de alcançá-lo. Se você tem certeza de que quer viver uma vida com foco, então a próxima pergunta é: o quanto você almeja isso? A maioria das pessoas não deseja o suficiente, e a falta de intensidade é o que, no fim das contas, faz com que elas não sejam capazes de viver uma vida com foco. Isso se aplica a qualquer coisa que buscamos.

Os irmãos Wright tinham o desejo de voar. Edison tinha o desejo de, por si só, iluminar a noite. Hillary e Norgay tinham o desejo de escalar o Everest. Rosa Parks tinha o desejo de estabelecer direitos iguais. Gandhi tinha o desejo de alcançar a independência sem violência. A lista continua nos arquivos da história de homens e mulheres que canalizaram o poder do desejo para manifestar aquilo que buscavam. O poder de uma vontade inabalável pode derrubar toda oposição e superar qualquer obstáculo. Ele silencia as vozes pretensiosas dos críticos e descrentes. É o véu que cobre os olhos de todos os obstáculos. É a força suprema por trás do sucesso.

Conheci o meu guru quando eu tinha cerca de nove anos de idade. Eu o encontrei pela segunda vez aos 21 anos. A primeira coisa que contei a ele, nesse segundo encontro, foi o meu desejo pelo meu propósito de vida, a autorrealização. Depois de dizer isso a ele, eu de imediato perguntei se ele me treinaria e me ajudaria a conseguir o que eu queria.

Ele olhou dentro dos meus olhos e perguntou: "O que você está disposto a fazer por isso?".

Eu respondi, sem nenhuma hesitação e com uma convicção que já estava firmada em mim havia anos: "Eu estou disposto a dar a minha vida por isso".

Não vi dúvida alguma no rosto dele ao escutar minhas palavras, e também não me importava o que ele achava da minha declaração. O meu desejo e o que eu estava disposto a fazer por ele eram mais importantes. Eu estava convicto do que eu queria. Precisava de um guia, de alguém que tivesse experiência e soubesse exatamente o caminho para chegar ao objetivo. Então a escolha de me aceitar ou não como seu aprendiz era dele.

Nos anos seguintes, ele testou o meu desejo e a minha convicção. Desafio após desafio, teste após teste, eu permaneci firmemente obstinado a participar da ordem monástica dele e dedicar minha vida àquele treinamento e à busca do meu propósito. Três anos depois, em minha busca pela autorrealização, deixei a minha família e o mundo que conhecia desde que tinha nascido para me dedicar à vida monástica hinduísta recluso no mosteiro.

Nesse ato de renúncia, eu encerrei a comunicação com a minha família, meus parentes, amigos e pessoas que tinha conhecido até então. Músicas, shows, comidas, bebidas, roupas, as minhas preferências... a vida que eu conhecia não existiria mais. Isso não era importante para mim. O meu propósito ofuscava todos os outros desejos. Minha vida seria a partir de então uma canalização de todos os outros desejos para o desejo individual da autorrealização, o feito espiritual supremo dentro da filosofia hindu a que eu aderi.

A questão principal é o quanto você deseja o que procura. A intensidade vai determinar o que você está disposto a fazer e do que está disposto a abrir mão. No meu caso, eu estava disposto a dar minha vida pelo meu desejo supremo.

Permita-me também ser franco ao dizer que a procura de tal desejo individual em detrimento de tudo na vida não quer dizer que durante o meu percurso eu nunca tenha duvidado ou questionado. Não quero pintar um quadro de um super-herói ou um monge estoico imune aos percalços da vida. Nós temos a tendência de considerar que as pessoas que admiramos são dotadas de certo perfeccionismo e qualidades messiânicas. Posso garantir que somos todos humanos, cada um de nós. Eu fracassei, chorei, falhei, fraquejei, fiquei desesperado, confuso, me questionei e assim por diante. Mas eu nunca desisti de buscar o meu propósito. Esse desejo está sempre presente e é o que define o que eu faço na vida e o foco da minha energia.

Quem disser que nunca pensou em desistir está enganando você.

Em uma conversa com Joe De Sena, o fundador da Spartan Race — uma série de corridas de obstáculos em estilo militar projetadas para testar a resistência mental e a força física —, perguntei se ele já pensou em desistir de alguma das longas provas de resistência de que participa. As palavras mal tinham saído da minha boca quando ele respondeu: "O tempo todo. Eu penso em desistir em todas as corridas". Naquele momento, não pude deixar de pensar que aquela resposta era muito honesta.

Eu lhe garanto que retratar uma vida desprovida de incertezas e imbuída de perfeccionismo não inspira esperança; em vez disso, pinta uma falsa imagem de um caminho indolor para o sucesso — uma imagem que vai deixar todos irremediavelmente desapontados com a própria incapacidade de alcançar parâmetros tão rígidos. Os picos de sucesso enaltecidos e estreitos que a maioria das pessoas gosta de destacar são apenas uma fração da extensão e da profundidade dos abismos dos quais os conquistadores passam a maior parte do tempo tentando sair. Neste livro, eu conto a história e compartilho os aprendizados da jornada de um homem comum, que passou de uma criança distraída a um adulto que pode se concentrar em todos os seus esforços. Não existem milagres, nem alguém andando sobre as águas ou abrindo o mar. Apenas um desejo inabalável por um propósito claramente definido em uma jornada que viu mais baixos do que altos no caminho para uma vida com foco.

É preciso estar obsessivamente alheio a qualquer coisa que não seja a crença na realização do seu desejo. É essa crença em um desejo individual que em algum momento extingue a chama da dúvida e abre um caminho para a manifestação dessa vontade.

Por fim, você deve almejar. Você deve de fato querer aquilo que procura e acreditar de todo coração que pode e vai conseguir. Esse desejo deve ser acompanhado por uma paciência inabalável e pela aceitação de que a manifestação dele pode levar décadas.

Para citar Hill outra vez: "Não existe nada, certo ou errado, que a *crença* e o *desejo ardente* não possam realizar. Essas qualidades são possíveis para todas as pessoas".

LIÇÃO I.4
Argumentando

Ao longo dos anos, conheci diversas pessoas que queriam viver uma vida com foco. Elas foram bastante sinceras ao expressar esse desejo, mas a maioria nunca conseguiu viver com foco de fato. Eu sabia que não haviam sido bem-sucedidas porque o desejo delas não era forte o suficiente. Talvez, quando compartilharam comigo essas convicções, elas estivessem passando por uma fase desafiadora e a dor as levou a buscar uma forma alternativa de viver. Mas, muitas vezes, quando a dor passa, esse desejo se esvai e as pessoas voltam a ser quem são.

Além de desejo, muitas vezes eu me perguntei o que mais faltava para explicar por que as pessoas não eram bem-sucedidas ao buscar seus objetivos. Foi apenas em uma noite fria de outono em Seul, na Coreia do Sul, que descobri o que me parecia ser o componente que faltava no caminho para o sucesso. Era outubro de 2017, e eu tinha sido convidado para falar no 18º World Knowledge Forum. Três mil pessoas participaram do evento de três dias, que contou com uma lista de participantes incluindo ex-primeiros-ministros e presidentes, vencedores do prêmio Nobel e muitos CEOs de corporações globais, entre outros.

Em uma das noites, eu fui convidado para um jantar fechado com setenta ou oitenta dignitários que estavam presentes no evento. A reunião aconteceu em uma bela propriedade construída no estilo de uma hanok, uma casa tradicional coreana, com telhados curvos sobre vigas e batentes de madeira grossa. Enquanto estava de pé no pátio dessa casa simples, imaculada e elegante, não pude deixar de sentir que havia sido transportado para o que teria sido a Coreia do século XVIII. Enquanto estava ali, falando com algumas pessoas, um senhor se aproximou de mim e perguntou: "Oi, quem é você e sobre o que veio falar?". Eu me apresentei e contei um pouco sobre a minha palestra. Ele então se apresentou como o ex-chefe de gabinete da Casa Branca.

Na nossa conversa, ele apontou que a principal razão pela qual as pessoas não conseguem transmitir sua mensagem é que "elas não defendem seu argumento".

Pedi para ele falar mais sobre isso, e ele mencionou um discurso proferido mais cedo naquele dia por Ban Ki-moon (ex-secretário-geral das Nações Unidas) sobre questões ambientais globais. Ele disse que uma coisa que Ban Ki-moon poderia ter feito para enfatizar seu ponto de vista de forma mais eficaz era argumentar. E continuou: "Por exemplo, como podemos argumentar com uma mãe solo que tem três filhos e dois empregos na Pensilvânia que ela precisa cuidar do meio ambiente quando tudo o que ela pensa é em cuidar dos filhos e pagar as contas? Quando você argumenta, consegue fazer as pessoas acreditarem em você. É importante ligar os pontos para elas. Ao argumentar com a mãe solo com três filhos na Pensilvânia, ela vai acreditar que deve fazer sua parte pelo meio ambiente. Mas você tem que defender o argumento".

A expressão "defender o argumento" foi uma grande revelação para mim e provavelmente um dos meus aprendizados mais importantes naquele ano. Eu viajo o mundo para ensinar as pessoas sobre foco, mas na conversa com o ex-funcionário da Casa Branca percebi que não havia de fato argumentado *por que* precisamos nos concentrar. Isso me fez perceber também que a maioria das pessoas provavelmente nunca defendeu para si mesmas o argumento de que precisam viver uma vida com foco. Em outras palavras, não se convenceram disso, portanto não acreditam por completo no conceito. Assim, falta a elas um dos principais ingredientes na busca de viver com foco.

Só podemos levar uma vida com foco se nos convencermos disso. Do mesmo modo, ao ensinar ou encorajar outras pessoas a aprender a se concentrar, temos que defender esse argumento para elas também. Depois dessa conversa em Seul, comecei a argumentar cada vez que falava sobre foco, e na mesma hora percebi que minha mensagem tinha um impacto mais significativo no público.

Então, à medida que você aprende a se concentrar e se sente inspirado a compartilhar e ensinar sobre a arte do foco a seus filhos, amigos, familiares, funcionários ou colegas, apenas se certifique de que está "defendendo o seu argumento". Não diga apenas aos seus filhos para se concentrarem, porque, se você fizer isso, será apenas mais uma coisa que dirá para eles fazerem sem dar uma razão. Você precisa argumentar e, a menos que o faça, haverá pouquíssimo incentivo para que se concentrem. Você tem que fazer eles entenderem por que é importante aprender a se concentrar.

No próximo capítulo, vamos nos aprofundar nos argumentos para se viver uma vida com foco. Isso é fundamental, pois, quando você puder convencer a si mesmo da impor-tância de viver assim, vai tornar os ensinamentos e as ferra-mentas deste livro uma parte de sua vida. Nós também vamos explorar algumas atitudes a serem adotadas que são essenciais para viver focado.

2. Se preparando para o sucesso

LIÇÃO 2.1
A vida deve ser vivida com alegria

(O primeiro incentivo para viver uma vida com foco)

Caso você deseje ter foco na vida, sabe o motivo de querer isso? Eu defendi essa opção para mim mesmo e, assim, nas últimas quatro décadas, me empenhei e me esforcei para viver uma vida focada nos meus propósitos. Ao argumentar para mim mesmo, cheguei à conclusão de que existem três incentivos para que alguém queira viver uma vida com foco: felicidade, realização dos objetivos e morte. Vamos analisar o primeiro, a felicidade.

Meu guru disse uma vez: "A vida deve ser vivida com alegria". Essa fala me impressionou profundamente. No momento em que a ouvi, perguntei a mim mesmo: "Pois é, por que não viver com alegria?". Eu cresci em um ambiente muito religioso e me deparei com perspectivas que determinavam que uma vida espiritual era de austeridade, privações, seriedade, regras, conduta moral e restrições. Eu não ouvia falar com frequência de alegria e felicidade. Meu guru foi o primeiro a esclarecer para mim que uma vida espiritual pode e deve ser alegre — que a vida de fato deve ser experimentada com alegria. Falando de maneira franca, quantas pessoas querem uma vida infeliz? Muitas geram a própria infelicidade, mas eu acredito que a maioria escolheria ser feliz se pudesse ou soubesse como fazer isso.

Quando alguém tem absoluta clareza do seu propósito na vida, das prioridades e da capacidade de focar nelas, o que resulta é uma vida alegre. Se eu tiver que escolher entre uma vida feliz ou infeliz, vou escolher a primeira. Se você está comigo, continue a ler.

Quando meu guru estava no leito de morte e sabia que tinha apenas alguns dias neste plano terrestre, ele disse o seguinte a alguns monges que estavam reunidos ao seu redor: "Que vida incrível! Eu não a trocaria por nada neste mundo". Ouvir isso de um homem prestes a morrer foi muito profundo. É uma dádiva poder analisar a própria vida à beira da morte e declarar que ela foi incrível.

Quantas pessoas podem de fato dizer isso? A maioria não pode. E isso porque elas não viveram uma vida com propósito. Não tinham certeza do seu propósito e, por isso, não conheciam suas prioridades (quem e o que é importante) e, portanto, não sabiam no que se concentrar. Uma fonte de alegria e felicidade é dar a sua atenção completa a todas as pessoas e às coisas que realmente importam para você, incluindo as experiências que você escolheu ter. Quando você se concentra em pessoas e em coisas que não são importantes, o resultado nunca é o mesmo que focar em pessoas e em coisas que são. Você nunca vai experimentar o nível de alegria e felicidade que teria ao se concentrar no que é importante.

Se passar cada ano da sua vida com a certeza de com quem e com o que deseja se envolver e se concentrar, você vai ter experiências sólidas e abundantes. A consequência disso é a felicidade. Por que você não iria querer?

Uma das maiores dádivas de saber em quem e no que focar é saber em quem e no que não focar.

Quando você passa tempo com as pessoas que ama e pode se concentrar nelas, a consequência disso é a sensação de felicidade. O mesmo ocorre quando você gasta seu tempo fazendo algo que ama e pode se concentrar nisso. Cultive um estilo de vida baseado em seu propósito e em suas prioridades, e o resultado é a felicidade. No entanto, é impossível levar um estilo de vida que só traz felicidade, porque muitas vezes temos que fazer coisas de que não gostamos, e isso não é um problema. A vida é assim, mas sem dúvida podemos tentar viver de um modo que leve à felicidade.

Como podemos aproveitar ao máximo quando fazemos coisas que nos deixam felizes? A resposta é estar completamente presente em tudo, para poder viver a experiência com plenitude. E como estar completamente presente? Desenvolvendo um foco inabalável. Muitas pessoas falam sobre estar presente e viver o momento, mas quase ninguém mostra como fazer isso. Quando meu guru me ensinou sobre a consciência e a mente e como me concentrar em algo ou alguém com quem eu esteja comprometido, finalmente aprendi a estar presente de fato. Ao estar presente por completo nas minhas experiências, percebi que as aproveitei ao máximo, e isso me deixou feliz.

Eu gosto de estar feliz e sei que, quanto mais concentrado estou, mais sou capaz de estar presente nas minhas experiências, o que me faz aproveitá-las melhor. Com isso, tenho uma sensação maior de felicidade. Esse é um grande incentivo para eu me esforçar para viver uma vida com muito foco.

Agora vamos para o segundo incentivo.

LIÇÃO 2.2
Manifestando a vida que você deseja

(O segundo incentivo para viver uma vida com foco)

Todos nós temos sonhos e objetivos, e o desafio sempre foi torná-los realidade. Ao realizar um desejo, há muitos fatores envolvidos, mas existem algumas características fundamentais que são definitivamente necessárias para isso. A capacidade de concentração é uma delas.

O segundo incentivo é que o foco inabalável torna você capaz de realizar os seus objetivos. E por isso vale a pena se esforçar para aprender a se concentrar.

A vida é uma manifestação de onde você investe a sua energia.

DANDAPANI

A melhor maneira de entender essa citação é encarar a energia da mesma forma que faz com a água. Se eu pegasse um regador e molhasse um canteiro no jardim, o que cresceria ali? Ervas daninhas ou flores? A resposta é: as duas coisas, pois a água não distingue entre ervas daninhas e flores. Tudo o que for regado vai crescer.

A energia funciona exatamente da mesma forma: tudo em que eu investir minha energia vai crescer. Se eu investir em algo positivo, é isso que vai crescer, tornando-se mais positivo. Se me dedicar a algo negativo, é isso que vai crescer, tornando-se mais negativo. A energia não difere entre o que é positivo e o que é negativo. Onde quer que eu invista energia, isso vai crescer e se manifestar em minha vida. Para que alguma coisa ou alguém se manifeste em minha vida, é nisso que vou investir energia.

Neste exato momento, você é a soma total das coisas em que investiu sua energia ao longo da vida. Sua composição física, mental e emocional são o resultado do seu investimento, consciente ou inconsciente, de energia. Se eu optar por seguir uma dieta bem planejada e uma rotina de exercícios, estarei cultivando um corpo físico mais saudável. Se optar por fazer apenas afirmações positivas ao meu subconsciente, filtrar a negatividade e meditar, cultivarei uma mente mais saudável.

Na maioria das vezes, as pessoas não percebem onde investem sua energia todos os dias, sobretudo porque não têm certeza do seu propósito de vida e, portanto, não têm percepção das suas prioridades. Assim, não fica claro onde focar sua energia. Como resultado, muitas coisas que as pessoas desejam não se realizam. Quando temos certeza do nosso propósito e das nossas prioridades, a capacidade de se concentrar se torna uma habilidade fundamental a ser aprendida.

Logo mais, em nosso aprendizado da mente e da consciência, você vai aprender que ao focar aonde levar sua consciência é possível concentrar para onde sua energia flui e, assim, determinar o que vai se manifestar em sua vida — outra razão extremamente importante para aprender a ter foco.

LIÇÃO 2.3
Morte, o maior incentivo

(O terceiro incentivo para viver uma vida com foco)

Não existe incentivo maior para levar uma vida com foco do que o fato indiscutível de que a morte está esperando pacientemente para um dia receber a todos nós.

Esse é um assunto sobre o qual a maioria das pessoas não gosta de falar. Ele causa desconforto extremo em muitas pessoas e desperta temores ou fortes emoções. Há muito tempo nós estamos evoluindo neste planeta e, embora cada um viva uma miríade de experiências únicas, existem dois acontecimentos intensos que todos temos em comum: o nascimento e a morte; do primeiro a maioria não se lembra, e o segundo a maioria teme.

Esse tópico pode ser desconfortável para muita gente. Quando me propus a escrever este livro, disse a mim mesmo que faria isso com um sentimento altruísta. Me comprometi a me questionar todos os dias se o que escrevia estava de fato a serviço do leitor. Também prometi a mim mesmo que não deixaria de compartilhar o que achasse importante, mesmo que causasse desconforto a alguns leitores. Se a minha intenção era mesmo servir ao leitor, sabia que alcançaria o maior impacto possível.

Vou citar o Dalai Lama, que tão sabiamente resume a

intenção desta lição em uma única frase: "Analisamos a morte não para temer, mas para apreciar este tempo de vida precioso". Ao aceitar que um dia vamos morrer, nós percebemos a preciosidade da vida. A morte não deve ser temida, mas compreendida como uma parte natural de nossa existência neste plano terreno.

Todos já presenciamos a morte de alguém querido de forma direta ou indireta, conhecendo alguém que passou pela experiência. Perder alguém é devastador. Eu sei. Eu perdi o meu guru, e a minha vida nunca mais foi a mesma. A maioria das pessoas não gosta de falar sobre a morte, pois evoca sentimentos de tristeza, perda, medo. E por causa dessa hesitação em falar ou pensar sobre isso, esse é um assunto que as pessoas não entendem bem. A maioria não aprende sobre a morte em casa ou na escola. A maior parte dos pais pensa que a própria falta de conhecimento sobre o assunto os torna incapazes de falar sobre isso com os filhos, e muitas vezes eles sentem que a morte é um tema que pode assustá-los.

Assim, a compreensão das pessoas sobre a morte é muitas vezes baseada na educação religiosa que tiveram, e toda religião ou filosofia tem uma perspectiva diferente sobre o que acontece após deixarmos este plano. Mas ninguém sabe ao certo, porque ninguém nunca morreu, foi para o céu, tirou uma selfie, voltou e postou no Instagram com a legenda: "Aqui estou eu no céu!", seguido pela hashtag #PortõesDeOuro. Todos conservamos as nossas crenças e podemos nos apegar com firmeza a elas, mas ninguém tem certeza. E mesmo que você tenha passado por uma experiência de quase morte, é difícil provar qual a sensação.

A morte do meu guru foi a experiência mais devastadora da minha vida. Ela me levou a ter a clara percepção de que as pessoas que amamos morrem. Como meu guru costumava dizer: "Ao compreender alguma coisa, não é possível deixar de compreendê-la". Entender algo em teoria é uma coisa. Compreender é uma experiência completamente diferente.

O *Oxford Dictionary of English* define compreensão como "o ato de se tornar plenamente consciente de que algo é um fato". Uma pessoa pode ter uma experiência com alguma coisa mas não compreendê-la por completo. Eu tenho um exemplo. O pai de Julie morreu, e essa experiência a deixou devastada. Ela passou muitos meses de luto e, mesmo anos depois, sente muita falta do pai. A morte do pai de Julie a impactou emocionalmente, mas isso não provocou nela a percepção de que a vida é finita. Ela segue como sempre fez, carregando o fardo da tristeza mas sem mudar a maneira como vive. Ou seja, ela entende, na teoria, que todo mundo morre, mas não compreendeu a realidade da morte.

Compreender altera por completo a perspectiva, o que resulta em uma mudança permanente no comportamento — a maneira como agimos e reagimos às experiências da vida.

É possível saber o quanto uma pessoa foi impactada por uma experiência com base em seu comportamento posterior. Para algumas pessoas, não há mudança alguma. Para outras, há uma mudança temporária que diminui conforme a dor passa. Para poucas, a vida nunca mais é a mesma, pois a percepção adquirida com a experiência as catapulta para uma nova maneira de viver.

A morte do meu guru me trouxe a compreensão profunda de que as pessoas que nós amamos morrem, de que todos vamos morrer, de que de fato nosso tempo neste planeta é finito. Muitas pessoas costumam dizer: "A vida é curta". Eu discordo disso completamente.

A VIDA *NÃO* É CURTA

Quando estamos na fila para pedir um café e temos que esperar a pessoa da frente procurar dinheiro na bolsa por um minuto, esse tempo pode parecer interminável. Quando ouvimos o piloto anunciar que ficaremos presos na pista por mais meia hora, muitas vezes, senão sempre, isso leva a uma orquestra coordenada de queixas e reclamações. Quando seu filho pequeno está berrando no início de um voo internacional, você tem a profunda experiência espiritual do que é a eternidade. Ficar preso no trânsito por três horas parece não acabar nunca. Como, então, um ano não é muito tempo? A afirmação "A vida é curta" pode ser tudo, menos verdadeira. Vamos parar de repetir isso sem pensar só porque todo mundo fala.

Quando percebemos que a vida não é curta, e sim que ela é finita, também chegamos à conclusão de que ela é na verdade bastante longa. Substitua a máxima "A vida é curta" por "A vida é finita". Antes de falar, vamos tentar refletir sobre o que estamos afirmando. A vida tem um fim nítido e definitivo. Mas nós não sabemos quando ele vai acontecer.

Muitas pessoas levam a vida como se fossem viver para sempre. E também pensam que seus entes queridos vão viver para sempre. Para ser honesto, a maioria evita pensar no fato de que elas e os seus vão morrer um dia.

A maioria dos pais não olha para a filha de cinco anos e pensa que em algum momento ela vai morrer. Em geral, os pais olham para um filho e veem um grande futuro, no qual ele vai crescer, se tornar adolescente, fazer faculdade, ter uma carreira, casar, ter filhos, envelhecer, conhecer os netos e muitas, muitas décadas depois, vai morrer, embora esse último acontecimento possa nem aparecer na visão. Infelizmente, nem sempre é assim, porque nunca se é jovem demais para morrer. Bebês morrem o tempo todo, assim como crianças pequenas, adolescentes, jovens adultos, pessoas de meia-idade e idosos. Todos nós morremos em algum momento.

A morte deve nos incentivar a priorizar a compreensão do nosso propósito de vida. Nós aprendemos a nos concentrar para que possamos descobrir isso. Esse propósito define as nossas prioridades, e elas guiam aquilo em que devemos nos concentrar. Ter consciência disso nos leva a ter uma vida plena. Por esse motivo muitas pessoas deixam esta vida terrena insatisfeitos.

Harriet Beecher Stowe, uma autora abolicionista norte-americana do século XIX, disse de forma assertiva sobre uma vida não realizada: "As lágrimas mais amargas derramadas sobre os túmulos são por causa de palavras não ditas e por ações não realizadas".

COMO A MORTE NOS AJUDA A PRIORIZAR NO QUE DEVEMOS NOS CONCENTRAR NA VIDA?

Nós não temos um entendimento absoluto da morte, ela não é um tema agradável nem uma experiência que a maioria deseja ter ou que pessoas queridas sofram em breve, por isso não falamos sobre isso. Evitar o assunto e afastá-lo de nossas mentes nos dá a falsa sensação de que vamos viver para sempre e ter uma quantidade infinita de dias, por assim dizer. É aqui que começa o problema.

Quando pensamos que nós e as pessoas que amamos vamos viver para sempre, quando evitamos a todo custo o tema da morte, então naturalmente colocamos as coisas e as pessoas que não são importantes para nós no topo da nossa lista de prioridades, e as coisas e as pessoas que são importantes vão para o final. O nosso foco então é direcionado para o topo da lista — para aqueles que são menos importantes. Nós fazemos isso porque as pessoas que amamos, e que também nos amam, têm um nível de tolerância e um limite maior. Podemos ultrapassar muito os limites desse amor antes que as rachaduras apareçam e ele se quebre.

Por exemplo, uma pessoa pode chegar em casa tarde do trabalho todos os dias durante semanas e deixar de jantar com a família, mas vai precisar de muito mais do que isso para que ela seja abandonada pelo cônjuge. Alguns pais agridem fisicamente os filhos, e depois de uma semana a criança diz: "Eu te amo, papai!". Como eles têm um limite maior, o impulso de se concentrar neles é menor, pois você sabe que vão tolerar sua falta de prioridade e de concentração. Afinal de contas, se na sua mente eles estarão lá para sempre, então por que se concentrar neles agora? Você pode prestar atenção mais tarde: quando as coisas no trabalho estiverem mais tranquilas, quando você tiver mais tempo, depois o jogo de futebol...

Em contrapartida, clientes ou colegas de trabalho e outras pessoas que não são tão próximas não vão ficar por muito tempo se você ignorá-los. Se parar de retornar as ligações do seu cliente, ele vai procurar outra pessoa. Se deixar o seu chefe na mão muitas vezes, pode não conseguir a promoção que esperava. Essas pessoas têm uma tolerância, ou um limite, muito menor para a sua falta de atenção. Se você forçar muito esses limites, elas vão sair da sua vida muito rápido. E por isso muitas vezes acabam se tornando prioridade na sua vida.

Tudo isso acontece se você evita compreender a morte, o fato de que a vida é finita e que todos nós vamos morrer.

Mas, quando você compreende que a vida é finita, as suas prioridades mudam. Muitas vezes, em meus seminários presenciais, eu crio uma situação hipotética: "Se alguém entrasse aqui e dissesse que todos nesta sala têm três horas de vida, quantos ficariam para assistir ao restante?". Infelizmente, em todos os seminários que conduzi ao redor do mundo, ninguém nunca disse: "Eu ficaria". A resposta é sempre: "Eu sairia agora e voltaria para casa para ver meu cônjuge e meus filhos".

Então eu pergunto: "Se sua loja favorita estivesse na maior liquidação do ano, você pararia no caminho de casa para comprar alguma coisa?". A resposta é sempre não. Continuo a perguntar: "Se alguém de quem você não gosta ligasse para você, você atenderia o celular?". De novo a resposta é não. Eu continuo e pergunto: "Você pararia em um café e ficaria vinte minutos na fila para comprar um último café com leite?". Mais uma vez, um nítido e imediato não.

Quando você diminui o tempo, aumenta a nitidez do foco.

Nenhum dos participantes pensou muito no que faria se tivesse três horas de vida. Eles na mesma hora sabiam em quem e no que eles queriam se concentrar. Quando você diminui o tempo que pensa ter, aumenta a nitidez do foco, e isso lhe permite saber quem e o que são importantes e qual a ordem de prioridade em que se enquadram. De repente, você sabe exatamente em quem e no que se concentrar.

Quando perguntei ao meu público: "Se você fosse viver cinquenta anos, sairia deste seminário agora?". Ninguém levantou a mão. Então eu perguntei: "Se você tivesse vinte anos para viver, sairia agora?". Algumas pessoas levantaram a mão. Questionei de novo, encurtando cada vez mais o

tempo: "Se você tivesse cinco anos para viver, sairia agora?".
Muitas mãos se levantaram. Por fim, eu perguntei: "Se você
tivesse três horas para viver, sairia deste seminário agora?".
Todas as pessoas levantaram a mão.

Conforme o tempo das pessoas diminuía, elas inevitavelmente se tornavam mais cientes de quem e o que era importante para elas. Esse simples exercício mental permitiu
que se lembrassem de quem e do que era mais importante
para elas. Suas prioridades logo se tornaram evidentes. Você
tem que espremer a laranja para obter o suco. A morte oferece às pessoas a percepção do que elas priorizam. E as prioridades direcionam o foco.

Quando você percebe que a vida é finita e tem a clareza
de quem e o que são importantes, então sabe exatamente para
onde direcionar o seu foco. Essa percepção muda a sua perspectiva e lhe faz viver de uma maneira diferente — na qual
se concentra em suas prioridades verdadeiras e, como resultado, estabelece uma vida feliz e realizada. A morte pode fornecer uma visão profundamente nítida da vida e é, no fim
das contas, o maior incentivo para se viver com foco.

A morte nos permite ver melhor o que é importante. Família, amigos, trabalho, a própria vida, todos entram em uma
ordem natural de prioridade quando pensamos na morte. A
sua consciência e, portanto, a sua energia são direcionadas e
concentradas como nunca. Nenhum momento é desperdiçado. A vida é vivida em sua plenitude.

Alguém me perguntou uma vez: "Dandapani, com que
frequência você pensa na morte?".

Eu respondi: "Para ser sincero, eu quase nunca penso
na morte. Mas o que eu penso quase todos os dias é que meu
tempo na Terra é finito, e assim me lembro de me concentrar nas minhas prioridades".

UMA VIDA INCRÍVEL

A morte também faz você pensar em como quer viver. Nos seus últimos dias, como vai se lembrar da sua vida e o que vai dizer? Muitas vezes as pessoas se concentram no que os outros vão dizer sobre a vida delas, mas a verdade é que o que os outros pensam não importa. Sempre vai ter gente que, ao falar de você, pode elogiar ou criticar. O que realmente importa é o que você diz sobre a sua própria vida.

Você será capaz de se lembrar e dizer que teve uma vida incrível? Ou gratificante, ou realizada? É isso que eu quero para mim. A vida incrível que eu desejo não é para os outros verem e admirarem. É para mim. Principalmente porque a vida é a dádiva mais preciosa que me foi dada.

Independente da sua filosofia, religião ou crença, você precisa compreender que você só tem uma vida para existir como você. Eu acredito em reencarnação, mas, mesmo assim, sei que só tenho uma vida como Dandapani, e quero que ela seja incrível. Saber que minha vida é finita é o maior incentivo para levar uma existência com foco. Como Gurudeva disse muitas vezes: "A vida deve ser vivida com alegria!". Você tem uma vida para existir como você. Faça valer a pena. Viva de uma maneira que, em seu leito de morte, possa olhar para trás e dizer a si mesmo: "Que vida incrível eu tive!".

LIÇÃO 2.4
A lei da prática

As ferramentas que eu compartilho neste livro têm a incrível capacidade de provocar a mudança na vida de uma pessoa. São ferramentas antigas que têm sido praticadas por monges hindus da linhagem do meu guru por milênios. Se forem aplicadas da maneira correta, funcionam bem e transformam vidas. Mas tudo depende de você e da constância com que escolhe empregá-las. Para colher de fato os benefícios dessas ferramentas, você deve praticá-las. Eu garanto que, quanto mais constante você for na aplicação delas no seu dia a dia, maior será a mudança que vai experimentar. As ferramentas não vão desapontá-lo, mas não desaponte a si mesmo por não botá-las em prática.

Meu guru costumava dizer que elas poderiam ser penduradas na parede, pois dariam ótimos ornamentos. É ótimo olhá-las e falar sobre elas, ainda mais se você é um tipo intelectual. Você pode conversar com seus amigos sobre isso durante o jantar e parecer muito sábio e erudito. Pode impressionar a todos com o que leu ou ouviu e citar algo que memorizou. Muitas pessoas colecionam ferramentas. Elas leem vários livros de autoajuda e sentem que, quanto mais conhecimento adquirem, mais crescem e melhoram como pessoa. Elas se tornam um acervo de ferramentas de autoajuda.

Nenhuma ferramenta de autoajuda no mundo pode funcionar a menos que seja posta em prática — e isso deve ser feito da maneira correta e com constância. O mesmo vale para as ferramentas que eu compartilho. Nenhuma ferramenta deste livro vai ajudar se não for posta em prática da maneira ensinada com constância.

A LEI DA PRÁTICA

Como já mencionei em outra lição, a mente intelectual não sabe fazer distinção entre o que é bom e o que é ruim para você, a menos que tenha sido dado a ela a capacidade de fazer isso. O mesmo também se aplica a tudo o que você pratica no seu cotidiano, esteja ou não consciente dessas práticas.

A prova disso é que muitos de nós temos práticas ou hábitos que geram consequências negativas. É comum não termos noção disso até nos darmos conta deles por causa de outras pessoas ou através da autorreflexão. Até que isso aconteça, a mente pratica esses hábitos com uma ignorância autodestrutiva. Se a mente soubesse o que é certo, não se entregaria a essas práticas. A mente superconsciente onisciente compreende o que é bom e o que é ruim para você, mas, a menos que você seja capaz de explorar esse estado de espírito, não se beneficiará dessa sabedoria.

Se você tem hábitos negativos, que não promovem o seu crescimento, você se torna realmente eficiente neles. Se tem práticas positivas, que despertam o seu crescimento, se torna eficiente nisso.

O que eu chamo de "A lei da prática" afirma que você pode ser eficiente em tudo aquilo que pratica.

Certa vez, eu fui convidado para um jantar fechado na cidade de Nova York que contou com a presença de algumas pessoas notáveis. Após a refeição, um dos convidados, um autor famoso, veio até mim e disse: "Olá, eu sou...".

Eu respondi: "Sou Dandapani".

Ele de pronto respondeu: "Ah, eu não vou me lembrar disso. Sou terrível com nomes".

Então eu pensei: "Tenho certeza de que sim, porque é isso que deve dizer a si mesmo o tempo todo". Se você diz a si mesmo a todo momento que é péssimo com nomes, então é isso que você será. Nós nos tornamos bons naquilo que praticamos, mesmo que o que o que estejamos fazendo não seja bom para nós.

Quando a questão é a prática, duas coisas são essenciais: praticar da maneira certa e com constância. Quanto mais você faz alguma coisa, melhor você se torna nisso. Se praticar uma técnica ruim, em algum momento vai se tornar melhor nela. Certa vez, meu guru compartilhou uma história que ilustra a importância de praticar da maneira certa. Quando ele era adolescente, era o dançarino principal do San Francisco Ballet. Ele contou que não podia treinar sozinho para não gerar algum movimento que fosse prejudicial ao seu desenvolvimento na dança.

Depois de aprender a praticar algo da maneira certa, ter consistência é fundamental. Se eu quisesse ser um pianista mediano, poderia me sentar ao piano apenas uma ou duas vezes por semana por alguns minutos para tocar uma música. Mas, se eu quisesse mesmo ser um dos melhores pianistas do mundo, então, suponho, talvez precisasse me dedicar de cinco a oito horas por dia, todos os dias, a cada mês, para me tornar realmente bom. Depois de seis meses, eu tocaria melhor. Depois de um ano, talvez eu me tornasse bom. E depois de dois ou três anos, eu provavelmente seria um pianista muito bom. A consistência em praticar piano da maneira certa é o que vai me ajudar a obter os resultados que desejo.

O mesmo se aplica às ferramentas que eu compartilho neste livro. Ambos os hábitos — praticar da maneira certa e com constância — são fundamentais. Eu me lembro de um cliente que me disse uma vez que a ferramenta que eu ensinei não estava funcionando bem para ele. Perguntei se ele estava praticando de forma consistente. Ele disse que sim. Então perguntei: "Você está aplicando todas as três partes da ferramenta na prática?".

Ele disse: "Não, eu só tenho feito uma das três partes que você me ensinou".

Bem, não espere um bolo ficar bom se você não usar todos os ingredientes. É aí que entra a obediência. Se você recebeu instruções sobre como usar uma ferramenta e não as segue à risca, como espera obter os resultados desejados? Se não é obediente em sua vida externa, não espere que vai ser na vida interna.

Houve momentos no mosteiro em que me senti limitado pelos desafios que eu estava enfrentando. Dominado por eles, eu procurava meu guru e conversava sobre as minhas perturbações mentais. Ele sempre me ouvia com total paciência e compaixão. Quando eu terminava de descarregar o meu fardo sobre ele, ele me perguntava: "Você está usando as ferramentas que eu dei a você?". Minha resposta muitas vezes era não. Depois de responder, eu me levantava e saía. O que mais eu podia falar? Ele havia prescrito o remédio para a minha doença e a maneira como eu deveria usá-lo, mas eu não tinha seguido as instruções. A decisão estava nas minhas mãos, e o peso da responsabilidade recai exclusivamente sobre mim. Se eu me recusar a aceitar essa responsabilidade, devo arcar com as consequências, por mais dolorosas que sejam.

Se você aplicar as ferramentas de forma constante em sua vida, se tornará hábil em usá-las, porque é isso que você estará treinando. Se você não as praticar com frequência, não conseguirá utilizá-las com destreza e não receberá os benefícios obtidos ao usar as ferramentas com consistência.

As pessoas costumam se sentir entusiasmadas ao aprender ferramentas e técnicas novas, mas, quando a empolgação passa, elas acham mais fácil aprender outra coisa do que aplicar de modo consistente o que já aprenderam. A sociedade está sempre preparada para passar para a próxima novidade. O iPhone mais recente, uma TV que exibe em 8K, a última tendência da moda, o novo modelo de um carro específico: a sociedade ama tudo o que brilha, mas, assim que o brilho desaparece, logo parte para o que vem a seguir.

Para ser bem-sucedido com as ferramentas deste livro, ou com qualquer coisa que esteja tentando aprender ou mudar, aja como se estivesse aprendendo uma arte, por exemplo o piano. Isso é algo que não esperamos aprender em algumas semanas ou meses. A concentração também é uma arte. É preciso primeiro ter uma compreensão sólida da mente, depois aprender e praticar a concentração. Como qualquer tipo de arte, o primeiro passo é aprender, e o segundo é praticar.

Não suponha que, após terminar este livro, você vá dominar todos os conceitos. Esse trabalho vai levar tempo, e você pode querer revisitar capítulos, lições e conceitos várias vezes. Pense nisso como um trabalho a ser praticado ao longo da vida e seja afável, gentil, amoroso e paciente consigo mesmo enquanto muda e amadurece. Se você aplicar de forma consistente essas ferramentas em sua vida, descobrirá que as mudanças vão começar a acontecer nas semanas e nos meses seguintes. Como meu guru sempre dizia, de maneira afetuosa: "As recompensas são muito maiores do que o esforço para recebê-las".

Você nunca vai se arrepender de desafiar a si mesmo a crescer. Vale muito a pena investir o seu tempo. Esse trabalho é o maior presente que você pode se dar em sua jornada para se tornar uma versão melhor, mais focada e mais realizada.

Eu não costumo citar falas de filmes, mas vale a pena aludir ao diálogo de um programa de TV. Na série da Netflix *Marco Polo*, o personagem Cem Olhos, um monge cego, pergunta ao personagem-título como ele, caso volte ao Ocidente, explicará "essas estranhas palavras, 'kung fu'". O próprio Cem Olhos responde à pergunta: "Kung fu significa habilidade suprema vinda do trabalho duro. Um grande poeta alcançou o kung fu. Pode-se dizer que um pintor tem kung fu. Até o cozinheiro, aquele que varre os degraus ou um servo excepcional podem ter kung fu. Treino. Preparação. Repetição sem fim. Até que sua mente esteja cansada e seus ossos doam. Até que você esteja cansado demais para suar, consumido demais para respirar. Essa é a fórmula. É a única maneira de alcançar o kung fu".

Parece algo saído de Hollywood, e é. Tudo isso para dizer que o foco é uma habilidade. O domínio do foco pode ser alcançado por qualquer um que esteja disposto a treinar, trabalhar duro, praticar e repetir inúmeras vezes. E você vai aprender neste livro como incluir a prática do foco em tudo que faz, desde pintar até cozinhar e varrer os degraus.

A repetição sem fim é o ponto em que muitas pessoas, senão quase todas, falham. Outra pergunta que me fazem com muita frequência é: "O que vem a seguir?". Eu me dedico a repetir o mesmo treino que meu guru me ensinou há quase três décadas.

Você não precisa conhecer muitas ferramentas. O segredo está em aprender algumas essenciais e dominá-las. Faça isso de maneira estrita e profunda em vez de superficial e ampla. Quanto mais você experimenta uma ferramenta, mais ela é revelada para você. Em um mundo onde a maioria das pessoas pergunta "O que vem a seguir?", seja aquela que está concentrada em dominar o que aprendeu.

Este livro é para pessoas que querem aproveitar o poder do foco inabalável para viver uma vida verdadeiramente gratificante.

APRENDENDO COM A REPETIÇÃO

Meu guru acreditava que as pessoas precisam de repetição para aprender, e foi dessa maneira que ele me ensinou no mosteiro. A repetição é uma técnica que usarei muito neste livro e nas lições que você encontrará aqui. Você vai me ouvir repetir muitos conceitos várias vezes porque isso é uma maneira eficaz de programar o subconsciente.

Foi assim que meu guru me treinou, e é uma ferramenta ótima para fixar os conceitos na mente enquanto você aprende.

Permita-me contar uma história para ilustrar isso.

Um dia, no mosteiro, eu estava saindo do meu escritório para ir ao refeitório quando meu guru veio até mim, me disse algo e logo se virou e foi embora. Então eu pensei: "Ele me disse isso ontem, anteontem e na semana passada também. Será que ele esqueceu?".

Eu era um monge principiante na época, então fiquei confuso, procurei um dos monges mais antigos e compartilhei minha experiência com ele. Perguntei: "Será que Gurudeva está ficando idoso e não lembra que já me disse isso algumas vezes?". O monge riu e respondeu: "Você e eu sabemos muito bem que não é o caso. Você sabe como a memória dele é incrível. Ele repete a mesma coisa várias vezes porque sabe quanto tempo leva para fixá-la no subconsciente. Através da repetição constante, ele cria um padrão duradouro no seu subconsciente".

Eu vou usar a mesma tática aqui. Vou fixar no seu subconsciente os conceitos fundamentais para compreender a mente e aprender a se concentrar, e quando você me ouvir repetir, por favor não pense: "Isso de novo, não! Eu já sei!". Assim que você pensar isso, saiba que então você de fato não entende o conceito ainda. Quanto mais meu guru repetia para mim, mais eu aprendia. Eu sabia que ele agia assim porque eu ainda não tinha captado o conceito. Cada vez eu ouvia com mais atenção, e isso se firmou na minha consciência e revelou uma visão mais profunda do que ele estava dizendo. Mesmo hoje, depois de décadas estudando seus ensinamentos, nunca digo a mim mesmo: "Eu sei isso". Cada vez que ouço a mesma mensagem, outra camada de novas percepções é revelada.

À medida que você avançar, leia as lições deste livro com a mente aberta e curiosa. Reflita sobre os conceitos fundamentais e, com o tempo, sua compreensão se aguçará e você verá como eles são mesmo profundos. Se você abordar este livro da maneira certa, perceberá que, ao ouvir essas ideias repetidas, vai aprender algo que pode não ter visto antes ou que não compreendeu por completo. Essas ideias podem parecer simples no início, mas, como qualquer verdade profunda, podem levar anos para ser compreendidas por inteiro e totalmente experimentadas e alcançadas. Quanto mais você usá-las e refletir sobre elas, melhor as compreenderá e mais elas vão ajudá-lo.

LIÇÃO 2.5
Intenção e obediência

É importante estabelecer algumas diretrizes e parâmetros para evitar falhas e garantir o êxito.

A primeira pergunta a se fazer antes de prosseguir com a leitura é: "Por que eu comprei este livro?". Anote sua resposta de maneira sucinta e clara. É fundamental definir o que você queria ao comprar este livro. O que você escrever agora será o seu propósito nesta leitura, e isso vai determinar o que você obterá dela. É isso que irá guiar o quanto você vai se beneficiar. Muitos livros mudaram a minha vida. Eu os li e reli diversas vezes. Destaquei e marquei trechos e dobrei as pontas das páginas. Eles se tornaram um farol que me guia porque eu tinha clareza sobre o que queria aprender com eles.

Eu aprendi cedo a identificar quem fez um grande sacrifício ao buscar o seu propósito. Quando tinha a sorte de estar na presença dessas pessoas, considerava extrair a essência do que haviam aprendido uma grande responsabilidade pessoal. Eu me aproximava delas com humildade e ficava completamente presente, o que era possível graças à minha capacidade de concentração. Enquanto conversávamos, essas pessoas podiam sentir que eu estava presente por inteiro, que tinham minha atenção total e que eu buscava suas lições de forma sincera e humilde. Aqueles momentos eram muitas vezes transformadores para mim. Quando eu as abordava com prontidão e uma intenção clara, conseguia mover a consciência delas para uma área da mente que fazia a intuição fluir. Então eu me tornava de fato um ouvinte afortunado por tudo o que me falavam.

Isso não vai acontecer se você ler este livro enquanto faz outras coisas. Ou se folheá-lo rápido como se fosse uma obra qualquer, para dizer que leu e que a achou elucidativa. Se você estiver ouvindo uma versão em áudio, faça só isso. Ouça sem fazer mais nada. Abra mão da necessidade de fazer várias coisas ao mesmo tempo e dos argumentos internos que justificam os motivos de você agir assim. Sente-se, ouça o que eu tenho a dizer e me dê toda a sua atenção. Eu me comprometi com esta jornada, e espero que você faça o mesmo. A transformação vai acontecer quando nós nos encontrarmos no meio do caminho, mas eu preciso que você esteja lá.

Eu investi muito da minha vida para escrever este livro e compartilhar a coisa mais preciosa que aprendi com meu guru durante quase três décadas de aprendizado, contemplação, prática contínua e dedicação. Para que você se beneficie por completo deste conteúdo, é fundamental que o aborde com a mentalidade certa.

O conteúdo deste livro mudou minha vida e continua a transformá-la. Eu adquiri este conhecimento porque abordei o meu guru da maneira correta. Você deve compreender isso, caso contrário, a leitura será inútil. A falta de foco será inevitável, e você não vai colher os benefícios inestimáveis da concentração.

OBEDIÊNCIA

Na vida monástica, um dos votos que eu fiz foi o da obediência. Isso costuma ser difícil para as pessoas. A queixa mais comum é: "Não me diga o que fazer!". Obedecer não significa se subjugar ao outro cegamente. Meu guru costumava dividir a obediência em duas categorias: a cega e a inteligente. A obediência cega é aquela em que seguimos alguém ou alguma coisa sem nunca questionar, sem raciocinar ou esclarecer seus motivos. Obedecer de forma inteligente alguém em quem você confia é se render à sabedoria da experiência que vem de anos bem-sucedidos de prática e aprendizado do tema ao qual essa pessoa se dedicou. No caso da obediência inteligente, sempre somos encorajados a pedir esclarecimentos se for preciso. Gurudeva se esforçou para que seus monges assimilassem isso.

O paciente que aguarda um transplante de coração confia no cirurgião e na equipe. Obediência inteligente. Milhões de viajantes confiam todos os dias em um piloto para conduzir com segurança uma carcaça de metal alada de mais de quatrocentas toneladas sobre um oceano e pousar com segurança. Obediência inteligente.

O livro *Pense e enriqueça*, de Napoleon Hill, é resultado de mais de vinte anos de estudo de algumas das pessoas mais bem-sucedidas financeiramente daquela época. Quando alguém se aprofunda dessa forma no trabalho para sintetizar grandes aprendizados sobre o poder da mente, nós precisamos prestar atenção.

Na época em que vivia perto do meu guru, vi muitas pessoas se aproximarem para lhe pedir conselhos. Muitas faziam isso por curiosidade, para saber qual era a opinião dele. A maioria já sabia a resposta ou já havia decidido o que queria fazer antes da conversa. Você nunca deve procurar alguém dessa forma e não seguir os conselhos recebidos.

Por décadas, procurei conhecer pessoas que se tornaram muito bem-sucedidas ou as melhores em seu ofício. Se eu pedisse um conselho, e eu muitas vezes fazia isso, eu aplicaria qualquer conhecimento que compartilhassem comigo.

Muitos anos atrás, em Toronto, após falar em um evento, eu estava nos bastidores conversando com Marc Ecko, estilista e empresário norte-americano. Ele também tinha acabado de palestrar, e na nossa conversa eu aproveitei para pedir que ele me contasse o que pensava sobre empreendedorismo. Naquela época, eu estava apenas começando minha jornada nessa área e estava empenhado em aprender o máximo que pudesse com as pessoas certas. Perguntei: "Se você tivesse um conselho para dar a um ex-monge sobre esse tema, qual seria?".

Ele olhou para mim e disse: "Mantenha-se centrado e firme". Ele fez uma pausa e repetiu: "Mantenha-se centrado e firme. À medida que você avançar e se tornar bem-sucedido, ficará tentado a fazer muitas coisas e aproveitar muitas oportunidades. É assim que muita gente fracassa. Mantenha-se centrado e firme".

Os conselhos que ele me deu foram de grande ajuda ao longo dos anos. Embora o foco seja o que eu ensino e meu propósito de vida, aquelas palavras provaram estar corretas. Com o passar do tempo, muitas oportunidades me foram oferecidas, e algumas eu estava mais do que tentado a agarrar. Então eu me lembrava de seguir focado no meu propósito e repetia para mim mesmo: "Mantenha-se centrado e firme".

Quando eu era monge, conheci uma fotógrafa muito talentosa e bem-sucedida. Infelizmente, não me lembro do nome dela, mas quando a encontrei quis saber: "Se você pudesse dar um conselho sobre fotografia para um monge, qual seria?".

Ela respondeu: "Olhe para algo a partir de muitos ângulos e fotografe a partir deles. Você vai se surpreender com o que vai descobrir". Passei duas décadas seguindo o conselho dela, e isso mudou a forma como eu fotografo e as fotos que consegui fazer.

Obedecer a alguém significa apenas que você vai se esforçar para seguir seus conselhos à risca. Se você não entendeu parte da instrução, deve pedir esclarecimentos. Obedecer a alguém não significa que você não vai errar ao praticar o que foi instruído ou que será de fato capaz de seguir os conselhos perfeitamente. Você pode falhar muitas vezes até se tornar realmente eficaz.

Para mim, é interessante como algumas pessoas pedem conselhos e depois os seguem e os modificam para uma versão que atenda às suas necessidades. Por que pedir um conselho se você não vai segui-lo? Imagine querer aprender balé, matricular-se numa aula com uma profissional respeitada, ouvir suas instruções e então dizer a si mesmo: "Vou fazer do meu jeito". Essa natureza rebelde é um sinal claro de que a mente instintiva não foi bem usada.

Se você confia em mim como seu guia para ensiná-lo a se concentrar, considerando que você procurou um guia sobre foco, então siga o meu conselho.

Quando você contrata um guia para fazer um passeio de barco pelos Everglades, na Flórida, você confia que ele irá conduzi-lo em uma jornada de exploração para conhecer o local, e não que vai levar você para um lugar remoto e jogá-lo para os jacarés. Você confia no guia. Preciso que você confie em mim ao embarcar na jornada deste livro.

Não existem jacarés à espera, mas não posso fazer o meu trabalho se eu não conseguir que você se comprometa da maneira que eu preciso.

O que irá determinar o quanto você vai se beneficiar com esta leitura é a sua intenção e a sua obediência.

LIÇÃO 2.6
O poder de dar um passo de cada vez

No começo, a jornada para viver uma vida com foco pode parecer extenuante. Essa sensação de exaustão muitas vezes acontece também quando não somos capazes de ver o caminho necessário para alcançar o nosso objetivo. A falta de clareza aumenta esse sentimento e a ansiedade decorrente dele, o que em algum momento faz com que a busca seja abandonada. Subir até o topo de uma montanha também pode ser exaustivo, mas, se você tiver um guia para orientá-lo no caminho, você se sentirá confiante e tudo será possível.

Como vamos abordar o aprendizado do foco? A resposta é: de maneira paciente, metódica e fazendo uma coisa de cada vez.

Engolir uma pizza inteira é uma experiência muito diferente de comer um pedaço e apreciar todo o seu sabor. Dar uma mordida e mastigar não é tão interessante, e eu digo isso como uma metáfora para como muitas pessoas encaram a vida. Nós queremos tudo e queremos rápido. Somos muito impacientes e ficamos cada vez mais assim com o passar do tempo. Somos impacientes com o mundo ao nosso redor, com nós mesmos e com a nossa capacidade de fazer e realizar coisas.

A tecnologia intensificou a nossa impaciência, sobretudo quando passou a entregar na nossa mão em questão de segundos ou milissegundos o que queremos. Qualquer coisa que leve um pouco mais de tempo para fazer o download, sendo transmitida para o celular a milhares de quilômetros de distância, já é o suficiente para nos fazer revirar os olhos. Essa gratificação tecnológica instantânea está nos treinando para esperar o mesmo de outros aspectos da vida. À medida que padrões de expectativa irreais são formados e reforçados em nossas mentes, nos tornamos mais propensos a passar por decepções. Decepção, frustração e depressão são algumas das coisas que nascem de uma mente incapaz de distinguir entre a gratificação instantânea que a tecnologia proporciona e a maneira não tão urgente como a vida entrega seus resultados.

Uma pessoa levava 36 anos vivendo reclusa como um monge celibatário no mosteiro hindu do meu guru, praticando uma disciplina e um treinamento rigorosos, para receber o título de *Acharya*, mentor espiritual. Hoje, instrutores de ioga são produzidos aos montes após um treinamento de apenas duzentas horas. Também existe um programa para perder peso que dura um final de semana, cinco truques para se tornar milionário, um retiro silencioso de nove dias para se autodescobrir, formas de aprender a tocar piano em trinta dias e por aí vai, tudo isso para nos inundar com intermináveis farsas de recompensa rápida.

O monstro da impaciência é alimentado de forma impiedosa todos os dias por quem procura se beneficiar de sua natureza impetuosa, e o resultado de ele se asfixiar com sua própria pressa por uma gratificação rápida se torna mais evidente a cada manifestação de um comportamento social degradado.

Nem consigo dizer quantas vezes já me perguntaram: "Quanto tempo vou levar para me tornar uma pessoa concentrada?". Minha resposta para essa pergunta costuma ser: "Se você pensar assim, muito, muito tempo".

Este livro é a antítese disso. Não existem truques, dicas rápidas ou atalhos, mas uma abordagem testada durante anos que se baseia na consistência e na paciência como suportes para o sucesso.

Esteja disposto a dedicar seu tempo em busca de uma vida com foco. Eu adoro a citação de Bill Gates: "Nós sempre superestimamos a mudança que vai acontecer nos próximos dois anos e subestimamos a que vai acontecer nos próximos dez". Não estou dizendo que você vai levar dez anos para aprender a viver uma vida com foco, mas sim que nós devemos, com paciência e de forma realista, separar tempo suficiente para realizar mudanças sustentáveis em nossa vida — mudanças que exigem um remanejamento da nossa mente, por assim dizer, e de como vivemos.

Quando aceitamos que a jornada para uma vida com foco vai levar tempo, precisamos depois aderir ao modo como vamos encará-la. Isso é fundamental. O caminho é longo e, quando pensamos assim, pode ser, e muitas vezes é, extenuante. Nisso eu concordo com você. Mas, quando pensamos em dar um passo de cada vez, a sensação é muito diferente.

É importante que você compreenda que a jornada para a plenitude de uma vida com foco é longa. E, como qualquer viagem longa, você precisa se preparar mental, emocional e fisicamente. Não espere escalar o Everest em um dia. Mas o fundamental é ter em mente a nossa abordagem para encarar esse caminho.

Se me pedissem para ir andando de Nova York até Los Angeles, eu ficaria intimidado. Mas, se a solicitação fosse dar apenas um passo nessa direção, eu me sentiria sem dúvida confiante de que poderia fazer isso. Meu trabalho é definir o objetivo e traçar o caminho até ele para você dar um passo de cada vez. Seu trabalho é se concentrar apenas no passo seguinte.

Naquela conversa com Joe De Sena que compartilhei, eu fiz outra pergunta: "Quando você está numa corrida de longa distância, o que faz quando pensa em desistir?".

Joe respondeu: "Eu digo a mim mesmo que tudo o que tenho a fazer é chegar até a próxima árvore. Isso eu sei que posso fazer. Quando chego ali, digo a mim mesmo que preciso chegar até a próxima pedra. E, por fim, estou na linha de chegada".

Uma citação de Gurudeva resume o poder de um passo de cada vez: "Um templo é construído com um tijolo de cada vez". Um tijolo, logo mais um, e mais outro... e muitos anos depois você tem uma cidadela espiritual gigantesca que pode durar mais de mil anos. O rei Suryavarman II demorou trinta anos para construir o Angkor Wat e ergueu o maior complexo de templos do mundo, que cobre uma área de 162 hectares e que segue de pé após quase novecentos anos.

A natureza também costuma dedicar tempo e trabalhar dando um passo de cada vez. Estima-se que o rio Colorado tenha esculpido o Grand Canyon pacientemente por 6 milhões de anos, criando uma das grandes maravilhas da natureza. Muito desse trabalho segue acontecendo todos os dias, mas de formas minúsculas que desconhecemos. O crédito disso deve ir para a Mãe Natureza, por sua consistência e dedicação à tarefa.

Muita gente subestima o poder de dar passos pequenos e constantes. Coisas pequenas levam a coisas grandes. E são viáveis. Passos pequenos são factíveis e não geram pressão. Metas pequenas não geram pressão. Ser fiel a dar um passo de cada vez de forma constante é uma maneira de ser compreensivo, amoroso e compassivo com as necessidades da nossa mente e do nosso corpo.

Anita Roddick, empresária britânica, ativista dos direitos humanos e ativista ambiental, observou com muita astúcia: "Se você acha que é pequeno demais para causar impacto, tente dormir com um mosquito no quarto". Faz muito sentido. Eu já esbofeteei meu rosto várias vezes no escuro à noite, acreditando de verdade que a besta alada insolente que realizava uma coleta de sangue em mim não seria páreo para a velocidade da minha mão. Estava enganado.

Nós sempre *começamos* analisando o contexto geral. O que nós queremos? Qual é o nosso objetivo? Como disse Hill: "Definir um propósito é saber o que se quer". Isso precisa ser elaborado de forma mais clara: é a capacidade de olhar para o futuro e ver com nitidez uma imagem detalhada do seu objetivo. No caso deste livro, é o foco inabalável.

Ao tomar consciência disso, nós voltamos ao presente e começamos a traçar o caminho até ali. Quando você iniciar o caminho para alcançar esse objetivo, pense em dar um passo de cada vez. Passos possíveis de serem dados. Eu sempre mantenho o objetivo maior na minha mente, mas me concentro nos passos necessários para chegar lá. Eu sei que só preciso começar a ir na direção aonde quero chegar. Depois de dar esse passo, só preciso dar outro para o mesmo lado. E assim por diante.

Se meu objetivo é ir andando de Nova York até Los Angeles, meu primeiro passo é ir para o Oeste. Eu dou um passo nessa direção. Depois disso, dou outro. Nós devemos ter disciplina e evitar a tentação de andar rápido demais e encurtar o processo. Muitas pessoas atormentam a mente e o corpo todo dia com uma necessidade incessante de acelerar a mudança e chegar mais depressa à recompensa. Seu corpo precisa de tempo para ir da infância para a vida adulta e também para remodelar sua natureza interior. Nossa mente precisa aprender e praticar o foco. Assim como o nosso sistema nervoso, os nossos músculos, o nosso corpo. Isso leva tempo. Seja gentil e paciente consigo mesmo.

Ao chegarmos ao topo da montanha, vamos desfrutar de muitas vistas panorâmicas. As paisagens incríveis não estão apenas na parte mais alta; na verdade, elas estão disponíveis para todos que desejam escalar. Em sua busca por uma vida com foco, você vai começar a experimentar os benefícios dessa caminhada desde o início. Ao contrário de subir uma montanha, não existe um cume a ser alcançado, pois sempre podemos trabalhar para melhorar a nossa concentração. E quanto mais avançamos, mais percebemos que podemos avançar.

Investir em aprender a se concentrar agora dará frutos imensuráveis no futuro.

PARTE II
A MENTE INEFÁVEL

3. Compreendendo a mente

LIÇÃO 3.1
A ferramenta mais poderosa do mundo

De todas as coisas que tive a grande sorte de aprender com meu guru, existe uma que eu considero muito mais importante que as outras e que precisa ser compartilhada com todo homem, mulher e criança do mundo: a compreensão de como a mente funciona.

Todos nós temos uma mente, e muitos fomos agraciados com uma mente completamente funcional. Nós nascemos e vivemos com ela. Não podemos separar a nossa mente de nós mesmos. Assim como o corpo, a mente nos acompanha a cada segundo de nossa expedição terrena. Ao longo da nossa vida, nós funcionamos através da mente, tanto acordados quanto dormindo. É a única coisa junto da qual passamos 24 horas por dia, embora muita gente não se dê conta disso. Não passamos esse tempo todo nem com as pessoas ou as coisas que amamos. Apesar de ser uma companhia leal durante toda a nossa vida, a mente infelizmente ainda é desconhecida para a maioria das pessoas — uma companhia que boa parte não conhece ou prefere não conhecer. Como um mordomo que está ali para servir, mas com quem não falamos.

A mente elaborou tudo o que não é natural no mundo.

E reformulou, muitas vezes para pior, grande parte da natureza ao nosso redor. Ela criou computadores e smartphones; colocou um rover em Marte e foguetes no espaço; descobriu a cura de doenças; explorou o poder do Sol; nos permitiu viajar para lugares distantes em questão de horas; além de muitas outras invenções. E estamos apenas começando a explorar seus poderes insondáveis.

A mente é a ferramenta mais poderosa do mundo, dotada de funcionalidades além da nossa compreensão. E você a tem. Ela foi dada a você sem nenhum custo. A única coisa é que se você não puder compreendê-la e governá-la poderá sofrer as consequências de uma mente desorientada, o que, na pior das hipóteses, pode levar ao fim da sua jornada na Terra.

No entanto, apesar de todos os poderes e funções, conhecidos e desconhecidos, não existe um manual para a mente. Nem mesmo um "guia rápido" daqueles que encontramos nas embalagens da maioria dos dispositivos eletrônicos.

Quase tudo vem com um manual. Se você compra um liquidificador, recebe um manual de trinta páginas em doze idiomas de como usá-lo, impresso em uma fonte tão pequena que testaria até mesmo a visão de um falcão. Até comida vem com instruções. Pegue um pacote de arroz, por exemplo. Você vai encontrar instruções de como cozinhá-lo. Os copos de café para viagem exibem um aviso sobre a temperatura alta do conteúdo. Jantares congelados vêm com um passo a passo de como ressuscitar a finada refeição.

Mas, infelizmente, a mente não veio com um manual. Além disso, a maioria de nós, senão todos, nunca recebeu nenhum tipo de ensinamento sobre ela — como compreendê-la, como funciona, como utilizá-la. Não é de admirar que tantas pessoas lutem com a mente e que existam tantos problemas de saúde mental. Nós recebemos a ferramenta mais poderosa do mundo, mas nunca nos ensinaram a usá-la. Com todas as questões e discussões sobre saúde mental que ocorrem ao redor do mundo, por que não chegamos muitas décadas atrás à conclusão de que aprender sobre a mente e educá-la é necessário, senão obrigatório, para todas as crianças na escola? Um ensinamento simples seria melhor do que nenhum.

Por que compreender a mente é tão importante? Porque ela é a ferramenta que nós usamos todos os dias para projetar e manifestar a realidade que conhecemos. O céu ou o inferno que criamos dentro de nós ou no lugar onde estamos começa na mente. Se pudermos entender como ela funciona, podemos utilizá-la e direcioná-la para criar a vida que queremos. No entanto, o mais importante é compreender as ferramentas com as quais estamos trabalhando, e é muito difícil usar algo que você não entende. Muita gente não consegue criar a vida que deseja, e isso não se deve a uma possível falta de capacidade, mas a não entender a ferramenta com a qual está trabalhando: a mente.

Uma vez, um amigo me enviou por e-mail uma foto que ele havia tirado de um MINI Cooper estacionado na beira de uma estrada. No e-mail, ele escreveu: "Ei, tirei esta foto de um MINI e retoquei no Photoshop. O que você acha?". Era uma foto razoável, mas não achei impressionante. Respondi: "É uma foto boa, mas não vi nada de especial. Estou deixando de notar alguma coisa?". Ele é um bom fotógrafo, e a imagem estava aquém das habilidades dele. Um dia depois, recebi esta resposta: "Não existem MINIS de quatro portas!" (não existiam naquela época). Ele fotografou um MINI Cooper de duas portas e o alterou no Photoshop, adicionando duas portas e retocando a ponto de eu não saber que era uma montagem.

Contei essa história para explicar que, se nós entendermos como nossa mente funciona, podemos aproveitar isso para moldar as nossas vidas como quisermos. Muitos de nós têm uma compreensão restrita do funcionamento interno da mente, por isso não podemos fazer muito com esse conhecimento. Embora tenha usado Photoshop por muitos anos, eu ainda me classificaria como um iniciante. Não entendo todos os recursos e não tenho habilidade para fazer o que meu amigo fez. Todos os anos que meu amigo dedicou ao aprendizado dessa ferramenta o levaram a dominá-la com excelência, para que pudesse criar o que quisesse com ela. Da mesma forma, quanto mais entendemos nossa mente, mais podemos ampliar essas habilidades para criar a vida que queremos.

Quando entrei para o mosteiro, uma das primeiras coisas que meu guru me perguntou foi: "Você sabe como a mente funciona?".

Eu respondi: "Não, eu não sei. Ninguém nunca me ensinou isso".

Ele disse: "Então é aí que vamos começar, adquirindo uma compreensão teórica objetiva de como a mente funciona".

Por conta das percepções profundas que possuía da mente, ele tinha o dom de simplificar a compreensão dessa ferramenta de um modo que pudéssemos adquirir uma compreensão sólida em pouco tempo. Eu fazia perguntas frequentes e consistentes para ter mais clareza do assunto e extrair do meu guru a essência da mente, para traduzi-la em axiomas fundamentais que me ajudassem a me concentrar em experimentar.

Quando eu entendesse de forma mais profunda a mente, meu objetivo era começar a experimentar o que havia aprendido na teoria. Você pode ler tudo o que quiser sobre como é estar no topo de uma montanha e olhar para o Himalaia, mas, a menos que faça isso, nunca saberá como é. É nesse ponto que muitas pessoas fracassam. Uma vez, alguém me disse muito animado, depois de ter concluído um curso no fim de semana, que mal podia esperar para compartilhar o conteúdo do que havia acabado de aprender em seu próprio seminário. Esse tipo de aprendizado e compartilhamento está se tornando uma tendência comum. Na verdade, eu não deveria chamar isso de "aprendizagem". Seria mais apropriado chamar de "coleta de informações".

Existem pessoas que buscam apenas um aprendizado teórico sobre a mente — vasculhando livros e vídeos em busca de qualquer conhecimento que possam acumular, juntando tudo no que pode ser descrito como nada mais do que uma mistureba. O suficiente para impressionar o passageiro infeliz sentado ao lado delas em um voo, mas não o bastante para levar a uma mudança significativa em sua vida. A mera aquisição de conhecimento não se traduz em aprendizado. Isso deve ser compreendido. Não se engane ao pensar que, quanto mais informações adquirir, mais você crescerá como pessoa. Eu sou profundamente contra buscar apenas adquirir conhecimento.

A aprendizagem teórica é por onde se deve começar, mas isso deve ser seguido e confirmado com a aprendizagem empírica. E muitas vezes são necessárias muitas experiências repetidas de um assunto para termos uma compreensão e um aprendizado empírico mais profundos.

Nos capítulos e nas lições seguintes, vou compartilhar uma compreensão teórica dos vários assuntos que apresentarei. Depois, vou fornecer uma estrutura para que você experimente o que entendeu na teoria. Sua capacidade de combinar sua experiência com o que aprendeu vai tornar você ciente do quanto compreendeu do conteúdo deste livro. Se criar uma mudança sustentável a partir dele, é sinal de que entendeu de verdade. Pretendo ajudar você a chegar nesse ponto.

LIÇÃO 3.2
O grande segredo da mente

A compreensão mais básica da mente é suficiente para criar uma mudança enorme na sua vida e capacitar você com a habilidade de entender, comandar e concentrar a sua mente, a ferramenta mais poderosa do mundo, para que possa assumir o controle de sua vida.

Eu garanto que você tem a capacidade de entender bem o que vou compartilhar nesta lição. Para isso, não precisa ter adquirido um penoso diploma universitário nem ter um intelecto altamente desenvolvido. Entender a mente não é uma tarefa complexa, embora muitas pessoas a tornem difícil. Não precisa ser assim.

Meu guru tinha a habilidade de explicar o funcionamento interno da mente em palavras claras e simples que todos podiam entender, e por isso eu tive a oportunidade de conhecer e experienciar a mente com profundidade. Passei a ter a mesma intenção que ele: ajudar as pessoas. Um dos objetivos de Gurudeva era ajudar as pessoas a chegar a um ponto em que compreendessem o que ele ensinava para assim impactar vidas de maneira positiva.

Neste livro, eu compartilho a minha experiência com a mente. A minha compreensão não veio da leitura de centenas de livros e de resumir o conteúdo, nem de pesquisas e testes de laboratório que obtêm resultados e traçam correlações e gráficos. De jeito nenhum. Começou como um entendimento teórico quando meu guru me apresentou o funcionamento interno da mente. As inúmeras conversas que tive com ele depois aprofundaram ainda mais o que eu compreendia. Conforme eu entendia, ele passava a me guiar para experimentar tudo o que eu estava aprendendo, e estou nesse processo há mais de duas décadas e meia. As minhas conclusões sobre o funcionamento interno da mente que compartilho neste livro nasceram das diversas experiências que eu tive.

Permita-me dividir a citação de um amigo querido e mentor, Michael Lützenkirchen: "Enquanto você me vê como professor, eu estudo o assunto. E espero que continue sempre assim".

Essa declaração descreve muito bem o meu lugar na minha jornada de compreensão da mente. Eu estudo o assunto. Não sou um mestre. Não sou um especialista. Pois, quanto mais experimento e aprendo sobre a mente, mais eu percebo o quanto eu não sei. O que você vai receber de mim neste livro são meus aprendizados práticos no momento da publicação — ou, na verdade, de quando meu editor me disse que eu não poderia mexer mais no texto!

Você deve sempre supor que está no início do caminho — você está interessado, entusiasmado e aberto ao aprendizado, e não sabe absolutamente nada.

Eu vou compartilhar a base, os ensinamentos fundamentais de tudo o que você aprenderá neste livro. É a coisa mais importante que deve tirar desta leitura. Por favor, faça um grande esforço para entender esta seção com atenção, a fim de que possa compreender bem. Eu recomendo que leia a próxima parte desta lição várias vezes. Sua capacidade de compreender em termos teóricos o que vou compartilhar e, depois, experimentar isso vai mudar a sua vida de formas que você nem pode começar a entender. Minha vida nunca mais foi a mesma depois que aprendi esta lição.

A CONSCIÊNCIA E A MENTE

A ferramenta mais poderosa do mundo, com toda a sua aparente complexidade e seus poderes insondáveis, pode ser simplificada em dois componentes: *consciência* e *mente*. Você já ouviu essas palavras e provavelmente as usou muitas vezes. Elas podem ter um significado diferente para cada um, por isso eu gostaria de começar por definir essas palavras. Assim, podemos criar um *vocabulário compartilhado* e uma compreensão compartilhada desses significados e de como essas palavras devem ser aplicadas no contexto do nosso estudo. Ajustar o seu entendimento dessas palavras e o uso delas permitirá que saiba melhor o que estou falando. Os outros podem usar essas palavras de maneira diferente, mas é muito importante que tenhamos um vocabulário em comum para ser bem-sucedido ao avançar nesse aprendizado.

Vamos começar com a definição da mente. *Eu defino a mente como um vasto espaço com muitas áreas diferentes dentro dela.*

Por exemplo, uma área da mente é a felicidade, outra é o ciúme, e há ainda a raiva. Uma área é o repositório de memórias, outra é a fonte de intuição e da criatividade, e outra é a essência de tudo o que você precisa saber sobre comida. Existem áreas em que você aprende sobre dança, fotografia, programação de computadores, jardinagem e assim por diante.

A mente é um espaço vasto com muitas áreas diferentes dentro dela. É assim que você deve enxergá-la.

Agora vamos à definição de consciência. *Eu defino a consciência como uma bola cintilante de luz. Um orbe cintilante solto que, de certa maneira, flutua.*

Você pode ter outras definições para essas palavras, mas, como eu expliquei, para criarmos um vocabulário compartilhado, é assim que elas serão interpretadas aqui. Por favor, não tente tornar essas definições ainda mais complexas ao teorizá-las e expandi-las. Queremos mantê-las sobretudo simples. Confie no processo. É importante que essas definições sejam usadas com clareza ao prosseguir no seu aprendizado. Uma sugestão é que você as escreva em um pedaço de papel e as deixe em algum lugar que permita que você as veja todo dia. Deixe que sejam captadas pela memória. É primordial que você compreenda essas palavras da maneira que eu defini para entender de fato a essência do funcionamento interno da mente.

Depois de definir a consciência e a mente, vamos explorar suas características e como elas interagem e trabalham juntas.

A consciência e a mente são duas coisas claramente distintas e separadas. A consciência se move. A mente, não.

A sua consciência é livre e pode se mover para qualquer área da mente. Se a consciência, essa bola de luz cintilante, vai para uma área específica da mente, ela a ilumina. Afinal, é uma bola de luz cintilante, e onde quer que esteja na mente, irá iluminar o ponto em que está.

Quando a consciência ilumina uma área específica da mente, você passa a percebê-la. Enquanto a consciência permanecer nessa área, ela continuará iluminada e você a notará.

94

Por exemplo, digamos que a consciência se mova para a área que é chamada de felicidade. Quando está lá, essa área é iluminada. E quando isso ocorre, você percebe que é feliz. Você experimenta a felicidade e está na área feliz da mente. Existe uma coisa importante que deve ser observada. Você está feliz? Não! Você não está feliz, mas sim numa área da mente chamada felicidade. A sua consciência está na área feliz, por isso você se sente assim.

Você é pura consciência funcionando em uma área da mente chamada felicidade.

Se a consciência se mover para a área da tristeza, essa parte será iluminada e você perceberá que está triste. Você está triste? Não! Você é a pura consciência residindo temporariamente em uma área da mente chamada tristeza, e passa a ter a experiência de se sentir assim. Enquanto sua consciência estiver nessa área, você sentirá isso. Felizmente, você pode mover a consciência para qualquer outra área que desejar ir.

E pode fazer isso usando sua força de vontade e seus poderes de concentração. Vamos aprender isso nos próximos capítulos.

Em suma, você não é a sua mente. Na verdade, você é a pura consciência passando por várias áreas. A consciência se move. A mente, não. Aonde quer que vá, onde quer que a consciência esteja na mente, essa área específica se ilumina. Quando isso ocorre, você se torna consciente dessa área da mente e a experimenta.

Dedique-se a compreender esse conceito por completo, pois ele formará a base de tudo que estudaremos juntos. Neste ponto, estou compartilhando a teoria de como a consciência e a mente funcionam. Nas lições seguintes, darei exemplos de como a consciência e a mente funcionam no dia a dia.

Outra conclusão que podemos deduzir disso é que, quando você está na área da raiva, você não está mais consciente de estar na área triste nem na feliz, ou na área do medo, ou qualquer outra. Você está apenas consciente de estar na área da raiva até que a consciência se mova para outra, e então você passa a percebê-la.

Imagine que você está explorando uma grande caverna escura com uma lanterna. A caverna é a sua mente, e a lanterna é a consciência, aquela bola cintilante de luz. Conforme você caminha para um canto da caverna, a lanterna ilumina esse ponto, e você pode experimentar e ver tudo o que está ali. Agora, se você andar para o outro lado, o lugar onde você estava não estará mais iluminado, então não será mais possível ver ou experimentar nada ali. Ao iluminar com a lanterna, você poderá ver e experimentar as áreas da caverna por onde andar. A consciência e a mente funcionam exatamente da mesma maneira. No entanto você é a lanterna, jovem gafanhoto.

A área onde a consciência estaciona determina o que você percebe em sua mente naquele exato momento.

Para que fique mais claro, vamos resumir esta lição em tópicos:

1. O primeiro passo para compreender a mente é entender que ela e a consciência são duas coisas distintas.

2. Você não é a mente. Você é pura consciência que passa por diferentes áreas da mente.

3. A consciência se move. A mente, não.

4. Qualquer que seja a área da mente para a qual a consciência vá, é esse ponto que passa a ser percebido.

5. Usando sua força de vontade e seu poder de concentração, você pode mover sua consciência, essa bola cintilante de luz, para qualquer área da mente que quiser.

Essa percepção simples, profunda e atemporal do funcionamento intrínseco da mente foi compartilhada comigo pelo meu guru. Está no cerne dos ensinamentos espirituais da linhagem dele há mais de dois milênios e é um dos pilares centrais da metafísica hindu. Essa percepção transformou tudo na minha vida. O conhecimento de que sou pura consciência passando pelas áreas da mente me fez perceber que tenho o poder de escolher a qualquer hora onde quero estar. Eu desejo participar, então também escolho qual vai ser a minha experiência.

Essa revelação, articulada de forma tão clara e simples, me deu o poder de entender que a minha experiência está completamente sob meu controle. Isso foi libertador para mim. Desvendou infinitas possibilidades e usos desse conhecimento.

Eu espero que você esteja começando a entender por que o que eu compartilhei nesta lição é tão importante. Seu primeiro passo é compreender a teoria de como a consciência e a mente funcionam. A seguir, deve experimentá-la na sua mente. A compreensão dessa percepção profunda virá depois que você tiver experimentado muitas vezes ser capaz de controlar para onde sua consciência vai na sua mente.

ALTERANDO A BALANÇA DAS EXPERIÊNCIAS

Uma experiência nem sempre é o suficiente para provocar uma mudança profunda em alguém. Muitas vezes, nós precisamos passar por várias situações semelhantes para criar a mudança que queremos.

Imagine uma balança que pende para um lado. O prato da direita carrega o peso das experiências que você teve que moldaram sua perspectiva atual sobre a mente. À medida que tem novas experiências com a mente através da sua compreensão de como ela e a consciência funcionam, você adiciona peso ao prato da esquerda. Quanto mais experimentar controlar para onde a consciência vai, mais peso é adicionado a esse prato. Em algum momento, você tem experiências acumuladas suficientes para inclinar a balança para a esquerda. Nesse momento, a mudança acontece, e você adota uma nova maneira de enxergar a mente. A percepção de que você pode controlar para onde a consciência vai se instaura. Assim como meu guru compartilhou comigo: "Ao entender alguma coisa, você não pode deixar de compreendê-la".

Os modos de compreensão adquiridos através de experiências acumuladas de controle da consciência na mente passam a orientar o modo como você usa sua mente no dia a dia.

Nas próximas duas lições, vou compartilhar várias analogias para descrever a consciência e a mente, para que você possa entender melhor. Compreender esse conceito por completo é tão fundamental que devemos dar o tempo e a atenção apropriados.

LIÇÃO 3.3
A mente como uma mansão

Para compreender melhor a consciência e a mente, vamos interpretar esta última como uma mansão.

Imagine uma mansão colossal na qual é possível chegar após seguir por um caminho pavimentado longo e sinuoso e com um jardim enorme ao redor. Grandes portas duplas se abrem para um saguão de piso de mármore que fica de frente para uma ampla escada, iluminado por um grande lustre e ladeado por corredores e paredes imponentes com painéis de madeira ornamentados. Agora você está prestes a explorar corredores, escadas, pisos e quartos.

A mansão é a sua mente. Agora imagine que a consciência é você.

Assim como em uma casa, você pode entrar no cômodo que quiser. Cada quarto na mansão representa uma área diferente da mente. Um é a alegria, outro é a felicidade, outro é a raiva, o ciúme, e assim por diante. Imagine você, a consciência pura, caminhando pela mansão.

Você sobe a escada, chega a um patamar amplo e decide ir para a esquerda. Abre a primeira porta, entra no cômodo e a fecha atrás de si.

Você percebe que entrou em um cômodo que representa

a área da mente chamada felicidade. Percebe que está feliz. Você não tem consciência do que está no quarto ao lado, ou no cômodo no fim do corredor, ou no andar de cima, ou no de baixo. Você, a consciência, está imersa no cômodo da felicidade e está sentindo felicidade. Você é feliz? Não, você não é. Você é a pura consciência residindo temporariamente na área feliz da mente.

Agora você sai desse quarto, fecha a porta e caminha até o fim do corredor. Você decide abrir outra porta, entra no quarto e a fecha atrás de si. Descobre que está agora no cômodo da raiva — uma área da mente chamada raiva — e, portanto, você sente raiva. Você é zangado? Não, você não é. Você está em uma área da mente chamada raiva, mas você não é zangado. Você é a pura consciência residindo temporariamente na área da raiva.

Enquanto está nessa área — ou nesse cômodo, para usar o exemplo da mansão —, você não sente felicidade, não sente o que fica no cômodo onde você estava antes. Por quê? Porque você não está mais naquele cômodo, mas em outro e, por isso, vai experimentar o que esse lugar tem a oferecer, que é o sentimento de raiva. Enquanto está ali, você também percebe que há pouco tempo estava no cômodo da felicidade e que se moveu para o da raiva de forma consciente.

Você sai do quarto da raiva e continua a explorar a mansão. Cada cômodo oferece uma experiência diferente, e enquanto você está ali não sente nada dos quartos em que esteve antes.

A consciência e a mente são assim também. Quando você enxerga esta última como uma mansão cheia de cômodos diferentes, em que cada um é uma área distinta da mente, você percebe que pode escolher qual vai visitar ou até mesmo onde morar. A escolha é sua. Quanto mais tempo você ficar em uma área, mais confortável ela será. Não há nada de errado em escolher ficar em um lugar, ou em algum cômodo, desde que seja edificante e lhe sirva bem.

Você já conheceu alguém que morou em uma casa por tanto tempo que ficou apegado demais? Talvez essa pessoa more com seis filhos em uma casa pequena de dois quartos, mas está tão apegada que não quer se mudar, mesmo quando tem dinheiro para viver em uma casa maior e está claro que aquele não é um lugar apropriado. É apenas um exemplo para ilustrar que as pessoas podem ficar muito apegadas a diferentes "casas" ou áreas da mente. Conheço quem se apegou tanto ao medo que vive ali de forma permanente. A pessoa se mudou para esse cômodo, jogou fora o passaporte, já que não tem intenção de ir embora, solicitou visto e foi aprovado como residente permanente do País do Medo. Como consequência, vive em um estado perpétuo de medo.

Como um homem como Nelson Mandela, que ficou preso por 27 anos, manteve uma mentalidade positiva? Será que ele foi capaz de manter a consciência ancorada com força de vontade e poder de concentração em uma área da mente que era a origem de sua visão de liberdade para seu povo? Talvez sim, porque, se ele não fosse capaz de controlar a consciência, as condições terríveis a que estava submetido teriam levado a consciência dele para áreas infelizes de verdade, e a sua visão de acabar com o apartheid talvez nunca tivesse se concretizado.

Ele não negava o ambiente físico em que estava. No entanto, estava ciente de que, embora não pudesse controlar o ambiente físico, ele *podia* escolher onde desejava residir em sua mente. A cela poderia aprisionar o corpo, mas não a consciência. A bola de luz cintilante estava livre para viver

101

no cômodo da liberdade, prosperar e planejar libertar milhões de pessoas.

Quando você ouvir alguém dizer "Minha mente está dando voltas", agora sabe que é uma afirmação incorreta. É errado porque sua mente não dá voltas. O que dá voltas? A sua consciência. Ela se move de uma área da mente para outra. Nessa analogia, a mansão não se move. Ela permanece firme sobre a sua fundação. É você, a pura consciência, que se move pelos cômodos da mansão, experimentando coisas diferentes ao passar de um para outro.

Você pode não viver em uma mansão, mas pode experimentar algo semelhante em sua casa. Vamos supor que você tenha uma cozinha, um banheiro, talvez alguns quartos e uma sala de estar. Cada cômodo é projetado para um propósito e uma experiência diferente. Se você for à cozinha, pode ser com a intenção de preparar uma refeição, pegar algo para beber ou abrir a geladeira pela enésima vez no dia para ver se, por algum milagre, tem alguma coisa diferente ali. Na mente, a cozinha representa a área da alimentação. Você não vai para lá porque precisa tirar uma soneca ou tomar banho. Existem outros cômodos para fazer isso. Cada cômodo da sua casa tem uma função e proporciona uma experiência diferente. A mente funciona da mesma forma.

A analogia da mente como uma mansão é outra maneira de transmitir o conceito de que existe uma separação clara entre a consciência e a mente. Você não é a mente; na verdade, você é pura consciência se movendo por áreas diferentes da mente e, o mais importante, pode escolher onde (quais cômodos da mansão) deseja passar o tempo.

Quando eu digo isso, as pessoas lamentam: "Ah, mas isso é tão difícil!". Tudo é difícil se você nunca aprendeu a fazer e nunca praticou. Fazer pizza do zero é difícil se você não sabe como, se nunca aprendeu, se nunca fez e nunca praticou. Por que aprender a controlar a consciência na mente seria diferente?

As recompensas de aprender a controlar a consciência excedem em muito o esforço necessário para fazer isso.

LIÇÃO 3.4
A consciência como um viajante

Nesta lição, para ajudar a aprofundar e consolidar nossa compreensão da consciência e da mente, vamos enxergar a primeira como um viajante e a segunda como o mundo. Essa é uma analogia que meu guru costumava usar para elucidar esse tópico.

Imagine que você, a pura consciência, embarca em um avião no aeroporto JFK em Nova York, atravessa voando os Estados Unidos e desembarca em San Francisco. Uma hora depois, você está no centro da cidade experimentando tudo o que ela tem a oferecer. Embora esteja em um lugar chamado San Francisco, tendo experiências em San Francisco, você *não* é San Francisco. Você é a pura consciência vivendo em San Francisco. E está muito claro que você saiu de Nova York.

Alguns dias depois, você parte de San Francisco e toma um avião para Nova Délhi. Horas depois, consumido pelo jet lag, sai do aeroporto e se vê cercado de gente. As paisagens, os sons e os cheiros invadem seus sentidos sem serem convidados, fazendo-o ter certeza de que não está mais em San Francisco.

Você está agora em Nova Délhi, tendo experiências em

104

Nova Délhi. Você é Nova Délhi? Não, você está em um lugar chamado Nova Délhi, mas isso não é você. Você é pura consciência. As experiências que tem nessa cidade são muito diferentes das de San Francisco. Quando está em Nova Délhi, já não vive mais San Francisco, porque você não está lá. Quando está em Nova Délhi, você experimenta o que essa cidade tem a oferecer.

A partir disso, vamos supor algumas coisas.

1. Da mesma forma que um viajante pode ir a diferentes cidades ao redor do mundo e ter diversas experiências, sua consciência pode viver viajando pela mente.

2. Como um viajante que percorre o mundo e conhece várias cidades, só é possível experimentar um lugar por vez. O mesmo vale para a consciência na mente. Ela pode experimentar apenas uma área da mente de cada vez.

3. Não importa a área da mente que a consciência visita, ela não é aquela área. Ela apenas experimenta onde está visitando. A consciência é sempre a consciência. Da mesma forma, você nunca é a cidade que visita.

Você está sempre experimentando alguma área da mente, mas não pense que você é aquele lugar. *Você é a pura consciência* experimentando qualquer área da mente para a qual tenha viajado.

Quando sentir raiva, não pense ou diga "Eu sou bravo". Essa é uma afirmação incorreta. Em vez disso, diga a si mesmo: "Estou na área da raiva da mente e experimentando estar com raiva. Não sou bravo. Eu sou pura consciência experimentando raiva".

Da mesma forma, quando você se sentir feliz, pode dizer:

"Eu viajei para a área feliz da mente e estou tendo uma experiência feliz. Eu não sou feliz. Sou pura consciência tendo uma experiência feliz".

Assim, você vai perceber que não é a sua mente: na verdade, você é a pura consciência viajando pela mente. Você é um cidadão livre e tem liberdade para viajar para onde desejar. Esse é o seu direito. Se aproprie dele. Use essa liberdade com sabedoria, sempre ciente de que nossas viagens pela mente não são isentas de consequências.

O VIAJANTE PREPARADO

Faço aqui uma observação importante a essa analogia. Como viajante, você optou para qual cidade queria ir. Fez a escolha e viajou para lá. Essa capacidade de tomar uma decisão consciente sobre para onde ir também está disponível para a sua consciência. Você pode escolher para qual área da mente deseja se dirigir. A maioria das pessoas deixa a cargo do ambiente esse processo de tomada de decisão. E *aqui eu defino ambiente como as pessoas e as coisas que temos ao nosso redor*. As pessoas permitem que o ambiente dite para onde a consciência vai e, como resultado, dite o tipo de experiências que elas têm.

Quando você escolhe para qual cidade deseja ir, pode se preparar para a viagem. Se eu decidir ir para Anchorage, no Alasca, devo colocar algumas roupas de frio na mala. Mas sem dúvida não vou precisar de roupas de frio se for para Madurai, na Índia, em abril, em pleno verão escaldante.

Se vou falar com minha filha sobre algo que a incomoda emocionalmente, posso optar por mover minha consciência para a área da empatia. Quando minha consciência está lá, consigo expressar mais empatia pela minha filha. Fazer isso permite que eu me prepare para a conversa. Agora estou preparado para expressar as emoções de que ela mais precisa na hora. Se não tiver controle suficiente da consciência, ela poderia escapulir para a área da resolução de problemas e, em vez de expressar empatia, eu daria a ela soluções, o que talvez não seja a coisa mais útil e oportuna naquele instante.

Ser capaz de controlar para onde sua consciência vai permite que você esteja preparado para uma experiência da mesma forma que um viajante que conhece seu destino pode se preparar da forma mais adequada para a jornada.

4. A energia flui onde a consciência está

LIÇÃO 4.1
A importância da terminologia

À medida que prosseguimos com o nosso aprendizado, quero muito enfatizar a importância de usar a terminologia correta. Gostaria que você usasse as palavras "consciência" e "mente" exatamente como eu as defini neste livro.

Isso é importante para fazer o subconsciente compreender o significado específico dessas palavras. A definição de "palavra" é "unidade significativa e distinta da fala ou da escrita". Com base nisso e para ser exato, é muito importante ter apenas um significado para uma palavra, e não vários. Quando temos várias definições para uma palavra, a mente subconsciente fica confusa.

Vou ilustrar o que quero dizer com um exemplo. Se dermos o comando "senta" a um cachorro, ele compreende, com base no treinamento que foi dado a ele, que deve abaixar as patas traseiras e basicamente se sentar. No entanto, se começarmos a usar a palavra "senta" para indicar que queremos que ele corra, isso vai confundi-lo. Quando dissermos "senta", ele não saberá se deve sentar ou correr. Mas, se usarmos uma palavra para uma ação específica, não haverá nenhuma confusão do que queremos dizer.

A mente funciona da mesma forma. Muitas pessoas di-

111

zem: "Passear com meu cachorro todas as noites é minha meditação". Já ouvi outros dizerem: "Cozinhar é a minha meditação". Outros ainda se sentam de pernas cruzadas, com os olhos fechados e a coluna ereta, enquanto regulam conscientemente a respiração e chamam isso de meditação. Qual delas é verdadeira? Como esses atos tão diferentes, que variam de pegar fezes do chão, preparar uma refeição e estar ciente da respiração, podem ser chamados de meditação?

Ao atribuirmos definições tão diversas a uma palavra, o significado se torna ambíguo e confunde a nossa mente subconsciente. Em um estado de imprecisão, o subconsciente não é mais capaz de nos ajudar de maneira efetiva.

Quando o subconsciente compreende o significado de uma palavra e o que ela representa de forma exata, pode aproveitar melhor esse entendimento para nos guiar.

Para avançarmos melhor juntos, é importante que eu reajuste seu subconsciente para utilizar a mesma definição de consciência e de mente que eu uso. Isso vai eliminar qualquer confusão em seu subconsciente sobre o que essas palavras significam e como usá-las da forma adequada. O subconsciente é construído com as informações que são inseridas nele, que podem ser adquiridas através de leitura, experiência, visão ou repetir uma ação, por exemplo. Para não confundir ou sobrecarregar o subconsciente, as informações adquiridas devem ser definidas e organizadas. Dessa maneira, seu subconsciente terá a capacidade de usar as informações para nos servir de um modo que nos convém.

Nosso objetivo é treinar o subconsciente com definições e conceitos precisos para que ele possa ter uma compreensão teórica clara de como tudo funciona. Quando o subconsciente é treinado dessa maneira, ele pode, então, ajudar a nos guiar para obter uma compreensão mais profunda de conceitos como "consciência" e "mente".

Para quem tiver interesse em entender um pouco mais a fundo esse assunto, aqui vai uma observação. Quando o subconsciente é treinado assim, fica mais fácil para a mente superconsciente trabalhar através do subconsciente, porque ela funciona melhor com um subconsciente organizado, estruturado, disciplinado e esclarecido. Grande parte do treinamento que tive com meu guru foi para reprogramar meu subconsciente de forma que eu pudesse acessar melhor minha mente superconsciente. Assim, as rotinas e os rituais eram uma parte importante do treinamento monástico, para ajudar a estruturar o meu subconsciente.

Voltando para o uso da terminologia correta. À medida que você começar a usá-la da maneira como foi instruído, vai reforçar o que aprendeu e treinar seu subconsciente para compreender esses novos conceitos de forma clara. Novos padrões se formarão em seu subconsciente, que então começará a guiar você.

Eis um exemplo: em vez de dizer "Minha mente está sempre divagando", a afirmação correta seria: "Minha consciência está sempre vagando".

Nós sabemos disso porque a mente não se desloca. Na verdade, é a consciência que se move dentro da mente. Ao usar a terminologia correta, nós treinamos o subconsciente para compreender como a consciência e a mente funcionam. Assim, também o ensinamos a entender as características de cada uma, as leis que as regem e por aí vai.

Se não tivermos disciplina para usar a terminologia correta e trocarmos com frequência o significado dessas palavras, dizendo às vezes "Minha mente foi longe" e outras "Desculpe, você poderia repetir o que acabou de dizer?

Minha consciência estava bem longe", vamos confundir a mente subconsciente. Estaríamos fazendo com ela o que fizemos com o cachorro no exemplo que dei antes, quando usamos a palavra "senta" para representar "senta" e "corre".

É extremamente importante, como parte do nosso aprendizado, que você comece a usar a terminologia correta. Daqui em diante, preste muita atenção no modo como usa essas palavras no seu dia a dia.

LIÇÃO 4.2
A consciência no dia a dia

Agora que apresentei um conhecimento teórico de como a consciência e a mente funcionam, vou demonstrar alguns cenários da vida real que descrevem como isso ocorre no dia a dia.

Vamos usar como exemplo uma noite no cinema. Em uma tarde tranquila de sábado, você está relaxando em casa sem fazer nada particularmente importante quando um amigo telefona e diz: "Ei, vamos assistir ao último filme do 007? Vamos ver o que James está aprontando desta vez?".

Você, muito animado, responde: "Vamos!".

Uma hora depois, está sentado em uma poltrona ao lado do seu amigo, conversando enquanto passam os trailers antes de o filme começar. Você chegou cedo para conseguir um bom lugar, garantir que tivesse pipoca para alimentar um batalhão e pegar uma bebida grande o bastante para fazer sua bexiga ficar cansada só de olhar para ela.

Você e seu amigo estão discutindo sobre o debate político da noite anterior. A consciência de vocês está ancorada nessa área da mente. No meio da conversa, as luzes começam a diminuir e a multidão fica em silêncio. Vocês dois param de conversar e transportam a consciência para a tela.

115

Se o filme é de um diretor excepcional, a história conseguirá mover sua consciência de uma área da mente para outra.

A primeira cena de um filme de James Bond é sempre fascinante: originada nas profundezas da imaginação mais ousada do diretor, ela tem a capacidade de tirar sua consciência da área da mente em que estava e ancorá-la numa parte eletrizante. Você mal consegue respirar quando Bond faz uma fuga milagrosa, completamente fixado na tela.

A cena termina, e os créditos de abertura do filme surgem. A trilha sonora sedutora que acompanha uma sequência de títulos artisticamente elaborados, com silhuetas de mulheres que dançam, tem o forte poder de levar a consciência de todo garoto que sonhava em ser espião à área sensual da mente. A partir de então, a consciência pode ser levada para a parte de tecnologia, enquanto Bond avalia as invenções mais recentes de Q. Então, quando M. compartilha com Bond informações sobre os planos maníacos do vilão para dominar o mundo, a consciência é redirecionada para a área do medo.

E a coisa segue assim. A consciência é catapultada de um ponto para outro, impulsionada pelas cenas emocionantes e elaboradas com cuidado até que o filme acabe. O poder da emoção tem a força magnética de prender a consciência e movê-la para áreas da mente associadas a essa emoção. Conforme as luzes da sala se acendem e suas emoções começam a arrefecer, você se vira animado para o seu amigo e diz: "Esse filme é incrível! Eu adoro o Bond!".

Quanto melhor o filme, menos consciência você tem de estar assistindo. Quando vê um filme profundamente cativante, sua consciência fica tão absorta no que está vendo que você esquece que o tempo está passando e tudo o que está ao redor. Conforme seu subconsciente guia de forma mecânica a sua mão para pegar uma pipoca atrás da outra, sua consciência passeia pela mente do modo como o diretor do filme meticulosamente planejou, experimentando uma área após a outra. E em cada uma delas você vive as emoções dali.

Bem, você obviamente queria ter essa experiência. Tinha a intenção de ser entretido — ser conduzido a todas essas áreas da mente e experimentá-las. Você deu ao diretor e à história do filme permissão para levarem sua consciência rumo a uma jornada na mente, com a intenção de ter todas essas experiências diferentes.

É importante notar que a mesma coisa acontece com a maioria das pessoas ao longo do dia. Sem perceber, elas concedem ao ambiente, às coisas e a quem está ao seu redor permissão para mover sua consciência de uma área a outra o dia inteiro, todos os dias.

Para muita gente, as pessoas e as coisas da vida são o diretor de suas experiências diárias. O ambiente ao redor dita para onde vai a consciência, fazendo com que essas pessoas tenham uma infinidade de experiências ao longo do dia. Nem todas foram autorizadas. Algumas são edificantes. Outras, não. Há aquelas emocionalmente perturbadoras, e também as prazerosas. É tão imprevisível quanto o lugar onde vai pousar a folha que se solta de uma árvore.

Ao contrário de um filme, no qual você está consciente do tipo de emoções que vai experimentar, as que surgem a cada dia sem ser analisadas e aprovadas podem causar uma reviravolta em seu estado de espírito e resultar em um dia imprevisível.

Quando permitimos que nosso ambiente dite para onde nossa consciência vai, nos tornamos essencialmente dominados por todos e tudo a nossa volta. Nossa consciência se torna um ator em um espetáculo de improvisação. A imprevisibilidade de uma experiência sem roteiro deixa nossa mente e nosso sistema nervoso à mercê do ambiente — as coisas podem dar certo ou ser terrivelmente dolorosas.

Permita-me dar um exemplo. Priya é uma empreendedora casada e com dois filhos. Ao acordar de manhã, a consciência dela está concentrada em sua família, a quem ela ama muito. Embora haja um pouco de caos pela manhã, ao lidar com os caprichos dos filhos enquanto os arruma para a escola, a consciência de Priya está concentrada sobretudo na área feliz da mente. Depois de deixar as crianças na escola, ela vai para o escritório.

Enquanto dirige pela rodovia, um carro a ultrapassa e quase causa uma colisão. Priya está bastante consciente de que esteve perto de sofrer um acidente muito grave, e isso a incomoda de modo considerável. Quando o carro a cortou, a consciência dela foi lançada por um momento para a área do medo antes de ricochetear na raiva. A área feliz em que ela estava alguns momentos atrás agora é, na melhor das hipóteses, uma memória distante. Furiosa, ela amaldiçoa mentalmente o outro motorista enquanto segue para o trabalho.

Ela para no estacionamento em frente ao escritório, ainda exasperada pelo incidente na rodovia. Percebe que não pode começar o dia assim e tenta mover a consciência para uma área mais positiva da mente, sabendo que seu estado de espírito tem um impacto enorme em sua equipe. Ela caminha pelo belo escritório e cumprimenta alguns colegas, enquanto se dirige para sua sala no segundo andar.

Priya acabou de se sentar à mesa quando um membro da equipe entra com um olhar envergonhado e confessa: "Priya, eu sinto muito. Esqueci de encomendar a peça de que precisávamos para o nosso projeto. Ela vai chegar amanhã, e não vamos terminar nosso projeto hoje, como você tinha planejado. Achei que você precisava saber agora mesmo".

Ao ouvir isso, Priya reage e sua consciência é arrastada para a área da frustração. Ela enterra o rosto nas mãos. Quase na mesma hora, ergue os olhos exasperada e diz: "Como você pode ter esquecido? Nós falamos na semana passada, e eu disse que precisávamos da peça hoje".

Após uma breve conversa em busca de uma solução, o funcionário sai da sala e Priya se recosta na cadeira, suspirando devagar. O dia dela está apenas começando. Um minuto depois, o telefone toca. É um cliente em potencial com quem eles estão há sete meses tentando fechar negócio. A voz do outro lado da linha diz: "Adoramos a sua proposta. Nós gostamos do que vimos e achamos tudo ótimo. Queremos contratar a sua empresa!".

Priya fica eufórica. Eles trabalharam sem parar para conseguir esse cliente e valeu a pena. Com a notícia, a consciência dela é levada para a área da empolgação. Depois de desligar, Priya abre o laptop e decide verificar seu e-mail. Ela vê 53 novas mensagens na caixa de entrada, incluindo notificações de quatro reuniões das quais precisa participar antes do almoço. A consciência começa a deslizar de forma lenta, mas inevitável, para a área da exaustão. A euforia começa a se dissipar. A consciência dela mal teve tempo de ficar na área da empolgação antes de ser convocada para o próximo local.

Essa é uma descrição apenas das primeiras horas do dia de Priya. A consciência dela saltou pela mente como uma bola em uma máquina de pinball. No resto do dia, não será diferente.

Priya permite que pessoas e coisas ao seu redor ditem para onde sua consciência vai durante a maior parte do tempo, e isso faz com que experimente uma rápida sucessão de mudanças de emoções. Essa dinâmica não é apenas exaustiva mental e emocionalmente, mas também cria uma enorme tensão no sistema nervoso, que precisa passar por diversas emoções em um período muito curto.

Assim, Priya fica dominada por tudo e todos ao seu redor. O ambiente dita a maior parte do que sua consciência experimenta ao longo do dia. Sem perceber, ela permitiu que ele rebatesse a consciência dela de uma área para outra da mente e, como consequência, se sentiu animada ou triste conforme as áreas em que esteve.

Infelizmente, a maioria das pessoas vive assim. Entregam o controle da sua consciência a todos e a tudo a sua volta. O que experimentam ao longo do dia é ditado sobretudo pelo ambiente. Um vídeo de um gato em uma rede social pode trazer um sorriso enorme ao rosto de alguém. Uma mensagem de texto leva essa pessoa a uma discussão mental frenética por três horas. Assistir ao noticiário traz uma nuvem de tristeza e faz com que ela questione para onde o mundo está indo. É assim por todo aquele dia — a consciência dessas pessoas nada mais é que uma marionete dançando de acordo com os impulsos e as vontades das pessoas e das coisas ao redor.

A incapacidade de controlar de modo eficaz para onde a consciência vai faz com que você viva dominado pelo ambiente.

Mas não precisamos viver assim. Em vez disso, podemos nos libertar de um estado mental conturbado ao perceber que podemos assumir o controle da nossa consciência e escolher exatamente para onde queremos que ela vá na mente. Quando decidimos fazer isso, conquistamos liberdade, porque, ao direcionar a nossa consciência para onde que-

remos que ela vá, escolhemos o que vivenciar. Quando as-
sumimos o controle da nossa consciência, ninguém pode
decidir como nos sentimos, a menos que recebam permissão para fazer isso.

LIÇÃO 4.3
A consciência como um cão

Podemos comparar nossa consciência sendo puxada para todas as direções a um cachorro que sai para passear. Imagine que a consciência é um cão; podemos imaginar o animal em três categorias: o cão treinado, o sem treino com coleira e o sem treino sem coleira.

Provavelmente todos já vimos um cachorro sem coleira que não tinha sido treinado. É aquele que corre loucamente pelo parque e deixa você cheio de medo ao se lançar em sua direção com um olhar vidrado e a língua balançando. Sem amarras, a energia dele conduz o curso errático do seu destino. Não é preciso muito para que algo chame a atenção desse cachorro — seja o cheiro de um gato, de outro cão ou de um pombo assustado. Há pouco ou nenhum controle sobre essa fera de quatro patas. Ele não atende aos chamados do dono. Fazer com que volte é uma tarefa praticamente impossível até que esteja pronto para comer e descansar.

Existem pessoas cuja consciência não é muito diferente desse cão sem treino e sem coleira. A bola de luz cintilante, irrestrita por sua força de vontade, se envolve de forma indiscriminada com tudo e qualquer coisa a sua volta. Qualquer um desses acontecimentos pode provocar uma reação e en-

122

viar a consciência para alguma área da mente, desencadeando uma explosão de sentimentos correspondentes. E quando o mundo exterior não está presente para interagir com essa consciência sem treino ela circula pela mente como um cão destreinado e sem coleira. Ela, a consciência, simplesmente não para de se mover pela mente, e isso é demonstrado por pensamentos incessantes, conversas e discussões internas, indecisão e assim por diante. A fadiga inevitavelmente se instala; o corpo adormece, mas a consciência ainda ronda a mente, causando inquietação, sonhos estranhos e um corpo que acorda horas depois ainda inquieto. Esse cão incansável começa, então, outro dia de instabilidade.

Agora vamos observar o cão sem treino e com coleira. Apesar de usar uma guia, ele ainda tem os padrões de comportamento do cão que acabei de descrever. Quer correr por toda parte, mas a guia o mantém preso em um ponto fixo, perto do dono.

Eu morei em Nova York por mais de uma década e já vi muitos cães levarem os donos para passear. Eles estão sempre conduzindo, puxando os donos por todo lado, enquanto os cheiros da cidade dominam suas narinas e evocam uma sensação de aventura exploratória nas calçadas. O cabo de guerra entre humanos e cães é o estado natural das coisas.

O mesmo acontece com pessoas que manifestam algum controle sobre a própria consciência. Elas podem nem sempre ter noção de onde a consciência está em determinado momento, mas, quando têm, muitas vezes demonstram autocontrole suficiente para manejá-la. São aquelas horas em que você percebe que o cachorro está com o nariz em algo que você não quer, e você puxa a coleira de novo. O cão pode ter alguma coisa não identificada no nariz que você precisa limpar, mas você evitou um desastre ao responder a tempo.

123

Da mesma forma, essas pessoas podem perceber a consciência em uma situação que está piorando de forma progressiva, mas têm controle suficiente para retirá-la da situação antes que algo lamentável aconteça.

Por fim, temos o cão treinado. E, para ilustrar esse exemplo, vou compartilhar uma experiência que tive nas Ilhas Virgens. Quando estava de férias, conheci um homem que trabalhava para o FBI e fazia parte da unidade K-9 e tinha um pastor-alemão. Ele me disse que o cachorro sempre ficava ao seu lado quando passeavam. O cão treinado e sem coleira sabe até a distância exata que precisa estar do dono.

Um dia, o homem me demonstrou o nível de autocontrole do cachorro. Ele colocou uma grande tigela de comida na frente do animal e o instruiu a se sentar e esperar — um tempo que deve ter parecido horas —, enquanto a saliva escorria de sua boca. Durante todo esse período, o cachorro não tentou nenhuma vez comer a comida, embora algumas vezes olhasse suplicante para o dono. Quase um minuto se passou antes que ele desse o comando para comer, momento em que o cão atacou a tigela e devorou o conteúdo.

Algumas pessoas conseguiram treinar a sua consciência para ser como esse cachorro: obediente. Ficar sentado enquanto aguarda uma instrução e renuncie à necessidade de se envolver de forma arbitrária com o ambiente. O autocontrole é a sua coleira, e a sabedoria é o seu guia. A liberdade e a paz nascem da capacidade de escolher o que e com quem se envolver, e quando. Para esses raros indivíduos, a mente, o epicentro do controle sobre as experiências da vida, é um santuário a ser protegido. Essas almas sabem que uma consciência desenfreada inevitavelmente leva a um estado de espírito enclausurado.

Bem, eu sei que, da maneira como descrevi, parece que

nossa consciência está separada de nós. Eu faço isso de propósito, para comunicar os conceitos com mais clareza. Por favor, compreenda que você é pura consciência. Quando a consciência tem noção de si mesma, e nós vamos aprender isso, ela pode se controlar.

Deixar que ela se comporte como um cão sem treino é uma maneira exaustiva de viver e desperdiça muito do seu tempo e da sua energia, incrivelmente preciosos e finitos neste planeta. Nós queremos treinar a consciência para ser como esse cachorro K-9: obediente e aguardando uma instrução antes de se envolver com alguém ou com alguma coisa.

O benefício de dominar a consciência é que você terá muito mais controle sobre sua vida, como interage com o ambiente, reage e responde a experiências, toma decisões e assim por diante, o que lhe trará melhores resultados.

LIÇÃO 4.4
A história da energia

Na primeira metade do século xx, meu guru cunhou a frase: "A energia flui onde a consciência está". Essa citação nasceu de várias percepções profundas que ele teve do funcionamento interno da mente — que o levaram a alcançar a autorrealização e a transformar inúmeras vidas ao longo de muitas décadas. Essa frase compreende de maneira perfeita a relação entre consciência e energia.

Desde então, infelizmente, muitas pessoas modificaram algumas palavras dessa frase e passaram a reivindicá-la como de sua autoria. O plágio pode ser tudo, menos um elogio. Quando você se sente seguro de suas próprias realizações, reconhecer as conquistas alheias acontece de forma natural, e isso é feito com reverência.

Apesar de toda a atenção que dei à consciência neste livro, a energia não merece menos destaque. Afinal, a energia é tudo. Uma das coisas mais fundamentais a aprender sobre a mente é compreender o papel que a energia desempenha nela.

Vamos começar a nossa investigação sobre energia com a tradição de antes de tudo defini-la. "Energia" é uma palavra usada com muita frequência, mas eu me pergunto quantas pessoas podem defini-la da maneira correta. Os cientistas definem energia como a habilidade ou a capacidade de realizar um trabalho. Os dicionários adicionam outras acepções, uma das quais é "a força física ou mental que permite que você faça as coisas". A ciência ainda amplia o conceito ao enumerar as seguintes propriedades:

- A energia não pode ser criada ou destruída;

- A energia pode ser transferida de um corpo para outro;

- A energia pode ser transformada de uma forma para outra.

Eu vejo a energia, em sua essência, como uma força inteligente pura que permeia toda a existência. Ela está em você, em mim, nas árvores que balançam ao vento, na água que circula e evapora, nas nuvens que nos protegem do sol, nas estrelas que brilham no céu à noite e em tudo o que vemos e não vemos. Embora a energia se transforme, é a única constante na vida. Ela compõe toda a vida. É a essência principal de todos nós.

O cientista sérvio-americano Nikola Tesla fez uma observação importante sobre a energia: "Se quiser encontrar os segredos do universo, pense em termos de energia, frequência e vibração". Essa declaração incorpora de maneira sucinta os princípios fundamentais da filosofia hindu que eu pratico.

Vou me ater um pouco mais à citação de Tesla e dizer que tudo é feito de energia, e que ela vibra em uma frequência determinada. Alguns de nós sentem a energia e, dependendo da frequência em que ela vibra pode ou não estar alinhada conosco. Nesse caso, podemos até dizer coisas como

127

"Isso tem uma energia boa" ou "Acho que este lugar tem uma energia muito ruim".

Na verdade, não existe energia boa ou ruim. Existe apenas energia, vibrando em frequências que estão ou não alinhadas conosco. A música heavy metal vibra em uma frequência que é revigorante para algumas pessoas e cansativa para outras.

Em uma lição anterior, eu sugeri que uma forma de compreender a energia é enxergá-la do mesmo modo como vemos a água. Ressaltei que tudo que for regado no jardim começa a crescer, sejam flores ou ervas daninhas. A energia funciona da mesma maneira, ou seja, tudo em que investimos energia, seja positivo ou negativo, começa a crescer e a se manifestar em nossa vida. É importante salientar e observar que a energia não distingue entre o que é positivo e o que é negativo. A nossa vida é uma manifestação de onde nós investimos a nossa energia.

Tendo isso e a frase de Gurudeva — "A energia flui onde a consciência está" — em mente, podemos concluir que a nossa consciência está onde a nossa energia flui, e esta flui no que se manifesta em nossas vidas. Esse é um princípio muito importante, pois constitui a base de como as coisas se manifestam, como padrões são formados e fortalecidos em nossa mente.

A energia flui onde a consciência está. Grave isso na memória.

Vejamos como a mente, a consciência e a energia trabalham juntas.

Se a consciência, essa bola de luz cintilante, se desloca para uma área específica da mente, então é para lá que a energia está fluindo, porque, como diz Gurudeva, "a energia flui onde a consciência está". Se a consciência se desloca para a área da felicidade, é para lá que sua energia está fluindo, e quando faz isso fortalece essa área.

Quando eu envio a minha bola de luz para a área da felicidade, mais energia flui para lá e mais energia eu deposito ali.

A MENTE COMO UM JARDIM

Imagine a mente como um belo e vasto jardim com muitos canteiros. Eles são feitos de madeira reaproveitada e preenchidos com solo preto e saudável. Imagine um canteiro com tomates plantados, outro com couve, um com vagem e assim vai. Há pelo menos quarenta canteiros nesse grande jardim, e em cada um foi plantado um vegetal ou uma erva diferente, e todos estão à mesma distância uns dos outros, separados por caminhos de cascalho.

Imagine que todos os dias durante um mês você só regou o canteiro de tomates. O tomateiro cresceria alto e bonito, mas todas as outras plantas — vagem, couve, abóbora — começariam a murchar e morreriam. Apenas o canteiro regado cresceria.

Agora contemple a sua mente como um grande jardim com muitos canteiros, mas nesse cenário cada um representa uma área diferente da mente. Um canteiro pode ser a compaixão, outro a felicidade, outro o ciúme — e perto dele fica a raiva (como se sabe, são sentimentos vizinhos) —, outro a alegria e assim por diante.

Quando sua consciência vai para o canteiro da raiva, é lá que sua energia flui. Isso significa que você está regando essa parte do jardim e tudo que está ali vai começar a crescer.

129

À medida que a energia flui no canteiro da raiva, esse sentimento começa a se fortalecer. Quanto mais energia você deposita em determinado lugar, mais forte essa área da mente se torna.

Se a consciência se desloca para o canteiro da felicidade, então é lá que sua energia vai fluir. Esse canteiro — ou essa área da mente — começa a prosperar e a se fortalecer à medida que recebe mais energia do que o resto.

Se sua consciência se desloca com frequência para um canteiro específico, então é para lá que sua energia está fluindo, o que significa que essa área da mente está sendo "regada", por assim dizer. Quanto mais você rega uma área da mente com a sua energia, mais forte ela se torna. Em breve veremos as consequências de fortalecer uma área específica da mente.

Então, como controlar para onde sua energia flui e qual área da mente é fortalecida? A resposta deve ser bastante clara agora.

Se você controlar para onde sua consciência vai, controlará para onde sua energia flui. E, ao fazer isso, vai controlar a área da mente que será fortalecida e o que se manifestará em sua vida.

Você deve tentar compreender esse princípio fundamental de como a mente, a consciência e a energia se relacionam entre si. Primeiro deve entender a teoria depois buscar vivenciá-lo.

Você provavelmente já pode identificar áreas da mente — os canteiros — que vem regando ao longo dos anos. Algumas são as áreas que expressam o seu melhor, e outras talvez sejam ervas daninhas espinhosas e retorcidas que todos precisamos administrar e erradicar.

LIÇÃO 4.5
O poder magnético da emoção

Na lição anterior, eu demonstrei que, quando a consciência se desloca com frequência para uma área específica da mente, mais energia flui para lá, e essa parte é fortalecida. O que significa dizer que uma área da mente é fortalecida? Para responder a essa pergunta, precisamos entender a relação entre energia, emoção e consciência.

As áreas fortes da mente são constituídas pelo investimento constante de energia. No entanto, essas "áreas fortes" não são necessariamente apenas positivas. Muitas pessoas fortaleceram áreas negativas da mente ao deslocar a consciência de forma frequente e constante para lá, transferindo, assim, energia para o mesmo lugar.

Nós vimos algumas das leis fundamentais associadas à energia, e agora quero compartilhar uma característica importante: a energia é magnética. À medida que ela se acumula em uma área da mente, esse ponto é fortalecido e se torna mais magnético. Quanto mais isso acontece, maior poder tem de atrair a atenção para si.

Quando a energia flui para uma área específica da mente, ela assume a característica reinante ali. Por exemplo, se a energia flui para a área da raiva, essa energia se transforma em sentimentos de raiva. Da mesma forma, se flui para a área da felicidade, se transforma em emoções felizes.

A COBERTURA DO BOLO

Eu defino "emoção" como energia expressando a si mesma. Existe energia dentro de você e, quando ela sai, faz isso na forma de emoção, como felicidade, raiva, tristeza, alegria e muitas outras. Acontece que emoção não é a única maneira pela qual a energia pode sair de você.

Quando a consciência vai para a área da felicidade, a energia flui ali. Com isso, a frequência dela deixa de ser a que era antes para se transformar na da felicidade. Essa energia, agora vibrando na frequência da felicidade, sai de você e se expressa como emoções felizes.

Você já decorou um bolo? Para isso, você coloca o seu glacê favorito em um saco de confeitar. Em uma extremidade, insere o bico com o desenho da sua preferência e empurra o glacê através do saco. A cobertura vai sair no formato do bico escolhido.

Nessa analogia, a mente é o saco de confeitar. O glacê é a energia. Os bicos com padrões variados são as diferentes áreas da mente.

O glacê no tubo é só isso. Da mesma forma, energia é energia. Ao passar por uma área da mente e sair do outro lado, por assim dizer, ela assume a vibração do ponto que acabou de atravessar.

A energia que flui através do bico de confeitar da mente que tem o formato de felicidade faz com que a energia seja expressa como emoções felizes.

A energia que flui através do bico de confeitar da mente

132

que tem o formato de raiva faz com que a energia seja expressa como emoções de raiva.

Resumindo, trata-se apenas da energia vibrando em uma frequência diferente. É por isso que eu gosto tanto da citação de Tesla, pois abarca de forma sucinta e bela a essência da energia: "Pensar em termos de energia, frequência e vibração". Entender isso, para além da consciência e da mente, é poderoso.

Emoção é energia, e a energia é magnética. Quanto mais emoção, mais energia e mais poder magnético sobre a consciência.

Algumas pessoas depositam energia em algumas áreas da mente há décadas. Essas áreas estão tão cheias de energia que a consciência mal consegue escapar desse campo gravitacional (magnético). Essas pessoas vivem nessas áreas da mente quase de forma permanente. Podem ser positivas ou negativas, e você provavelmente já conheceu alguém que é sempre negativo, triste ou deprimido. Ao longo dos anos, a pessoa investiu muita energia nessas áreas, tornando-as tão magnéticas que têm a capacidade de manter a consciência por perto ao longo do dia. Quando você conhece alguém assim, pode comentar consigo mesmo ou com outra pessoa: "Nossa, ele é tão deprimente!". A consciência dele vive em uma área negativa o tempo todo, então a resposta é sempre de natureza negativa.

Essas áreas da mente, abarrotadas de energia, tornam-se lares permanentes para a consciência. Mas não são os únicos lugares que chamam atenção.

Muitas pessoas têm experiências emocionais não resolvidas na mente subconsciente — que aconteceram em algum momento de suas vidas, mas nunca foram resolvidas. Essas experiências estão impregnadas de emoção e agem como fortes ímãs, que puxam uma e outra vez a consciência para elas, fazendo com que as pessoas revivam o passado com frequência. Quanto mais fortes ou mais intensas forem as emoções ligadas à experiência, maior será a atração magnética sobre a consciência. Essa é outra forma de energia acumulada na mente que influencia para onde a consciência vai. Experiências emocionais não resolvidas no subconsciente são titãs mentais incapacitantes de proporções imprevisíveis.

Por exemplo, você tem uma discussão acalorada com alguém próximo e opta por não revolver a questão. Você agora criou uma experiência que reside em seu subconsciente e à qual está vinculada uma emoção. Essa discussão gerou muita emoção, então a força magnética em seu subconsciente é muito intensa. Ao longo do dia, você percebe que sua consciência é puxada de volta para essa experiência. Cada vez que sua consciência retorna a essa questão emocional não resolvida, você revive o problema e tem uma discussão mental sobre isso.

Até que a emoção ligada à experiência possa ser de fato transferida, ela continuará a atrair a consciência para ela. Mas, quando a emoção se afastar da experiência, então ela, que até então residia no seu subconsciente, não terá mais o poder de atrair a consciência para ela. A essa altura, ela não terá mais nenhuma influência emocional sobre você.

Se você observar sua mente, verá que qualquer experiência em seu subconsciente que tenha muita emoção ligada a ela, seja positiva ou não, é mais capaz de atrair sua consciência.

Vamos observar as experiências negativas, por exemplo. Algumas podem ter sido criadas há pouco tempo, e outras, décadas atrás. Embora tenham se formado há muito tempo, elas ainda contêm emoções, pois não foram resolvidas e, portanto, ainda detêm poder sobre a sua consciência. Solucionar uma experiência emocional significa deixar esse problema às claras, de modo que as emoções associadas a ele não nos afetem mais, permitindo-nos ver a experiência de forma objetiva e aprender com ela. Isso pode ser feito por meio de várias formas de terapia e práticas espirituais. É muito desafiador aprender com uma experiência se estivermos reagindo emocionalmente a ela.

A VERDADE VELADA

A energia flui onde a consciência está. O que isso significa? Que onde a consciência estiver, é para aí que sua energia estará fluindo.

É bem óbvio, não é? No entanto, existe uma mensagem mais profunda aqui. Você pode intuir qual é?

Se a energia flui para onde a consciência está, então não é possível concluir que consciência e energia são a mesma coisa? Elas são.

A consciência é a energia concentrada. À medida que você concentra a sua consciência, faz o mesmo com a sua energia. E quando a energia se ramifica, o mesmo acontece com a consciência.

É por isso que, ao regular a respiração e direcionar energia para um lugar, você se sente mais centrado. Ao retirar energia, você faz o mesmo com a consciência. E ao centrar a sua energia, o mesmo ocorre com a consciência.

O PODER DE MANIFESTAR

Se você quer realizar algo em sua vida, invista energia nisso. Lembre-se: sua vida é uma manifestação de onde você investe sua energia. As pessoas, as coisas e as oportunidades ao redor — todas são uma manifestação de onde você investe sua energia e um testemunho das áreas da mente às quais a sua consciência dedica tempo. Tudo em que você investir a sua energia vai começar a se realizar.

Ao controlar para onde vai a sua consciência, você fará o mesmo com a energia e, portanto, controlará o que se realiza em sua vida. É por isso que eu sempre falo da importância de compreender a consciência e a mente e de controlar para onde a consciência vai dentro da mente.

Quando não conseguimos realizar algo, grande parte se deve à nossa incapacidade de utilizar e concentrar a consciência e, portanto, também a energia. E se você não puder investir energia suficiente em algo, não espere que isso se concretize. Não preciso dizer que outras coisas também são necessárias no processo de realizar o que você deseja, mas a capacidade de utilizar e concentrar consciência e energia é essencial.

Muitas pessoas não se dão conta de aonde sua consciência vai ao longo do dia. Cada minuto é uma oportunidade para a consciência ir até uma área prejudicial da mente, depositar energia ali e começar a manifestar isso em sua vida. Da mesma forma, também é uma oportunidade de escolher de forma consciente e sábia que a consciência vá para uma área positiva e lá depositar energia.

Você pode escolher para onde a consciência vai. Ninguém pode tirar isso de você. Você é o verdadeiro guardião da sua consciência.

O domínio da consciência na mente é essencial. Tudo se manifesta ali antes de se manifestar no plano físico. E começa com para onde a consciência está indo de modo consistente na sua mente.

Da mesma forma, se você quiser eliminar alguma coisa, retire energia dali, e ela naturalmente vai começar a desaparecer. Como fazer isso? Afaste a sua consciência. Ao afastar a consciência de alguma coisa, a sua energia passa a fluir para longe dela, fazendo com que isso pare de crescer. É dessa maneira que a consciência e a energia funcionam.

Por favor, leia o que compartilhei sobre consciência e energia algumas vezes, reflita e se esforce para compreender bem.

LIÇÃO 4.6
O micélio da mente

Nós, os viajantes destemidos, amamos explorar o mundo — ver novos lugares, experimentar diferentes culturas, tradições, comida, arte, música. Apesar de gostar de explorar novos territórios, nós adoramos voltar para alguns lugares específicos. Sempre que regressamos a esses lugares, sentimos que voltamos para casa. A antiga familiaridade deles — saber onde fazer nossa refeição favorita ou tomar um bom café, por quais ruas passear, cumprimentar os rostos familiares de quem conhecemos ao longo dos anos — nos traz uma sensação de conforto.

Essa experiência se reproduz na mente. Alguns adoram explorar a mente, e isso se manifesta na forma de curiosidade, no interesse em aprender e no fascínio por coisas novas. Por esses e outros motivos, a nossa consciência explora várias áreas.

Existem também as áreas da mente que nós visitamos com frequência. São familiares para nós. Algumas são revigorantes, outras não. Essas áreas são como assombrações com as quais nos acostumamos ao visitá-las com frequência e por muito tempo. Nós conhecemos bem esses lugares. Sabemos o que esperar quando vamos lá. A familiaridade gera segurança — nos sentimos seguros com o que conhecemos, mesmo que não seja bom para nós.

Visitamos alguns desses lugares de forma consciente e sabemos bem que estamos lá. Para outros, vamos sem perceber. Somos levados até lá pelos velhos hábitos que estão arraigados em nossa mente subconsciente ou pela influência de pessoas e coisas à nossa volta. Por exemplo, alguém pode ter sido desprezado de forma constante pelo pai ou pela mãe por anos, e essa corrosão recorrente da autoestima a leva com frequência à área da depressão.

Essas áreas que são familiares têm estradas que conduzem a elas, caminhos que foram esculpidos pela consciência ao ir e voltar de lá durante anos.

Imagine um explorador nas florestas da Costa Rica. Depois de alguns dias percorrendo a densa mata tropical, ele se depara com uma cachoeira magnífica de dez metros de altura. Ele está ansioso para compartilhar sua descoberta com os outros, mas sabe que, para levar as pessoas até lá, precisa criar um caminho. Ele traça o percurso de volta deixando marcas ao longo da trilha para mapear o lugar que encontrou. Um mês depois, leva um grupo consigo. A floresta voltou a crescer de forma voraz, as marcas estão menos visíveis e, assim, conforme caminham até a cachoeira, limpam parte da vegetação para tornar o percurso mais acessível e claro.

Cinco anos depois, milhares de pessoas já visitaram o lugar. Como você acha que o caminho está? Exatamente como o grupo viu na primeira vez que o explorador o levou por ali? É óbvio que não. Agora há uma trilha de um metro de largura. O acesso é livre, rápido e fácil para quem deseja ver a cachoeira.

A consciência e a mente funcionam da mesma forma. Você pode enxergar a consciência como o explorador e a mente como a floresta. À medida que sua consciência vai e volta para uma área específica da mente, cria uma passagem, do mesmo modo que aconteceu com a trilha para a cachoeira. Quanto mais a consciência se desloca por ali, mais definido o caminho se torna. Em algum momento, um sulco começa a se formar. A consistência e a frequência com a qual a consciência se desloca demarca o trajeto. Quanto mais profundo o sulco, mais fácil é para a consciência permanecer no caminho certo para a área da mente que costuma frequentar nessa rotina mental. Uma nova trilha não precisa ser criada toda vez, e tudo que a consciência precisa fazer é viajar nesse percurso bem delimitado até seu destino.

Você já conheceu uma pessoa que fica irritada com muita facilidade? Uma questão pequena a atinge e a faz reagir com raiva. Essa pessoa, pode-se dizer, abriu um sulco mental profundo para a área da raiva. A consciência consegue se deslocar de qualquer lugar na mente para a área da raiva com muita rapidez, porque existe um caminho bem definido e desimpedido até ela.

A consciência se desloca para lá com muita facilidade e sem nenhuma resistência. Quando atinge a área da raiva, o mesmo acontece com a energia. E aqui essa energia passa a vibrar na frequência da raiva e a expressar emoções de raiva. Uma pessoa que se irrita rápido e com facilidade abriu uma estrada para a área da raiva.

Existe também quem abriu um sulco profundo para áreas positivas da mente. O rapaz das Ilhas Maurício sobre quem escrevi no início do livro, cuja consciência sempre foi rápida para se deslocar para a área de felicidade, mostra que abriu um sulco profundo até ali. A simples visão de um rosto familiar era suficiente para enviar a consciência dele para a área de felicidade, fazendo com que a energia passasse a vibrar na frequência da felicidade e, assim, expressasse emoções felizes e um sorriso contagiante.

A mente está cheia de caminhos que nós criamos de maneira consciente ou não. De um modo não muito diferente do micélio, a rede subterrânea de filamentos fúngicos que une uma floresta, há uma rede interminável de caminhos que criamos na mente ao longo desta vida e até em vidas passadas. Se você se observar com atenção, vai perceber alguns sulcos profundamente arraigados na sua mente que não foram criados nesta vida. Uma reflexão mais detida revelaria que você nem mesmo teve experiências suficientes nesta vida para produzir esses caminhos. Compartilho isso para ajudá-lo a entender que nem todos os caminhos em nossa mente podem ter sido criados nesta vida.

Grande parte das áreas para onde a consciência se desloca todos os dias é ditada pelos caminhos que existem na mente. Devido à falta de domínio consciente das áreas para onde a consciência se move, submetemos o rumo da consciência, a direção e a experiência a essas trilhas.

Agora vamos vincular esse aprendizado com as duas lições anteriores sobre a energia e a emoção. Podemos deduzir que, à medida que a consciência se desloca repetidas vezes para uma área da mente, algumas coisas sem dúvida ocorrem:

1. A energia se acumula no local para onde a consciência vai;

2. Essa área, fortalecida pelo acúmulo de energia, é altamente magnética;

3. Forma-se um caminho bem delimitado para chegar a essa área.

A consciência sucumbe com mais facilidade à combinação de um caminho bem delimitado e uma área carregada magneticamente. Essas áreas atraem a consciência com muita facilidade. A força magnética de determinado ponto exerce uma atração constante sobre a consciência, e se essa força perde a potência a consciência percorre o caminho bem pavimentado até a área que a está atraindo.

Quem acorda de manhã e decide passar uma hora imerso em um treino tradicional de meditação como um dos primeiros atos do dia sem dúvida está abrindo caminho para estados mentais mais elevados. Essa pessoa pode guiar com facilidade a consciência da mente consciente pelo subconsciente e para a área superconsciente. A consistência com que realiza essa prática e a adesão a rituais claramente definidos fortalecem a abertura de um caminho e o acúmulo de energia em seu destino. Em pouco tempo, um sulco profundo e uma área altamente magnetizada são criados na mente.

Essa área altamente magnética com um caminho bem pavimentado é acessível a qualquer hora para a consciência. Ela é atraída de forma constante. Se alguém passa por uma experiência difícil durante o dia, será muito fácil para a consciência percorrer o caminho até essa área revigorante da mente. Assim, será possível enxergar a experiência a partir de um estado mais elevado de consciência, tomando decisões mais sábias para enfrentar o desafio.

Eu conheço alguns empreendedores que cultivaram um caminho para um estado de espírito mais elevado que lhes permite sempre ter perspectivas mais sábias dos desafios que eles ou suas empresas enfrentam. Quando se deparam com um problema, é muito fácil para a consciência deles percorrer o caminho bem pavimentado que passou anos sendo trilhado rumo a um estado de espírito mais elevado.

Ao chegar ao destino, eles têm uma visão revigorante do assunto e conseguem encontrar soluções que outras pessoas não veem. Essa área altamente magnética se torna um padrão para a consciência. Uma pessoa pode ter várias áreas-padrão na mente.

Por outro lado, alguns adoram se sentir aterrorizados quando a consciência segue até a área do medo ao assistir a filmes de terror todo fim de semana. À medida que esse processo se repete, um sulco profundo que leva ao medo é criado e grandes quantidades de energia são depositadas ali, tornando a área altamente magnética. A perspectiva e a reação natural durante o dia tenderão assim a ser medo, porque esse é o caminho de menor resistência na mente, e a consciência vai percorrê-lo se a pessoa não tiver domínio suficiente.

Meu guru foi o primeiro a me apresentar ao conceito dos caminhos na mente. Ele havia traçado trajetos rumo a várias áreas, sobretudo para o estado superconsciente, que ajudou os monges do templo a experimentar áreas muito precisas da mente. Quanto mais deslocávamos a consciência para esses destinos estabelecidos de forma nítida, mais definidos os caminhos ficavam, o que tornava cada vez mais fácil chegar lá.

Nós, seres humanos, fomos prolíficos em abrir caminhos na Terra. Cada um deles foi definido por um destino claro. Nenhum governo investiria tempo, energia e milhões de dólares na construção de uma estrada para lugar nenhum. Existe um trajeto que leva ao topo do Everest, rodovias que ligam Nova York a Los Angeles, trilhas por parques nacionais que conduzem a cachoeiras ou a vistas deslumbrantes e até mesmo um caminho iluminado para sair da sala de cinema enquanto o filme está sendo exibido.

Nós podemos criar e construir novas trilhas dentro da mente. *O trajeto é importante, mas o destino é ainda mais, pois de-*

143

fine o caminho. Então, primeiro defina o destino e, em seguida, construa o percurso até ele. Quando sabemos para onde ir, o domínio consciente da consciência é necessário, e só então o processo de construção de caminhos pode começar. No entanto, é fundamental que você saiba que qualquer ação repetida, feita de modo consciente ou não, começará a formar um caminho dentro da mente.

Para resumir, uma área altamente magnética com um acesso bem pavimentado, resultado das visitas frequentes da consciência, será o destino escolhido. Por isso, nós devemos nos esforçar para compreender como a consciência e a mente funcionam, e então buscar o domínio da consciência na mente.

5. Dominando a consciência

LIÇÃO 5.1
Definindo o propósito
e o objetivo

Qual é o propósito de aprender como a consciência e a mente funcionam? E qual é o objetivo? O objetivo é alcançar um domínio ciente da consciência na mente — ser capaz de escolher de forma ciente o lugar na mente para onde você deseja mover a consciência em determinado momento. O propósito é abundante: melhorar a capacidade de concentração, superar o medo e a preocupação, eliminar a ansiedade e o estresse, ser mais observador, experimentar estados mentais mais elevados e assim por diante.

É importante compreender o que é o domínio ciente da consciência. É a capacidade de escolher, a qualquer momento, onde sua consciência habita na mente, além da habilidade de superar quaisquer forças internas ou externas que possam tentar mover a consciência para uma área que não é da sua escolha.

Vejamos um exemplo do mundo real. A história que vou compartilhar é algo que testemunhei muitas vezes na cidade de Nova York. Quando eu morava lá, costumava pegar o metrô para passear pela cidade. Em uma dessas viagens, eu estava sentado lendo um artigo no celular quando notei um casal, que estava próximo, discutindo.

147

O vagão do metrô não estava muito lotado, e isso em Nova York significa que todos os assentos estavam ocupados e havia apenas algumas pessoas em pé. Os dois começaram a trocar palavras exaltadas enquanto seguravam a barra de metal — uma placa de Petri para uma miríade de bactérias internacionais — que parecia ser a única coisa estável naquele relacionamento.

Enquanto o trem avançava para a próxima parada, suas vozes se elevavam, permitindo que as pessoas ouvissem o que estava sendo dito.

"Eu não acredito que você fez isso. Isso é tão inconveniente!", exclamou ela. "Eu faço o que eu quiser. Eu não preciso da sua permissão!", ele retrucou.

Essa resposta se tornou um combustível para as emoções dela, que já estavam intensificadas. Eles então começaram a ficar mais aborrecidos e mais irritados um com o outro. A consciência deles estava totalmente absorta na discussão, e eles estavam alheios ao fato de que as vozes agora eram facilmente ouvidas por muitas pessoas no vagão. À medida que a discussão aumentava, comecei a perceber os efeitos em cascata nos outros passageiros.

"É uma ótima oportunidade para um estudo da consciência e da mente", pensei enquanto guardava o celular para assistir ao próximo episódio das "Aventuras no metrô". Seria mais edificante do que o artigo que eu estava lendo.

As vozes exaltadas começaram a chamar a atenção das pessoas ao redor. Quem estava mais próximo do casal começou a reagir primeiro quando sua consciência foi atraída pela discussão. Dava para perceber, pela reação de cada um, quanto controle tinham sobre a própria consciência. E dava para perceber também, pela reação deles, para onde cada consciência estava indo.

Uma jovem de pé ao lado do casal bufou e revirou os olhos, depois se abaixou, pegou a sacola de compras e caminhou irritada para o outro lado do vagão. A consciência dela foi para a área da frustração.

Um rapaz, que estava balançando a cabeça ao som da música ensurdecedora emitida por seus fones de ouvido, abriu um sorriso. A consciência dele se alojou na área da diversão. Ele estava animado para ver como aquilo se desenrolaria. Não havia a menor intenção de se afastar. Aquilo ia ser bom.

Um homem sentado à minha frente exclamou em voz alta: "Ah, pelo amor de Deus, já chega!", então pulou do assento, vasculhou o local com os olhos e se dirigiu para a porta entre os vagões para que pudesse passar para o seguinte. Ele estava cansado daquilo. A discussão do casal o incomodou tanto que ele teve uma reação física e precisou se afastar deles.

Uma senhora idosa sentada ao meu lado, com um olhar de grande decepção, se virou para mim e disse: "Não se deve nunca falar com alguém dessa maneira, principalmente com seu parceiro. Ele não a respeita. É uma pessoa terrível". Ela permitiu que a consciência dela saísse de onde estava e fosse absorvida pela experiência que testemunhava, por isso foi para a mesma área da mente em que o casal estava. Ela estava incomodada e chateada por ter permitido que sua consciência fosse tomada.

Não demorou muito para que a maioria das pessoas reagisse. Alguns passageiros murmuravam algo para si mesmos, expressando uma opinião sobre a discussão que agora tomavam para si. A maioria parecia, de alguma forma, incomodada com a situação. Assim como a senhora idosa, eles permitiram que a consciência fosse para a área da mente em que o casal estava — o recinto do aborrecimento e da raiva — e, portanto, ficaram chateados.

Essa é uma maneira completamente exaustiva de viver. Quando você tem pouco controle sobre a sua consciência, seu estado mental fica à mercê de todos e de tudo à sua volta. Você pode passar de um estado de felicidade a um estado de irritação em questão de segundos.

Talvez houvesse uma pessoa mais sábia no vagão, uma alma mais madura que tivesse maior controle sobre a consciência — o suficiente para simplesmente observar o casal discutindo a alguns metros de distância mas não permitir que sua consciência ficasse emocionalmente presa à área da mente em que o casal estava. Essa pessoa manteria sua consciência firme onde está e, a partir desse lugar, observaria a discussão do casal. Isso é observação, e vamos nos aprofundar nisso mais tarde.

Quem diria que o metrô seria uma grande sala de aula para o estudo da mente?

Quando você permite que sua consciência fique presa a uma experiência externa, você se permite aproveitar ou sofrer com as repercussões emocionais da situação. É por isso que ter um domínio ciente da consciência é tão importante: oferece liberdade e poder de decisão para saber se você gostaria ou não de se envolver em algo. Quando você tem essa escolha, inevitavelmente também pode decidir como vai reagir.

Se algo divertido acontecer, eu posso optar por deixar minha consciência se envolver com isso e, portanto, ter uma reação feliz. Se é algo desagradável, posso decidir não deixar minha consciência ficar presa àquilo e, portanto, não ter uma reação emocionalmente inquietante. Isso só acontece quando você alcança domínio suficiente da consciência.

O mundo é um parque de diversões para a consciência, embora nem todos os brinquedos deixem você feliz. Para quem tem pouco controle sobre a consciência, esse parque de diversões oferece uma montanha-russa de altos e baixos infinitos. A polaridade extrema das emoções pelas quais se pode passar no dia a dia como resultado de não administrar a consciência é desgastante e debilitante para o sistema nervoso, além de extenuante no que se refere à energia.

O aproveitamento e o foco da consciência na mente são de extrema importância na jornada de permanecer alinhado com seu propósito de vida.

LIÇÃO 5.2
Movimentando a consciência na mente

Agora que já apresentei a teoria da consciência e da mente e compartilhei exemplos do mundo real no ambiente de trabalho, vamos experimentar aplicar essa teoria na prática. Eu acredito que é muito importante testar teorias e colocá--las em prática para ver por si mesmo se elas funcionam.

Para realizar esse exercício, você precisa se sentar em uma cadeira ou no chão. Se optar por se sentar em uma cadeira, escolha uma que tenha a superfície firme; se optar pelo chão, pode sentar diretamente ou usar uma almofada pequena e firme. Certifique-se de que está confortável, para que qualquer desconforto não o distraia.

Agora que está numa posição agradável, vamos focar na postura. Sente-se com a coluna reta e a cabeça bem equilibrada sobre a coluna. Certifique-se de que sua cabeça não está inclinada para os lados, para a frente ou para trás. Relaxe a boca e a mandíbula, de modo que seus dentes inferiores fiquem separados dos superiores. Mantenha os lábios juntos e os dentes separados.

Inspire devagar e profundamente. E expire lentamente. Faça isso no seu próprio ritmo.

Quando tiver expirado por completo, inspire outra vez

do mesmo modo que antes. Faça isso mais três vezes, totalizando cinco respirações profundas. Em geral, eu pediria para você fechar os olhos e o conduziria por esse exercício, mas como é necessário ler vamos adotar a seguinte abordagem:

Por favor, leia o parágrafo seguinte, feche os olhos e pratique o que eu compartilhei por um ou dois minutos.

Feche os olhos. Tome consciência do cômodo onde está. Faça isso primeiro com seu corpo físico. Sinta a cadeira ou o chão em que está sentado. Sinta os pés ou as pernas no chão. Contemple a sua pele. Você sente frio, calor ou a temperatura está agradável? Expanda a sua consciência para além do seu corpo. Há ruídos nesse cômodo? Existem outros barulhos vindos de fora? Você sente algum cheiro?

Passe um minuto ou dois apenas contemplando tudo no cômodo com os olhos fechados. Depois de fazer isso, abra os olhos devagar e leia as próximas instruções.

Por favor, leia os próximos dois parágrafos, feche os olhos e pratique o que eu compartilhei por três minutos.

Lembre-se do último casamento ao qual você compareceu e tente recordar com o máximo de detalhes. Aqui vão algumas perguntas para ajudar. O casamento era de quem? Você foi sozinho? Ou foi acompanhado de seu cônjuge ou de toda a sua família? Lembra-se do que vestiu? Ficou feliz pelo casal? Recorda-se de como a noiva estava vestida? Acha que ela escolheu bem o vestido?

Como estava a comida? Serviram álcool e, em caso afirmativo, você bebeu muito? A música estava boa e as pessoas dançaram? Você dançou? Divertiu-se no casamento? Tente pensar no máximo de detalhes que puder. Essas perguntas são apenas um guia para o exercício. Agora feche os olhos e faça isso pelos próximos três minutos. Se em algum momento você perceber que sua consciência está se afastando, então, com delicadeza e cuidado, traga-a de volta à lembrança desse casamento.

Agora que você terminou de se lembrar do casamento, por favor, leia os dois parágrafos seguintes, depois feche os olhos e pratique o que eu compartilhei por três minutos.

Relembre suas férias mais recentes. Se você viajou há pouco tempo para o exterior, escolha essa experiência para este exercício em vez de uma viagem dentro do seu país. Como foram essas férias? Um retiro de ioga? Uma viagem para surfar? Para esquiar? Você acampou ou foi de carro? Para onde? Como estava o tempo? Quente? Frio? Úmido? Chuvoso? Seco?

Como estava a comida? Era picante? Insossa? Você se sentiu enjoado? Se passou por lugares diferentes, houve algum que se destacou mais do que os outros? Você fez muitas compras? Qual foi a sua aquisição favorita? Realizou muitas atividades? Tente recordar o máximo de detalhes que puder sobre essas férias. Agora feche os olhos e faça isso pelos próximos três minutos. Se em algum momento durante o exercício você perceber que sua consciência está se afastando, com delicadeza e cuidado, traga-a de volta para essas férias.

Quando terminar de rememorar essa viagem, para a etapa final deste exercício, eu quero que você leia o próximo parágrafo, feche os olhos e pratique o que compartilhei por um ou dois minutos.

Tome consciência da sua postura. Sua coluna ainda está reta? Sua cabeça ainda está bem equilibrada sobre a coluna? Você ainda está fisicamente confortável? Perceba a temperatura do cômodo. Está quente, frio ou agradável? Expanda a sua consciência para além do seu corpo físico e comece a contemplar o ambiente onde está. Há algum ruído dentro ou fora do quarto? Agora feche os olhos, mantenha a consciência nesse lugar e fique o mais ciente possível do que está à sua volta por um ou dois minutos.

Ao abrir os olhos e voltar o foco para este livro, permita-se parar por alguns segundos para se ajustar ao ambiente.

Vamos analisar o exercício que você fez sobre a consciência e a mente. Você começou ficando ciente do cômodo em que estava. Ao fazer isso, ficou mais ciente do ambiente ao seu redor. Nesse ponto do exercício, sua consciência estava na mente consciente — ligada a tudo que estava à sua volta.

A partir de então, a sua consciência embarcou em uma jornada da mente consciente para o subconsciente, em busca da memória do casamento. Quando a sua consciência chegou ao destino, você começou a ficar mais ciente dessa experiência. Quanto melhor for a sua capacidade de manter a consciência nessa área da mente, mais se lembrará dos detalhes da cerimônia. Experiências impregnadas de emoção começam a vir à tona. Algumas farão você sorrir, talvez rir, ou até mesmo derramar de novo uma lágrima de felicidade. Enquanto a consciência permanece nessa área da mente, você revive toda a experiência daquele casamento.

Antes de eu pedir que você fosse para essa memória específica em seu subconsciente, você provavelmente nem estava pensando no evento. E, enquanto sua consciência estava imersa na experiência de uma memória no seu subconsciente, você não estava mais ciente do cômodo em que estava nem da temperatura ou da sua postura. Isso porque sua consciência não estava mais no cômodo.

Onde quer que sua consciência esteja na mente, é disso que você se torna ciente.

Sua consciência então viajou da área do subconsciente que guarda a lembrança do casamento para outra que abriga a memória da viagem. Quando a sua consciência chegou a esse novo local no subconsciente, você se tornou perfeitamente ciente daquele período de férias.

Relatos detalhados desse período de descanso da sua vida cotidiana foram revelados à parte ciente da sua mente enquanto você mantinha a consciência no centro da memória. Em razão disso, uma mistura de emoções veio à tona conforme a consciência saltava de uma lembrança específica para outra dentro da bolha dessa experiência geral chamada férias. Você começa a reviver aquele período.

Como a consciência está ancorada com firmeza nessa lembrança, você não está mais ciente do cômodo em que está sentado ou da lembrança do casamento. A doce memória das férias termina. Você abre os olhos e volta para o livro, se perguntando: "E agora?". Você então é instruído a voltar sua consciência para o cômodo e, com isso, fica ciente de todas as coisas associadas a ele.

De repente você percebe que sua coluna não está mais reta e que sua cabeça está inclinada para um lado. Você corrige a postura na mesma hora e passa a ficar ciente de todas as outras coisas listadas.

Enquanto sua consciência se ajusta de novo a essa área da mente, você não está mais ciente do casamento ou das férias. Nenhuma memória desses dois eventos está presente em sua mente, pois sua consciência está ancorada com firmeza no que você está envolvido no momento, que é observar o que está à sua volta.

Por fim, você abre os olhos e se ajusta ao ambiente.

Seguindo minhas instruções, você moveu sua consciência do cômodo para a área do casamento, depois para a área das férias e então de volta ao cômodo. Usou a força de vontade para mover a consciência e, depois, as suas habilidades de concentração para manter a consciência em cada uma dessas áreas por um longo período.

A partir disso, vamos tirar algumas conclusões. Eu queria que você realizasse esse exercício para experimentar e provar a si mesmo alguns dos princípios fundamentais da consciência e da mente compartilhados nas lições anteriores. Vou listá-los por uma questão de compreensão.

1. *A consciência se move.*

A sua mente, não. O fato de você poder levar sua consciência para algumas áreas diferentes da mente mostra que ela se movimenta dentro da mente, enquanto esta última fica parada.

2. *A consciência e a mente são duas coisas distintas.*

A capacidade de mover a consciência dentro da mente mostra que as duas não são a mesma coisa. Elas não se movem juntas. Uma viaja dentro da outra. Portanto, há uma separação clara entre consciência e mente.

3. *Você não é a mente.*

Você não é a sua mente. Você é pura consciência se movimentando por várias áreas da mente. E qualquer que seja a área a que você vá, é isso que experimenta. Onde quer que sua consciência esteja na mente, é disso que você se torna ciente.

LIÇÃO 5.3
Chamando a atenção da consciência

Agora que você compreende que a consciência e a mente são duas coisas distintas e que você é consciência pura se deslocando por diferentes áreas da mente, a próxima etapa é controlar para onde a consciência vai.

O primeiro passo para isso é chamar a atenção da consciência.

Um dicionário define atenção como o ato de direcionar a mente para ouvir, ver ou entender; perceber. Isso pode ser aplicado à consciência. Desse modo, chamar a atenção da consciência pode ser considerado o ato de fazer a consciência perceber a si mesma ou, como diria o meu guru, "a consciência ciente de si mesma".

Permita-me dar um exemplo para elucidar isso. Imagine que uma amiga está sentada no sofá da sua casa assistindo a um filme. Ela está confortável em um canto, enrolada em um cobertor aconchegante repleto de migalhas de biscoito, e a consciência dela está totalmente absorta no filme, alheia a tudo o que está acontecendo no ambiente.

Para chamar a atenção dela, você precisa chamar a atenção da consciência dela. Para isso, você precisaria desvincular a consciência dela daquilo em que está prestando atenção, nesse caso o filme, e trazer a consciência para você.

Existem várias maneiras de fazer isso. Você pode desligar a TV, jogar uma almofada na cabeça dela ou gritar seu nome. Você decide chamá-la, dizendo em voz alta: "Amira!". A consciência dela se solta do filme ao ouvir o próprio nome, e então ela se vira para você. Você conseguiu a atenção da consciência dela. Você chamou a atenção da consciência dela. Depois disso, você pode optar por mover a consciência dela para onde quiser (se sua amiga permitir). Para continuar com este exemplo, agora que você tem a atenção de Amira, pode direcioná-la para a taça de vinho, dizendo: "Sua taça está vazia. Você gostaria de mais um pouco?". Amira olha para a taça, se volta para você e diz: "Isso seria perfeito". Então ela redireciona a consciência para o filme, segura de que você irá encher a taça de vinho.

Para que Amira esteja ciente de você, primeiro você precisa chamar a atenção dela. Depois, pode direcioná-la para onde desejar. Muitos pais provavelmente passam por isso todos os dias com os filhos. Agora você tem o vocabulário necessário para descrever esse processo. Lembra a lição intitulada "A importância da terminologia"? Quando você chamar a atenção da consciência do seu filho pela enésima vez no dia, descreva mentalmente para si mesmo, usando a terminologia correta, o que está fazendo. Esse processo de nomear de forma correta o que está fazendo treina seu subconsciente para compreender como a consciência e a mente funcionam.

Minha filha de três anos adora ficar a meio metro de distância da televisão. Para fazê-la recuar, meu primeiro passo é afastar a consciência dela do que está assistindo. Chamar o nome dela muitas vezes ajuda. A consciência então é puxada da tela, e minha filha olha para mim. Meu próximo passo é direcionar a consciência dela para onde eu quero.

"Você pode, por favor, voltar para o sofá?", eu suplico mais uma vez, enquanto considero em algum lugar no fundo da minha mente como eu poderia construir um fosso ao redor da televisão.

Ao ouvir meu pedido, o olhar dela se desloca para o sofá, e quase na mesma hora minha filha corre até ele. Ela pula no sofá e a consciência dela é sugada de volta para a tela, com uma força gravitacional forte o suficiente para capturar qualquer planeta.

Esses são exemplos para chamar a atenção da consciência de alguém. Você também pode fazer isso consigo mesmo. Pode chamar a atenção da própria consciência.

Quando sua consciência começar a se afastar do foco, chame a atenção dela. Então use sua força de vontade para levá-la ao objeto em que deve estar concentrado. Vamos aprender como desenvolver a força de vontade mais adiante.

E como alguém chama a atenção da própria consciência? Para isso, ela precisa estar ciente de si mesma. E é disso que trata a nossa próxima lição.

LIÇÃO 5.4
Separando a consciência

Para chamar a atenção da consciência, devemos desvinculá-la daquilo em que ela está prestando atenção. Vamos aprofundar isso um pouco mais, pois essa é uma peça importante do processo na qual ainda não nos detivemos.

Em uma lição anterior, apresentei como exemplo o diretor que leva nossa consciência de uma área da mente a outra quando assistimos a um filme. Você já notou que, quando um filme é muito bom, a consciência se torna tão absorta nele que você não fica ciente de mais nada no ambiente? Você está tão concentrado que reage a todas as cenas do modo que o diretor planejou.

Nesse momento, a consciência está completamente imersa no que está prestando atenção. *A consciência e aquilo em que ela se concentra são um só.*

É importante notar que a consciência pode estar em um de dois estados. Em primeiro lugar, ela pode estar ciente do que está observando. Em segundo, pode ser absorvida pelo que está observando.

Vamos usar o exemplo da viagem no metrô nova-iorquino para descrever o primeiro estado. Um casal discutia no vagão, e minha consciência foi atraída para eles.

161

Naquele momento, eu podia escolher simplesmente observar a briga ou permitir que minha consciência fosse absorvida por ela. Eu optei por manter minha consciência comigo em vez de permitir que se deslocasse até o casal e se envolvesse emocionalmente no conflito.

Nesse caso, a consciência estava ciente do que observava. É o cenário ideal: a consciência presta atenção no que observa e então tem a capacidade de escolher se deseja ser absorvida ou não.

Vamos usar outro exemplo já citado para analisar o segundo estado. Quando vamos ao cinema, a consciência pode ter noção de que há um filme passando na tela e então decidir se será absorvida ou não. Nesse caso, faria sentido que ela fosse absorvida, porque é para isso que compramos o ingresso — para ter algum tipo de experiência baseada no filme. Aqui, a consciência é absorvida pelo que está observando.

Podemos concluir que ela pode estar ciente ou ser absorvida pelo que observa. A decisão estará sempre disponível para você, e é apenas sua, embora nem sempre seja uma escolha fácil. Isso é muito importante, então eu gostaria que você refletisse sobre esse assunto.

Vamos voltar ao segundo estado, quando a consciência é absorvida pelo que observa. No processo de chamar a atenção da consciência, ela é separada daquilo que observa ou em que está absorvida. Esse é um dos primeiros passos para aprender a focar.

No exemplo do cinema, a consciência é separada do filme no qual está absorvida, de modo que as duas coisas não sejam mais um. Para isso, você precisa (1) chamar a atenção da consciência e, depois, (2) chamar a atenção da consciência que estava absorvida no filme para você.

Tenho um exercício que você pode fazer na próxima vez

que assistir a um filme. Quando estiver sentado no cinema, olhe para seus pés.

Mexa os dedos dos pés e os observe por alguns segundos. Fazer isso desloca a sua consciência para essa parte do seu corpo. Esse é um jeito de evitar que sua consciência seja absorvida pelo filme. Depois, direcione-a de novo dos dedos dos pés para a tela, mas dessa vez não permita que seja absorvida pelo filme. Basta observar o filme de onde você está sentado e enxergá-lo como nada mais do que uma luz projetada em uma grande tela branca. Uma forma de fazer isso é olhar para trás, reparar na luz do projetor e seguir o feixe até a tela. Diga então a si mesmo que é apenas uma luz refletida na tela.

Se você puder fazer isso, conseguirá separar a consciência daquilo de que ela está ciente. Você aprendeu a arte da observação, que é manter a consciência com você e não permitir que seja absorvida pelo que está observando.

Assim que você deixar a consciência sair de você e voltar à tela, ela será absorvida pelo filme de novo, e você vai começar a reagir ao que quer que esteja acontecendo ali. Quando isso acontece, você e aquilo a que você assiste são um. Se houver uma cena engraçada, você pode rir, e se tiver um momento triste, chorar. A consciência embarca de novo no trem do cinema, indo de uma área da mente para outra de acordo com as vontades do diretor.

Se você chamar a atenção da consciência mais uma vez e separá-la daquilo em que está concentrada (separar a consciência do filme), você se torna um observador. Agora ela observa o que está na tela em vez de ser absorvida pelo filme.

É um jogo incrível. Deixar a consciência ser absorvida por um filme, experimentar as emoções da cena e então deslocá-la de forma voluntária e desapegar emocionalmente, como um observador.

Quanto mais você pratica, mais percebe que pode controlar para onde sua consciência vai e que pode tirá-la de qualquer experiência na qual esteja absorvida. Aqui estamos usando a analogia da sala de cinema, mas isso também se aplica à vida cotidiana. Se você estiver conversando com alguém e perceber que a consciência dessa pessoa está indo para uma área negativa da mente — e levando a sua para lá também —, pode chamar a atenção da sua consciência, separá-la da conversa e colocá-la em uma área da mente na qual deseja estar. Caso contrário, ela seguiria a consciência da outra pessoa até a área negativa e experimentaria essa negatividade. Mas saber como separar a consciência daquilo de que ela está ciente e chamar a atenção dela deixa o poder de escolha em suas mãos.

Imagine que você está de volta ao cinema. Olhe para todos ao redor e veja como a consciência deles e o filme são uma coisa só. Estão tão absortos que não se tornam cientes de mais nada. Reagem a cada cena porque permitiram que a consciência e o filme se tornassem um. Quando isso acontece, o diretor tem controle sobre a consciência e pode conduzir os espectadores na jornada do filme, fazendo-os experimentar tudo o que a narrativa tem a oferecer, e foi isso que eles pagaram para ver.

No exemplo do metrô nova-iorquino, podemos concluir que os passageiros que reagiram emocionalmente à discussão do casal eram pessoas que não tinham controle suficiente sobre a consciência. As vozes exaltadas fizeram com que a consciência das outras pessoas se separasse do que quer que estivessem cientes, chamando para si a atenção delas. Agora a consciência delas estava ciente da discussão e, nesse momento, cada pessoa podia voltá-la para o que quer que estivesse prendendo sua atenção antes ou permitir que o casal a levasse para a discussão. A maioria não teve controle suficiente sobre a própria consciência, permitindo que ela fosse atraída para a mesma área da mente em que o casal estava.

O cenário ideal seria que as vozes do casal separassem a consciência das pessoas daquilo em que elas estavam concentradas, e então elas se colocariam em um lugar de observação, capazes de decidir se queriam ou não ficar mentalmente enredadas na discussão.

Nós analisamos dois exemplos. Em um deles, uma força externa fez com que a consciência fosse separada daquilo de que ela estava ciente. No outro, foi você que, com seus poderes de observação, separou a consciência daquilo em que que ela estava concentrada.

Aprender a fazer isso é uma arte, e você deve se esforçar para dominá-la.

A PRÁTICA DE SEPARAR A CONSCIÊNCIA

Faça em casa o exercício que eu sugeri que fizesse no cinema. No fim de semana, ponha um filme que você adora. Enquanto assiste, pratique separar a consciência daquilo de que ela está ciente. Durante o filme, mova sua consciência da TV para seus pés. Mexa os dedos dos pés e os observe. Ao fazer isso, você vai deslocar a sua consciência do filme para essa parte do seu corpo. Faça isso por sete segundos.

Agora direcione sua consciência dos seus dedos dos pés para a TV outra vez, mas não permita que sua consciência seja absorvida pelo filme. Basta observar a história de onde você está sentado no sofá e vê-la como nada mais do que uma luz na tela.

Em seguida, desloque a consciência de volta para os dedos dos pés e mexa-os por alguns segundos. A consciência voltou para o seu corpo. Agora mova-a outra vez para o filme e, então, deixe-a ser absorvida de novo por ele. Entregue a consciência ao filme para que possa apreciá-lo de fato nos próximos minutos.

Agora chame a atenção da consciência. Isso significa separar a consciência daquilo de que ela está ciente: o filme. Afaste-a do filme e mova-a para você.

Repita o processo. Quanto mais você praticar, mais eficaz será. Jogue esse jogo com a sua consciência e você vai experimentar muito rápido a arte de separá-la daquilo de que está ciente. Separando a consciência ao afastá-la daquilo de que está ciente, você pode de fato sentar e observar o que perceber. Não é possível observar algo se sua consciência estiver absorvida.

A *observação é a consciência ciente do que observa*. Se você já se perguntou como ser observador ou o que é observação, agora você sabe. Observação é a capacidade de separar a consciência daquilo de que ela está ciente e perceber a experiência sem ser absorvido por ela. Você não vai conseguir observar se não aprender primeiro sobre a consciência e a mente.

A CONSCIÊNCIA CIENTE DE SI MESMA

Para que a consciência se separe daquilo de que está ciente, ela deve primeiro estar ciente de si mesma.

Para isso, é preciso ter a capacidade de ser um bom observador. A observação é resultado de estados prolongados de concentração. Nós vamos analisá-la mais a fundo, junto com a concentração, nos capítulos seguintes. Apenas quando a consciência desenvolver poderes de observação suficientes ela poderá se tornar ciente de si mesma. Nesse ponto, ela será capaz de chamar a própria atenção ou, em outras palavras, chamar a atenção para si mesma. Ao alcançar esse estágio, pode se redirecionar para onde quiser.

Quanto mais você aprende a se concentrar, mais observador se torna. E, então, mais a consciência consegue chamar a atenção de si mesma. À medida que avança, você separa melhor a consciência daquilo de que ela está ciente ou em que está absorvida.

Uma pessoa que não consegue se concentrar muito bem não tem as habilidades de observação bem desenvolvidas. Se a consciência se desviar do foco, pode demorar um pouco até que ela chame a própria atenção (se torne autoconsciente) e perceba que está distraída. Por exemplo, uma pessoa que trabalha em seu laptop lembra que o time para o qual torce jogou no início do dia. Então ela sai da planilha de contabilidade e vai para a internet procurar o placar do jogo. Ela descobre que seu time teve uma grande vitória e agora está ansiosa para ver os melhores momentos do jogo. Para isso, pesquisa no YouTube e encontra os vídeos mais importantes.

Ao terminar, ela clica numa sugestão e a assiste. Trinta minutos depois, percebe que está assistindo a um vídeo após o outro. Quando a consciência chama a atenção de si mesma — ou, dito de outra forma, ao ter essa percepção —, ela separa a consciência do YouTube e a desvia de volta para a planilha.

A falta de capacidade de se concentrar faz com que essa pessoa não seja uma boa observadora, por isso a consciência leva um tempo muito maior para chamar a atenção de si mesma. Durante esse período, ela perde muito tempo e muita energia. A produtividade despenca, e receita de anún-

167

cios do YouTube aumenta. Muitas pessoas se beneficiam da incapacidade que os outros têm de se concentrar.

À medida que você aprende e se torna eficaz em se concentrar, sua consciência se torna melhor em estar ciente de si mesma.

LIÇÃO 5.5
O mestre da consciência

Nas últimas lições, nós analisamos dois contextos que demonstram como a consciência se move pela mente.

No primeiro cenário, alguém ou alguma coisa movimenta a consciência de uma área da mente para outra. Vimos os exemplos do cinema, de Priya e do casal discutindo no metrô. Em cada um, múltiplas forças externas ditaram a jornada da consciência na mente.

No segundo cenário, você escolhe mover sua consciência de uma área para outra. Isso foi demonstrado no exercício em que você deslocou sua consciência do cômodo em que estava para o casamento, depois para as férias e de volta para o cômodo. Embora eu tenha estabelecido um caminho a ser seguido, você levou sua consciência de uma área para outra de forma totalmente ciente.

Podemos *simplificar* e dizer que duas forças controlam a sua consciência: você e o ambiente. Lembre-se: aqui, o ambiente são as pessoas e as coisas ao seu redor. Em qualquer momento, uma dessas forças dita para onde sua consciência se desloca. O ideal é que você esteja no comando do lugar para onde sua consciência vai.

Quando você dita para onde sua consciência vai, você tem o domínio ciente da consciência na mente.

A maioria das pessoas permite que o ambiente conduza a consciência. As pessoas e coisas ao seu redor podem levar a consciência para áreas edificantes ou destrutivas. Quando você entrega o controle da sua consciência ao ambiente, você entrega a sua experiência e, consequentemente, seu estado de espírito.

Mas não só essas coisas. Você também cede ao ambiente onde investe a sua energia. Quando o ambiente dita para onde a sua consciência vai, faz o mesmo com a sua energia e, assim, com o que se manifesta em sua vida.

A maioria das pessoas é incapaz de realizar o que deseja porque tem pouquíssimo controle sobre para onde vai a consciência no dia a dia. Por isso, a energia flui de acordo com o ambiente, e o que se manifesta na vida delas não é o que pretendiam. A consciência delas corre desenfreada ao longo do dia, impulsionada, no mundo de hoje, por algoritmos e pela tecnologia das redes sociais. A energia finita está dispersa por vastas áreas, em vez de aproveitada e focada em coisas específicas. Como resultado, nenhum dos objetivos se concretiza. Em dado momento, a frustração se transforma em desânimo. E esse sentimento constante amortece a vontade, levando à eventual evaporação da esperança.

O domínio ciente da consciência na mente é um conhecimento e uma habilidade que devem ser ensinados a todos. É a peça fundamental para governar a si mesmo de forma eficaz, a fim de viver uma vida verdadeiramente gratificante. Se você puder ensinar a seus filhos alguma coisa sobre a mente, ensine isso. É mais importante que eles compreendam como a consciência e a mente funcionam do que como meditar. Porque, a menos que entendam como a mente funciona, como poderão meditar de modo eficaz?

Agora que você sabe disso, pergunte a si mesmo: quem

ou o que controla para onde sua consciência vai? Você? Ou as pessoas e coisas ao seu redor? Com que frequência ao longo do dia algo ou outra pessoa controla para onde sua consciência vai? Quantas vezes você controla sua consciência? Você deve fazer uma escolha. E ela é apenas sua. Se você decidir que quer estar no comando da sua consciência, então resolva com firmeza agora que é isso que quer: ser o mestre da sua consciência e de para onde ela se desloca na mente. Decida hoje que você vai trabalhar de modo incansável para deixar sua consciência sob o domínio da sua vontade, mesmo que esse esforço leve anos.

Se é isso que você quer, então pode alcançar. Você só precisa decidir que, a partir de hoje, vai usar sua força de vontade e os poderes de concentração para guiar para onde sua consciência se move. Em alguns dias, você vai ter dificuldade de fazer isso. Em outros, você vai falhar. Tudo isso faz parte da jornada. O verdadeiro fracasso é não ter tentado. Nunca desista e não perca a esperança!

Aqui está uma incrível citação de Gurudeva: "Quem está lutando com a mente em seus muitos esforços para tentar concentrar, meditar, se tranquilizar, relaxar, continue tentando. Nenhum esforço positivo é em vão".

Afirme para si mesmo todas as manhãs ao acordar e todas as noites antes de ir dormir: "Eu sou o mestre da minha consciência!".

PARTE III

AS ASAS DA MENTE

6. O foco inabalável

LIÇÃO 6.1
Não me drogue, por favor

Eu espero ter feito um bom trabalho ao argumentar por que entender como a consciência e a mente funcionam é de extrema importância. Ter essa compreensão do funcionamento interno da mente abre caminho para o próximo passo crucial, que é aprender como usar e direcionar a consciência dentro da mente.

A concentração e a força de vontade são as asas com as quais a consciência voa em sua jornada pela mente. E para quem desenvolveu e utilizou bem essas asas não há lugar para onde a consciência não possa voar.

Vamos começar aprendendo a nos concentrar. Essa é uma das qualidades mais importantes que você pode desenvolver na vida, e o ajudará a dominar para onde sua consciência se desloca na mente. Algumas pessoas nascem com uma ótima capacidade de concentração, outras têm muita dificuldade, e há também aquelas com habilidades variadas. Essas habilidades, nesse caso, provavelmente são inatas.

Infelizmente, a maioria de nós não aprendeu a se concentrar na infância. No entanto, é possível que em algum momento da vida tenham nos pedido para nos concentrar.

Ao longo dos anos, nas minhas viagens ao redor do

mundo para falar sobre foco, eu realizei uma pesquisa simples, informal e não documentada sobre a educação que as pessoas receberam sobre o tema. Eu fazia duas perguntas para o meu público:

1. Já ensinaram você a se concentrar?

2. Quando estava na escola, tinha aulas todos os dias de uma hora de duração sobre como se concentrar, da mesma forma que matemática, ciências, história etc.?

Milhares de pessoas já me ouviram fazer essas perguntas, e nenhuma respondeu que sim.

A próxima pergunta é: "Alguém já lhe disse para se concentrar?". A resposta é sempre um sonoro "Sim!", muitas vezes seguida por "O tempo todo!".

MANDARAM, MAS NÃO ME ENSINARAM

Eu acredito que existem duas razões principais pelas quais a maioria das pessoas não consegue se concentrar. Em primeiro lugar, nunca foram ensinadas. Como você pode se concentrar se nunca foi instruído sobre como fazer isso? Em segundo, elas não praticam a concentração. Como você espera ser eficaz em alguma coisa que não pratica? E você não vai conseguir praticar a concentração se nunca foi ensinado a fazer isso.

Nós dizemos às pessoas para se concentrarem, mas nunca as ensinamos como fazer.

Na vida adulta, nos pedem esse tipo de coisa no ambiente de trabalho. Os líderes ou empreendedores dizem:

"Ei, pessoal, este projeto deve ser entregue em dez dias, e eu preciso que todos mantenham o foco!". Os treinadores de equipes esportivas seguem a mesma cartilha. "Pessoal, faltam três minutos, e nós estamos perdendo por cinco pontos. Preciso que todos se concentrem ao voltar para lá". As crianças definitivamente não são poupadas de serem solicitadas a se concentrar. É muito comum ouvir pais implorando aos filhos: "Você pode se concentrar por um segundo?". Durante toda a minha infância e adolescência, me disseram para me concentrar em alguma coisa. Com frequência, eu ouvia os adultos dizerem: "Dandapani, concentre-se na sua lição de casa!", "Dandapani, concentre-se em comer sua comida!". As pessoas mandavam me concentrar, mas ninguém nunca me ensinou a fazer isso. Não é estranho? Você diz a uma criança para se concentrar, mas não mostra a ela como.

Na escola, meus colegas e eu ouvíamos diversas vezes que precisávamos nos concentrar, prestar atenção, ter foco. Nos distraíamos com facilidade, por isso era comum recebermos um arcaico puxão de orelha, uns sopapos ou, com sorte, a boa e velha bengalada. Bem, isso pode parecer um pouco bárbaro para alguns, mas eu levaria uma boa bengalada em vez de algumas das punições que usam hoje.

Se, Deus me livre, eu tivesse nascido três décadas depois nos Estados Unidos, sem dúvida teria sido diagnosticado com algum transtorno mental, rotulado com uma sigla indigna de ser associada ao meu nome e entupido de medicamentos.

A surra deixou uma marca temporária na minha coxa, e essa foi a dimensão do seu dano físico. Emocionalmente, a experiência me fez adotar uma política de tolerância zero em relação à violência contra crianças. Os medicamentos hoje prescritos em várias partes do mundo são muito mais devastadores em termos mentais e físicos. Seus efeitos têm um rastro mais longo, e grande parte desses rastros é desconhecida.

O TDAH, ou transtorno de déficit de atenção com hiperatividade, é considerado um dos transtornos mentais mais comuns que afetam crianças e adultos. Os Centros de Controle e Prevenção de Doenças (CDC, na sigla em inglês) nos Estados Unidos atestam que os medicamentos para TDAH podem causar efeitos colaterais como falta de apetite, dor de estômago, irritabilidade, distúrbios do sono e crescimento lento. O Serviço Nacional de Saúde (NHS, na sigla em inglês), termo genérico para os sistemas públicos de saúde financiados pelo Reino Unido, compartilha em seu site uma lista dos efeitos colaterais comuns dos medicamentos aprovados para TDAH. Entre eles estão um pequeno aumento da pressão arterial e da frequência cardíaca, perda de apetite, problemas para dormir, dores de cabeça, alterações de humor, diarreia, náuseas e vômitos, agitação e agressividade e muitos outros. Eu poderia continuar, mas essa lista está consumindo o número limitado de palavras que posso colocar neste livro.

O site do CDC afirma que os profissionais de saúde nos Estados Unidos usam as diretrizes do *Manual diagnóstico e estatístico de transtornos mentais da Associação Psiquiátrica Americana: DSM-5* (quinta edição) para auxiliar no diagnóstico do TDAH. O critério do *DSM-5* é identificar pessoas que "mostram um padrão persistente de desatenção e/ou hiperatividade-impulsividade que interfere no funcionamento ou no desenvolvimento".

Sim, as crianças podem ser hiperativas e impulsivas. Elas têm muita energia, que precisa extravasar para algum lugar. As crianças não têm canais e saídas estruturadas para isso, o que faz com que elas sejam hiperativas e impulsivas. E se nós as ensinássemos a compreender o que é energia, a senti-la, a usá-la e a canalizá-la para coisas que amam fazer? Isso ajudaria, não acha? O uso consciente da energia previne a sua má administração.

Se vários atletas receberem milhões de dólares sem conscientização financeira, uma porcentagem alarmante deles acabará falida ao final de suas carreiras. A má gestão das finanças não é diferente da má gestão da energia. Se você nunca aprendeu a gerenciar qualquer um dos dois, que consequências pode esperar?

Contudo, se os pais não conseguem se concentrar, então não podem ser bons observadores e, nesse caso, como saberão do que os filhos gostam para ajudá-los a canalizar energia para isso? E os pais também precisariam aprender sobre energia, para que pudessem ensinar os filhos a usá-la e a canalizá-la de forma adequada. Se não ensinaram nada disso a essas crianças, por que elas *não* seriam diagnosticadas como impulsivas ou hiperativas? O tópico sobre energia e crianças será abordado em outro momento.

E então há a desatenção, outro ingrediente importante do TDAH. Distrair-se com facilidade e ter dificuldade em manter a atenção em tarefas ou atividades estão entre os sintomas listados no *DSM-5*.

Um homem compartilhou comigo que seu filho havia sido diagnosticado com TDAH e que isso o havia deixado muito preocupado.

"Lamento", respondi. "Não sou especialista em medicina nem entendo os detalhes do que é TDAH, mas você pode compartilhar comigo qual é a questão fundamental?"

Ele respondeu com tristeza: "Ele se distrai com facilidade e tem muita dificuldade em prestar atenção na escola e em casa. Ele basicamente não consegue se concentrar. Essa foi a conclusão do médico e, portanto, foi diagnosticado com TDAH. Agora ele está tomando medicação, e eu não gosto nada disso. Ele só tem seis anos".

"Esta pergunta pode parecer arbitrária, mas alguém já separou um tempo para ensinar seu filho a se concentrar?"

"Não", ele respondeu com um olhar um tanto confuso.

"Interessante. Seu filho sabe tocar piano?"

"Não sabe."

"E se pedíssemos para ele tocar piano e ele não conseguisse, e por isso o levássemos ao médico, que o diagnosticaria com DTP (distúrbio de tocar piano) e o medicasse por causa disso. Isso seria um erro, não é?"

"Com certeza, seria. Acho que estou começando a entender o que você quer dizer."

"Nós não medicamos alguém por não ser capaz de tocar piano, certo? Não. O que fazemos se uma pessoa não sabe tocar piano? Nós a ensinamos. Nós a treinamos. Se não ensinamos nossos filhos a se concentrar e não os ajudamos a praticar o foco para se tornarem bons nisso, como podemos esperar que se concentrem?"

Não há nada de errado em diagnosticar uma criança, por exemplo, com desatenção. Tudo o que esse diagnóstico faz é dizer que ela tem dificuldade em ficar concentrada em uma coisa por certo tempo. A questão é: se escolhermos remediar o problema, como fazer isso? As drogas são uma opção. Outra é primeiro ensiná-los a se concentrar e, depois, ajudá-los a praticar a nova habilidade. Se a desatenção é a incapacidade de manter a consciência em alguma coisa por determinado tempo, não podemos treiná-los para isso? Se, depois de anos de treinamento na arte da concentração, eles ainda têm dificuldade para se concentrar, então talvez você tenha um bom motivo para rotulá-los e medicá-los.

Mas é injusto, e na verdade antiético, fazer isso sem oferecer o ensinamento e o treinamento de que precisam para se concentrar — e que são também necessários para gerenciar, usar e canalizar a energia.

Não podemos medicar alguém por não ser capaz de fazer algo que nunca foi ensinado a fazer!

Tenho certeza de que existem pessoas (adultos e crianças) com condições fisiológicas que dificultam a concentração e talvez possam se beneficiar da medicação. Não estou dizendo que precisamos erradicar por completo os remédios para desatenção e hiperatividade. Mas eu acredito de verdade que a maioria das pessoas não consegue se concentrar porque não aprendeu a fazer isso e não pratica. Mesmo quem tem dificuldades cognitivas pode ser instruído para se tornar, com paciência e perseverança, um pouco mais capaz de desenvolver foco.

Se eu quiser tocar piano, a primeira coisa que preciso fazer é aprender. O ideal seria que alguém me ensinasse. Eu poderia ter aulas semanais por um ano, e isso seria suficiente para eu pelo menos começar a tocar o básico. No entanto, só ter aulas não basta. Eu preciso praticar o que aprendi. A próxima pergunta natural é: "Por quanto tempo eu devo praticar?". A resposta é outra pergunta: "Quão bom pianista eu quero ser?".

Se eu quiser ser bom o suficiente para tocar para minha família e meus amigos, talvez praticar uma hora por semana seja suficiente. No entanto, se eu quiser ser um dos melhores do mundo e tocar nos concertos mais prestigiados, esse tempo não dará conta. Nesse caso, suponho que precise praticar cinco ou mais horas por dia.

Com a concentração não é tão diferente. Se eu quero ser capaz de levar uma vida com foco, primeiro eu preciso aprender a fazer isso, depois eu preciso aprender a praticar. E por quanto tempo? Bem, quão bom eu quero ser? Você se lembra da Lei da Prática? É quando você se torna eficaz em tudo que pratica. Se quer mesmo ser bom em se concentrar, então você precisa praticar isso como faria se quisesse se tornar um dos melhores pianistas do mundo.

Sem sombra de dúvida, eu teria sido diagnosticado com TDAH se tivesse nascido em outra época e em outro lugar. Eu tive todos os sintomas apontados. Agora eu ensino pessoas ao redor do mundo a se concentrar — crianças e adultos, gente das mais variadas profissões. Alguns são empresários e atletas altamente bem-sucedidos que melhoraram de maneira notável seu desempenho ao aprimorar sua compreensão da mente e capacidade de foco.

Nos primeiros 24 anos da minha vida, eu não tive nenhum treinamento em concentração. Foi só quando encontrei meu guru que conheci alguém que, com zelo, investiu seu tempo e sua energia para me treinar a compreender a mente e a fina arte da concentração. Eu compartilho isso apenas para dizer que você pode aprender em qualquer idade. Nunca se é velho demais. Espero que isso encoraje você. Você só precisa querer viver uma vida com foco e se comprometer a fazer isso. As ferramentas e o caminho para uma vida assim são descritos neste livro.

LIÇÃO 6.2
Definindo a concentração

*A concentração é o segredo da força na política, na guerra,
nas negociações, em suma, em toda gestão dos assuntos humanos.*

RALPH WALDO EMERSON

Vou me ater à práxis deste livro e começar definindo o
que é concentração. Isso nos ajudará a ter um vocabulário
compartilhado da compreensão e do uso dessa palavra. E
lembre-se: as palavras "concentração" e "foco" são sinônimos e as utilizo aqui de forma intercambiável. A definição a
seguir se aplica a ambas.

Eu defino concentração como a capacidade de manter
a consciência em uma coisa até que você escolha de forma
ciente movê-la para outra.

Vamos analisar isso, pois algumas partes dessa definição devem ser entendidas de maneira clara, e alguns equívocos devem ser dissipados.

Se eu consigo manter minha consciência, aquela bola
de luz cintilante na minha mente, em uma coisa, uma pessoa ou uma área da mente por algum tempo até que escolha movê-la para o próximo objeto a ser focado — isso é minha capacidade de me concentrar. Se eu permitir que minha

185

consciência se mova de uma coisa para outra de maneira descontrolada, então não estou mais concentrado.

Além disso, a concentração não depende apenas de quanto você consegue manter a consciência em uma área da mente, mas também da sua capacidade de escolher de forma ciente movê-la de uma área para outra. Irei detalhar isso em partes.

Quanto mais eu for capaz de manter minha consciência em uma coisa sem que se desloque para outra, melhor consigo me concentrar. Se eu estiver conversando com Alice por trinta minutos, e durante toda a conversa eu mantiver minha consciência apenas nela, então estou me concentrando. Eu sei que tenho bons níveis de concentração quando sou capaz de focar minha consciência nela por esse período.

A outra parte da concentração é a capacidade de deslocar a consciência de forma ciente. Por exemplo, se eu conseguir manter minha consciência no item A por certo tempo, então estou me concentrando. Se eu de modo ciente mudar minha atenção para o item B e mantê-la ali, ainda estou me concentrando. E se eu a levar para o item B por cinco segundos antes de transferi-la de forma intencional para o item C e deixá-la ali por certo tempo, ainda estou me concentrando.

É importante compreender que não é apenas a duração da concentração que importa. O mais relevante é a escolha intencional que você faz para mover a consciência de uma coisa para outra, e isso é fundamental. Quando você é capaz de mover de forma ciente sua consciência de A para B e, depois, para C, então apresenta um estado de concentração. A quantidade de tempo que gasta em cada item é apenas uma maneira de demonstrar o período pelo qual consegue se concentrar.

Permita-me compartilhar uma história para esclarecer

melhor. Alguns anos atrás, conversei com um grupo de enfermeiras, e uma delas me disse que era impossível ela se concentrar no trabalho por conta da quantidade de tarefas que precisava realizar em um curto período. Ela me disse: "Em cinco minutos, eu posso facilmente fazer vinte tarefas diferentes, às vezes até mais. Sinto que é uma bagunça, faço tudo, mas não me concentro".

Pedi que ela descrevesse o primeiro desses cinco minutos. "Me conte o que você faria nesse primeiro minuto."

Ela olhou para mim e disse: "Bem, eu trabalho na unidade de terapia intensiva e tenho muitas tarefas cruciais para realizar. Se estou no quarto com um paciente, posso limpar o braço dele com uma compressa com álcool para prepará-lo para uma injeção. Isso leva alguns segundos. Então preparo a seringa com a quantidade exata de medicamento antes de injetar nele com cuidado. Depois, limpo o ponto da injeção e garanto que a seringa seja descartada de forma correta. Então posso verificar seu pulso e outros sinais vitais e registrá-los".

"Irei interrompê-la aqui", falei. "Cada uma das tarefas que você descreveu me diz que precisa estar totalmente concentrada ao realizá-las. Essa seria uma suposição correta?"

"Sim, está correto."

"A razão pela qual você pensa que não está se concentrando é porque não entende bem a definição de concentração. Acredito que você pensa que precisa focar em uma tarefa por um longo período e que isso significaria que está concentrada. Isso é verdade, mas não é o único critério." Prossegui: "Em cada uma das tarefas que realizou, você se concentrou por completo. Quando terminou uma tarefa, você moveu de forma intencional sua consciência para a tarefa seguinte, e então estava completamente concentrada nessa nova tarefa. O fato de que você é capaz de estar ciente da intenção de mover sua consciência de uma coisa para outra e mantê-la lá pelo tempo que for necessário me diz que você é altamente concentrada. Não importa se dedica sua atenção a cada tarefa apenas por alguns segundos. O que importa é que, quando você está fazendo essa tarefa, esteja totalmente concentrada nela e, em seguida, tome a decisão ciente de mudar para a próxima".

Ela olhou para mim e disse: "Ouvir isso me tirou um peso tão grande. Eu nunca vi a concentração dessa maneira. Sempre pensei que não conseguia me concentrar, mas agora entendo melhor o que é foco e faz todo sentido".

Mesmo que essa enfermeira tenha realizado várias tarefas no intervalo de um minuto, ela estava completamente concentrada em cada uma e, após concluir a primeira, ela movia de forma intencional a consciência para a seguinte, e assim por diante.

Ambos os atos se enquadram na definição do que é ter uma boa concentração.

Muitas pessoas, assim como ela, acreditariam que ela praticava multitarefa, mas não é o caso. Na verdade, ela estava se concentrando em uma tarefa de cada vez.

Em algum outro lugar do mundo, uma mulher experiente na arte de meditar permanece sentada em silêncio por dez minutos. Ela mantém a consciência completamente absorta no poder da sua coluna o tempo todo. Embora possa parecer diferente, tanto a enfermeira quanto a especialista em meditação estão concentradas. Ambas mantêm a consciência ancorada na tarefa que realizam pelo tempo necessário. E quando as tarefas são concluídas, as duas movem de forma intencional sua consciência para a próxima coisa que precisam fazer.

Concentração é ter domínio sobre a consciência.
Para completar: concentração é ter domínio sobre a consciência, de modo que você seja capaz de mantê-la em uma coisa até que escolha de forma ciente passá-la para outra.

LIÇÃO 6.3
Distração — a praga mental

Em um momento em que há tantos especialistas em distração, pode parecer redundante dedicar uma lição inteira a esse tópico. Mas, para lidar com a distração, devemos compreendê-la bem. Quando compreendemos algo, somos capazes de administrar melhor a questão.

A distração — a antítese do foco — é uma praga mental silenciosa que varre o mundo e se infiltra de maneira discreta na vida de muitas pessoas, sejam jovens ou idosas. Quando chega à mente humana, sua natureza crescente começa a tomar tudo de forma prolífica. A engrenagem viciosa da distração, como eu a chamo, gira e constrói sobre si mesma. Em pouco tempo, torna-se a natureza dominante da mente, o soberano da vida de alguém. Seu reinado é cancerígeno em todos os sentidos. Sua natureza é destrutiva e triunfa ao desmantelar os tecidos de relacionamentos, visões, empreendimentos e tudo o que alimenta a realização de uma vida gratificante.

Infelizmente, a mente distraída está tão distraída que não consegue se concentrar o suficiente para refletir, perceber o seu estado e resolver o problema.

Os efeitos colaterais são, no mínimo, devastadores. Entre os frutos negativos estão o medo, a preocupação, a ansiedade, o estresse, a sensação de falta de propósito, a indecisão e a exaustão mental e física, para citar alguns. Esses frutos estragados causam danos ilimitados na mente, desgastando-a e paralisando a vontade da alma.

Eu acredito de verdade que a maioria das pessoas não tem consciência das consequências devastadoras de uma mente distraída. Se soubessem em profundidade o que resulta daí, elas, para se autopreservar, buscariam uma cura. Esse antídoto, a vacina perfeita para essa doença devastadora, é o foco.

Vamos começar a compreender a distração ao defini-la. Eu defino distração como o que ocorre quando minha consciência é controlada por qualquer fonte externa ou interna sem a minha aprovação ciente. Explicarei melhor.

O exemplo do cinema não seria considerado uma distração. Nesse caso, nós escolhemos entregar o controle da nossa consciência ao diretor e permitir que ele a movesse de uma área da mente para outra. Assim, isso não se enquadra na definição de distração.

Tenho um exemplo melhor, no qual o celular é o agente de distração.

Giovanni está no celular enviando uma mensagem de texto urgente para a babá para saber se ela pode ficar até mais tarde porque ele precisa trabalhar, e, enquanto digita, recebe uma ligação. É sua colega de trabalho Emilia, que ligou para conversar sobre um projeto em que ambos estão trabalhando.

Depois que Emilia fala o que precisava, indica a ele a leitura de um artigo em um site que ela costuma visitar. Giovanni acessa o site logo após encerrar a ligação. Ele também se sente inspirado pelo artigo e decide compartilhá-lo em sua página do Facebook. Ele entra na rede social e atualiza seu feed com o link do artigo.

Como está no Facebook, decide percorrer a linha do tempo e começa a curtir, comentar e compartilhar outras postagens. Enquanto isso, notificações começam a aparecer na parte inferior da tela, informando que há alguma atividade na linha do tempo dele. Giovanni adora chamar atenção, então pensa: "Isso! Alguém deve ter gostado do meu post!". Ele clica nas notificações para ver quem interagiu e descobre que algumas pessoas curtiram e comentaram o artigo que ele havia postado. Giovanni interage com eles, curtindo os comentários e respondendo a alguns. Até então, ele passou dez minutos no Facebook.

Aí ele pensa: "Esse post fez sucesso. Preciso tuitar isso". Giovanni sai do Facebook e vai para o Twitter publicar o link. Depois percorre a linha do tempo, favoritando, retuitando e comentando outros tuítes. Pouco tempo depois, ele começa a ver círculos azuis se formando na parte inferior da tela. Ele se anima porque as pessoas estão respondendo ao que ele compartilhou! Giovanni clica no botão de notificações para ver a atividade mais recente e interage com as respostas que sua postagem gerou.

Ele percebe a hora e decide que é melhor voltar ao trabalho. Começa a responder aos e-mails que havia recebido. Depois de cinco minutos, Giovanni percebe que a babá não havia respondido à mensagem enviada mais de vinte minutos antes. A consciência vai para a área da irritação, e ele decide que precisa conversar com ela sobre responder mais rápido a pedidos urgentes. Ele muda de aplicativo de novo, acessa suas mensagens de texto e vê que a mensagem pela metade não tinha sido enviada. Ele sente vergonha por saber que ficou irritado sem motivo, termina rapidamente de escrever, envia e volta ao e-mail. O resto da noite continua de maneira semelhante, pois ele permite que o ambiente dite no que sua consciência vai se envolver.

Talvez algumas pessoas se identifiquem com Giovanni. O que aconteceu? Ele permitiu que a sua consciência saltasse de uma coisa para outra por causa do celular, dos aplicativos e das notificações. O fato de uma força externa dizer para onde a consciência dele vai sem sua aprovação ciente demonstra que ele está distraído.

O celular não apenas dita para onde a consciência vai, mas também para onde a energia flui. No caso da distração, quando a consciência passa por vários lugares, a energia também flui por todo lado e, com isso, nada consegue obter energia suficiente para começar a se manifestar.

EFICAZES NA DISTRAÇÃO

A distração, assim como a concentração, requer prática para ser eficiente. Aqueles que são competentes na distração praticam de forma insensata essa mentalidade moderna e que só cresce cada vez mais. Lembre-se da Lei da Prática — nós nos tornamos competentes em tudo o que praticamos. E essa lei se aplica quer você esteja praticando algo de forma ciente ou não.

Falei que, se eu quisesse ser um ótimo pianista, precisaria praticar cinco ou mais horas por dia, e talvez de cinco a seis dias por semana. Depois de seis meses, sem dúvida seria um pianista melhor do que quando tinha começado, mas estaria tocando no Carnegie Hall? Provavelmente não, mesmo que praticando bastante. Depois de um ano, seria um pianista muito melhor. Acredito que isso não seja suficiente para chegar ao nível mais alto, mas acho que estaria ficando muito bom.

Imagine se eu praticasse a distração de seis a oito horas por dia durante cinco a seis dias por semana. Depois de seis meses, quão eficiente nisso eu seria? Provavelmente melhor do que antes de ter começado. Um ano depois, me comprometendo com o mesmo tempo, quão eficiente eu seria? Possivelmente muito, muito bom.

A verdade é que a maioria das pessoas não pratica a distração de seis a oito horas por dia. Há 24 horas em um dia, e vamos supor que uma pessoa normal tenha o luxo de dormir oito horas todos os dias. Isso dá a ela dezesseis horas acordada. Desse tempo, por quantas horas ela pratica a distração? É muito possível que bem mais do que de seis a oito horas; dez a catorze horas por dia parece mais provável. E as chances de alguém praticar a distração apenas de cinco a seis dias por semana são minúsculas. Vamos considerar que, se você se distrai de segunda a sábado, é bastante improvável que domingo seja um dia de foco.

Então, com um possível treino de dez a catorze horas por dia, sete dias por semana, por seis meses seguidos, posso concluir com segurança que você será muito eficiente em se distrair. Após um ano ou dezoito meses disso, você terá ido além do nível iniciante, chegando ao avançado.

A maioria das pessoas não está ciente da razão pela qual são tão eficientes em se distrair porque praticam muito isso. Além do fato de que é possível que não tenham aprendido a se concentrar, a verdade é que elas praticam de modo incessante a distração ao longo do dia, e por isso conseguem executá-la bem.

O CUSTO DA DISTRAÇÃO

Cada um de nós foi agraciado com duas das maiores dádivas da vida: tempo e energia. No entanto, nem todos percebem como esses dons são preciosos; apenas aqueles que os tratam com grande reverência veem isso. Depois de chegar a este planeta, nós temos uma quantidade finita de tempo. Ele está sempre se esvaindo. A forma como escolhemos usá--lo só depende de nós. Do mesmo modo, a cada dia, temos apenas certa quantidade de energia. A maneira como resolvemos investi-la é escolha nossa.

A distração rouba nosso tempo e nossa energia, tomando momentos preciosos e conexões de forma implacável. A distração custa tempo e energia a todos, mas nem todo mundo sente essa perda da mesma forma. Uma pessoa sem propósito tem tempo e energia de sobra para desperdiçar. No entanto, alguém com um propósito tem tempo e energia finitos, e a distração se torna um custo muito alto para suportar.

Cada minuto que a consciência, e portanto a energia, escapa daquilo em que deveria estar concentrada é um minuto perdido para sempre. Minha capacidade de concentração me permite estar sempre presente nas experiências que compartilho com minha família e outras pessoas queridas. A distração me custaria esses momentos — cada um deles é único no tempo e no espaço, e eu nunca os recuperaria ou seria capaz de evocá-los outra vez. São momentos que não estou disposto a sacrificar.

Quando o custo da distração é alto demais, vale a pena pagar o preço do foco.

Muito tempo precioso na vida é desperdiçado porque as pessoas estão sempre distraídas. Momentos preciosos com pessoas queridas são desperdiçados por causa da incapacidade de se concentrar no presente. O impacto da distração em nível individual é grande, embora só seja visível por quem é capaz de se concentrar.

As pessoas não conseguem se concentrar, por isso têm dificuldade para estar presentes nas experiências da vida, o que as faz se sentir insatisfeitas embora tenham vivido situações que poderiam ser gratificantes se elas tivessem estado presentes. Pais e filhos experimentam grandes desconexões, sem que nenhum consiga manter o foco por tempo bastante para ter uma interação significativa. Amigos se reúnem em um almoço apenas para fotografar a comida e interagir pelo celular com quem não está ali. As conversas são confusas e dão mais voltas e reviravoltas do que a subida de uma montanha, mas nunca chegam longe, pois ficar em um tópico até concluí-lo por completo é uma tarefa quase impossível. A distração é tão dominante em todas as partes da sociedade que sua presença infelizmente está se tornando uma regra.

LIÇÃO 6.4
Integrando o foco à vida

Já apresentei o conteúdo básico do que você precisa para aprender a se concentrar. Agora vamos iniciar o estudo da arte da concentração.

Vamos revisitar brevemente a definição do termo. Definimos a concentração como a capacidade de manter a consciência em alguma coisa até que você de forma ciente escolha movê-la para outra.

Para me tornar eficiente em me concentrar, devo agregar a definição de concentração à minha vida cotidiana. Ao longo do dia, mantenho a minha consciência em uma coisa de cada vez até que, de forma intencional, escolho passá-la para outra.

Vamos analisar melhor. Observe que iniciei a sentença acima com "ao longo do dia". Essas palavras são fundamentais para estabelecer uma vida com foco.

As pessoas costumam me perguntar: "Se eu meditar cinco ou dez minutos por dia pela manhã, isso me ajudará a me concentrar?".

Eu costumo responder: "Em primeiro lugar, a meditação não auxilia na concentração. Você precisa ser capaz de *se concentrar para meditar*, mas esse é outro assunto. Respondendo à pergunta, se você praticar a concentração por apenas de cinco a dez minutos por dia, levará muito tempo para se tornar eficiente nisso".

Você se lembra do exemplo do piano? Se eu praticasse de cinco a dez minutos por dia, quanto tempo levaria para me tornar um bom pianista? Provavelmente, muito, muito tempo. O mesmo se aplica à concentração. Executar a concentração de cinco a dez minutos por dia não será suficiente para ajudá-lo a se tornar eficiente nessa prática.

E eu preciso fazer um questionamento: "O que você vai fazer nas outras 23 horas e cinquenta minutos? Se estiver praticando a distração de oito a dez horas por dia durante esse período, os dez minutos de concentração pela manhã pouco ajudarão".

Algumas pessoas passam um breve período da manhã realizando algum tipo de exercício para ajudá-las a se sentir mais centradas ou concentradas, mas o resto do dia é repleto de hábitos e práticas que contrariam o que fizeram pela manhã.

Você precisa levar a sua vida da mesma forma que um velocista nas Olimpíadas. Vamos usar Usain Bolt como exemplo. Eu admito que sei pouco sobre ele, mas sei que é jamaicano, que ganhou oito medalhas de ouro em três Olimpíadas consecutivas e que detém o recorde mundial dos cem metros rasos, 9,58 segundos.

Agora vou supor algumas coisas sobre ele, e você pode me corrigir se eu estiver errado. No auge da carreira, acredito que ele tenha treinado de forma consistente na pista e na academia. E que comia refeições saudáveis e seguia uma dieta rigorosa todos os dias, bebia muita água, se alongava com regularidade, descansava, dormia bem. A maior parte do dia dele provavelmente era preenchida com rotinas e práticas que o ajudariam a se tornar o homem mais rápido do mundo.

Em outras palavras, podemos dizer que os rituais e as práticas a que ele aderiu ao longo do dia o ajudaram a marcar 9,58 segundos nos cem metros. Não foram 9,58 segundos gastos todos os dias para se tornar o homem mais rápido do mundo. Da mesma forma, você não pode esperar que se concentrar por dez minutos ao dia vá torná-lo muito eficiente nessa prática. Assim como um velocista olímpico, todo o seu dia precisa ser preenchido com rotinas e práticas que o ajudem a ser uma pessoa altamente concentrada. Só então você será bom nisso.

Para resumir, para ser bom em concentração, você precisa integrar essa prática — manter a atenção em uma coisa de cada vez até que de forma voluntária escolha movê-la para outra — o dia inteiro. Quando digo o dia inteiro, quero dizer todos os aspectos das 24 horas de um dia.

FAZENDO DO FOCO UMA PARTE DO MEU DIA

A próxima pergunta é: como, então, eu pratico a concentração ao longo do dia?

Uma das maneiras mais eficazes de integrar a prática da concentração é identificar eventos habituais indispensáveis em um dia comum e integrar neles a prática da concentração.

Vamos analisar a expressão "eventos habituais indispensáveis em um dia comum", destrinchá-la e entender o que significa.

Eu defino "um dia comum" como um dia em que eu tenho uma rotina praticamente fixa. Para mim e para a maioria das pessoas que eu conheço, esses dias tendem a ser du-

199

rante a semana. Nos dias comuns, sigo uma rotina composta de eventos habituais relacionados sobretudo à família, ao trabalho e a mim mesmo. Não é como durante as férias, em que posso ter algo fora do comum planejado.

Quando digo "eventos habituais indispensáveis", me refiro a coisas que acontecem que considero necessárias e indispensáveis no meu dia a dia. Para mim, seria por exemplo ir ao banheiro, comer, beber, tomar banho, escovar os dentes etc. Escovar os dentes e tomar banho não são tecnicamente indispensáveis, mas o que estou listando é o que eu considero indispensável.

Algumas pessoas me disseram que para elas correr pela manhã ou meditar são eventos habituais indispensáveis. Eu não consideraria isso indispensável, porque você pode passar alguns dias sem correr ou meditar, mas não sem conversar com seus filhos, comer e beber ou ir ao banheiro. É melhor considerar como indispensáveis coisas que você de fato precisa fazer.

Agora que defini de forma clara o que quero dizer com "acontecimentos habituais indispensáveis em um dia comum", vejamos alguns exemplos de como integrar neles a prática da concentração.

Ao avaliar meu dia comum, eu me pergunto: "Qual é um dos eventos habituais indispensáveis na minha rotina?". Eu falo com a minha esposa todos os dias. Esse é um evento indispensável. Em um dia normal, posso falar com ela por um total de duas a três horas. Para facilitar, vamos usar a média, duas horas e meia. O tempo gasto falando com ela é distribuído ao longo do dia por várias atividades. Algumas delas acontecem cedo no café da manhã; outras durante o dia, quando estamos trabalhando juntos em nosso projeto na Costa Rica; algumas durante as refeições; e assim por diante.

200

Como considero esse um evento habitual indispensável no meu cotidiano, posso usá-lo como uma oportunidade perfeita para integrar a ele a prática da concentração. Faço isso mantendo minha consciência na minha esposa toda vez que estamos conversando. Dou a ela a minha atenção total. Se minha consciência se afasta, eu com muita delicadeza e carinho a desloco de volta para a conversa. Mantenho a atenção com meus poderes de concentração, que desenvolvo ao fazer isso. Se minha consciência começar a se afastar de novo, uso minha força de vontade e a levo de volta. Sou implacável com essa prática.

Aos poucos, a minha consciência aprende a se concentrar apenas na conversa. Eu a treinei para ficar focada. Todos os dias, eu uso esse tempo com minha esposa como uma oportunidade para praticar a concentração. E nessas duas horas e meia diárias de conversa, eu pratico a concentração. Depois de seis meses fazendo isso, percebo que me concentro de maneira mais eficiente. Da mesma forma, se eu praticasse tocar piano por duas horas e meia por dia, cinco dias por semana, durante seis meses, eu tocaria melhor.

No exemplo anterior, eu supus que, para me tornar um pianista profissional, precisaria praticar cinco ou mais horas por dia. Vamos arredondar para sete horas. Usando isso como referência apenas para transmitir uma ideia, significa que eu precisaria de mais quatro horas e meia para chegar a um nível profissional de foco. Ou seja, eu preciso identificar outros eventos habituais indispensáveis no meu dia nos quais possa integrar a prática da concentração.

Todos os dias, eu gasto cerca de noventa minutos em telefonemas relacionados ao trabalho e em reuniões virtuais. São eventos habituais indispensáveis e oportunidades perfeitas para integrar a prática do foco. Quando estou em uma chamada, mantenho minha consciência na pessoa com quem estou falando. Não faço mais nada durante a conversa. Não verifico e-mails, não olho redes sociais ou lavo a louça. A pessoa do outro lado da linha tem toda a minha atenção.

Fazer isso me permite acrescentar mais noventa minutos de prática de concentração. Agora minha média diária é de quatro horas.

Você também pode acumular mais tempo ao fazer isso em eventos habituais indispensáveis mais curtos. Escovar os dentes me dá a oportunidade de me concentrar apenas nos meus dentes. Embora leve apenas alguns minutos, fazer isso duas vezes por dia me permite quatro minutos de prática de concentração. Tomar banho é outra ótima oportunidade para me concentrar em ficar limpo. Comer. Todos nós fazemos isso, mas não necessariamente nos concentramos em saborear e mastigar os alimentos que consumimos. Os homens podem usar as repetidas vezes que vão urinar como uma oportunidade para se concentrar. Acertar o sanitário, e não o chão, é um objetivo que aparentemente alguns não alcançam. O banheiro masculino é a prova de que muitos homens têm problema com concentração — e pontaria.

Não é preciso esforço para identificar os muitos eventos habituais indispensáveis do seu dia para que você consiga praticar de seis a oito horas diárias. Nesse ritmo, depois de seis meses, você estará no caminho certo para se tornar uma pessoa concentrada.

Foi Gurudeva quem me revelou a percepção profunda de aproveitar todas as experiências do meu dia para cumprir meus objetivos. Ele me ensinou a não classificar uma como mais importante que a outra, e sim ver cada uma delas como uma experiência que escolhi ter em minha vida. A maneira como ajo e reajo a cada experiência determina muito de como minha mente é moldada e minha vida se desenrola. Ele me ensinou que tudo se complementa. Fazer bem uma tarefa, embora possa parecer sem importância, me ajuda a construir as qualidades de que preciso para fazer bem outras coisas. Tudo está relacionado e compõe o meu dia. Minha perspectiva sobre o que faço e como executo desempenha um papel enorme na minha formação.

Essa orientação sábia do meu guru foi revolucionária para mim. Cada feito se tornou uma oportunidade para me levar a ter uma vida gratificante. Alguns podem considerar isso exaustivo, mas na verdade não é. É construir padrões. É desenvolver hábitos com a intenção de projetar um estilo de vida que conduza à realização ou ao cumprimento de metas e propósitos. Todos os dias você faz coisas que deseja ou precisa fazer. É um fato. É de suma importância que você perceba que pode escolher como fazer isso. Se você mudar a forma como as pratica, vai transformar a sua vida. Se esforce para realizar todos os seus feitos com total atenção, não importa a relevância deles, desde o momento em que se levanta até se deitar para dormir, e aplique essa prática no sono. Pois, quando dormimos, estamos acordados em outro mundo, e nossa capacidade de concentração determinará o quanto vamos aproveitar nosso tempo lá. Afinal, é onde passamos quase um terço da nossa vida terrena.

Há muitas camadas nessa forma de compreensão que Gurudeva compartilhou, e se você a contemplar de forma plena começará a desvendar e entender a profunda sabedoria que há aí. Essa compreensão nos conduz a viver na eternidade do momento, estar presente em todas as nossas experiências e estar cientes da consciência a cada momento do dia.

OUTRAS OPORTUNIDADES

Ao procurar identificar os "eventos habituais indispensáveis no seu dia comum", você pode considerar lugares fora de casa. Se você passa a maior parte do dia no escritório, procure algumas oportunidades por lá.

Um exemplo: todos os dias no trabalho você se reúne com a sua equipe por quinze minutos. Esse é um evento habitual indispensável no seu dia comum. É uma ótima oportunidade para integrar a prática da concentração na sua rotina, pois você sabe que esse evento vai acontecer cinco dias por semana. Nessa reunião, dedique sua atenção plena. Toda vez que alguém falar, mantenha a sua consciência fixa na pessoa. Se a sua consciência se afastar, use a sua força de vontade para voltar a prestar atenção e a sua habilidade de concentração para seguir ali.

O trajeto para o escritório e a volta para casa também são um evento habitual indispensável no seu dia de trabalho. Algumas pessoas vão de carro. Essa é uma ótima oportunidade para prestar atenção total no caminho. O CDC afirma: "Em 2018, nos Estados Unidos, mais de 2800 pessoas foram mortas e cerca de 400 mil ficaram feridas em acidentes envolvendo um motorista distraído". O Conselho Nacional de Segurança (uma organização de serviço público sem fins lucrativos que promove a saúde e a segurança nos Estados Unidos) relata que o uso do celular na direção leva a 1,6 milhão de acidentes a cada ano. É uma razão boa o suficiente para se concentrar enquanto dirige.

Você já passou pela experiência de dirigir para algum lugar e, ao chegar lá, não se lembrar do trajeto? Imagine viajar em uma caixa de metal, potencialmente a velocidades de cem quilômetros por hora ou mais, e não se concentrar... É um pouco assustador, não acha? Após um seminário meu na Alemanha, um empresário do grupo me enviou o seguinte e-mail: "Eu costumava sempre falar ao telefone enquanto dirigia. Agora entro no carro, guardo meu telefone no porta--luvas e me concentro. Isso se tornou ainda mais importante quando percebi que meu filho estava no carro comigo. Passei a olhar pelo retrovisor, vê-lo na cadeirinha e pensar: 'A vida dele está nas minhas mãos. Se eu me distrair enquanto dirijo e ele se machucar — ou coisa pior —, a culpa será toda minha. Ele não tem escolha'. Nada poderia me encorajar mais a me concentrar enquanto dirijo".

Quanto mais você se concentra na direção, maior será sua chance de evitar um acidente. Se você é o motorista, use esse momento como uma oportunidade para praticar a concentração.

Existem outros ótimos momentos. Se você passa muito tempo no computador, use essa atividade para praticar a concentração. Se é um programador, por exemplo, e codifica uma opção de compra sofisticada em um carrinho de compras, pode dizer a si mesmo: "Vou trabalhar nisso pela próxima hora e, durante esse tempo, não permitirei que minha atenção vague para outra coisa". Em seguida, desabilite as notificações e, se sua consciência se afastar e fizer você pegar o celular, com delicadeza e cuidado faça com que volte ao que estava fazendo. Você usará, então, esse momento para aprimorar seus poderes de concentração.

Todos nós temos inúmeras oportunidades de praticar a concentração a cada dia. O objetivo é alcançar o maior número de horas de prática possível nesses momentos habituais indispensáveis ao longo da rotina. Quanto mais horas diárias você praticar, mais eficiente se tornará na concentração. Dessa forma, você não vai incluir nenhuma tarefa na sua agenda, mas aproveitar o que já faz no seu dia a dia só que de modo diferente — como oportunidades para praticar a concentração.

LIÇÃO 6.5
Estabelecendo rituais de concentração

Rituais estão por toda parte. A Terra, num ritual, circunda o Sol, da mesma forma que a Lua faz com o nosso planeta. Os animais adotam rituais, assim como os seres humanos, embora a maioria não tenha consciência dos que realizam diariamente. Mas os rituais são também artifícios dos sábios, arquitetados com cuidado e integrados de forma consciente em suas vidas para cumprir propósitos específicos.

Durante a década que passei vivendo como um monge hindu, fui exposto ao conceito dos rituais. O poder de transformação deles é imensurável. E que maneira melhor de incluir a prática da concentração na vida de uma pessoa do que criar rituais diários?

Agora que argumentei que a melhor maneira de integrar a prática da concentração na sua vida é conjugá-la aos eventos habituais indispensáveis em seu dia comum, vamos decidir o melhor jeito de fazer isso.

Para começar, eu gostaria que você escrevesse cinco desses eventos habituais que você pode aproveitar como oportunidade para praticar a concentração. Na lição anterior, apresentei alguns exemplos. Você pode usar alguns deles ou elaborar os seus próprios. O importante é que sejam indispensáveis e habituais no seu dia a dia.

Liste essas oportunidades de um a cinco, na ordem em que você gostaria de implementá-las. Selecione a primeira e a inclua no seu cotidiano por um mês. Deixe as outras quatro esperando.

Digamos que a primeira oportunidade que você selecionou é dar ao seu cônjuge toda a sua atenção durante as conversas. Ao longo do dia, sempre que você falar com essa pessoa, dê toda a sua atenção. Mantenha sua consciência ali. Se ela se afastar, use sua força de vontade para trazê-la de volta. Em seguida, use os poderes de concentração que você está desenvolvendo para mantê-la na conversa. Persista nessa prática.

Essa é a única hora do dia em que quero que você faça um esforço consciente para se concentrar. E vou dizer por quê.

Imagine que eu faça supino na academia todos os dias e levante nove quilos. Depois de três semanas, devo aumentar o peso para dez ou cinquenta quilos? Não sou especialista em atividades físicas, mas imagino que levantar dez quilos seja a melhor opção. Os músculos devem ser fortalecidos aos poucos.

A mente funciona da mesma forma. Você pode enxergá-la como um músculo que deseja desenvolver. Assim como no supino, adote uma abordagem gradual. Se buscar integrar a prática da concentração em todas as atividades do seu dia, provavelmente não terá sucesso. O fracasso repetido só levará ao desânimo e potencialmente a abandonar todo o plano.

Se depois de um mês — ou mais, se necessário — oferecendo toda a minha atenção ao meu companheiro sempre que conversamos eu fizer isso muito bem, então posso adicionar outra oportunidade à minha rotina diária. Olho a minha lista, vejo o segundo item e o integro ao meu dia, da mesma forma que no supino, quando adiciono mais peso.

Se a segunda oportunidade é dar atenção total à minha filha, então tenho duas chances de praticar a concentração ao longo do dia: quando converso com a minha esposa e quando converso com a minha filha. Essas práticas passam a formar minha rotina diária de exercícios de concentração e são as únicas vezes em que faço um esforço consciente para me concentrar. Deixo as outras três oportunidades esperando. Eu trabalho nessas duas até chegar num ponto em que possa dedicar, com eficiência, toda a minha atenção à minha esposa e à minha filha.

Pode demorar alguns meses para atingir um estágio em que sinta que sou muito eficiente nisso. Digamos que demore cinco meses. Então é hora de adicionar mais peso ao meu exercício de supino, o que significa que é o momento de acrescentar a terceira oportunidade ao meu ritual diário.

Continuo assim até que as cinco oportunidades sejam incluídas no meu dia. Nesse ponto, você começará a se concentrar de modo ciente em outras oportunidades.

Saiba que, à medida que a cada dia que você adiciona mais chances, também aumenta a quantidade de tempo que investe na prática da concentração. Em pouco tempo, pode estar praticando durante cinco, seis ou mais horas diárias enquanto se prepara para se tornar um concentrador profissional. Por fim, descobrirá que não é preciso muito esforço para focar porque você construiu um padrão no seu subconsciente, um hábito, de manter a consciência em uma coisa de cada vez.

O ponto principal desta lição é que, para se tornar eficaz em qualquer coisa, a melhor abordagem é fazê-la de forma gradual. Não é necessário muito para mudar por um dia ou um mês, mas sustentar essa mudança mês após mês, ano após ano — esse é o segredo do autodesenvolvimento. Quando adotamos uma abordagem gradual para desenvolver uma habilidade ou uma qualidade, fazemos isso de uma forma que conseguimos sustentar essa mudança.

Muitas pessoas querem ir de zero a cem de imediato. Elas esquecem que precisam passar por 99 números. Não existe uma fórmula mágica. Nem truques. Se a corrida não faz parte da sua rotina diária de exercícios, não espere completar uma maratona amanhã. Nós devemos construir um caminho para chegar aonde queremos.

É importante ter em mente que, se você está com quarenta anos e nunca aprendeu a se concentrar ou praticou ter foco, não pode esperar ler sobre isso apenas uma vez e se tornar um ser humano concentrado sem se esforçar para além de ler um livro. Você tem quarenta anos de programação para reformular, e isso requer tempo e esforço. Novos padrões precisam ser construídos. Construir um belo edifício leva tempo, assim como uma bela mente. Pode levar semanas, meses ou até anos para atingir mudanças significativas. Mas, como Gurudeva costumava dizer: "As recompensas são muito maiores do que o esforço".

Seja paciente e compassivo consigo mesmo nessa jornada. Você vai tropeçar, cair e se machucar muitas vezes. Levante-se com gentileza e siga em frente. Reveja a lição "O poder de dar um passo de cada vez". Quando você se concentra em uma oportunidade, você dá um pequeno passo. E isso é possível fazer. É alcançável. Metas pequenas não criam pressão. Não subestime o poder inquestionável de dar um passo de cada vez.

ACOMPANHANDO O PROGRESSO

Você não evolui se não monitora o progresso.
RAGY THOMAS, fundador e CEO da Sprinklr,
amigo querido e mentor

Nas oportunidades que descrevi, eu disse várias vezes: "Dar a minha atenção total de modo eficiente". Vamos definir "de modo eficiente". Como saber se estou fazendo algo com eficácia e se estou progredindo? A maneira mais adequada e honesta de saber é acompanhar o meu progresso. Embora não haja novidade e seja algo que muitas pessoas fazem há séculos, quem me apresentou esse conceito pela primeira vez foi meu guru. Quando eu estava sendo treinado por ele no mosteiro, ele me fazia acompanhar o meu progresso ao realizar minha *sadhana* (prática espiritual). Foi um processo de autoavaliação simples, mas altamente eficaz.

Todas as noites, quando me retirava para minha humilde morada, uma austera estrutura de concreto de três metros quadrados ao lado de um riacho sob uma figueira, eu passava alguns minutos avaliando todos os meus rituais do dia. Eu tinha uma folha de papel com 31 colunas (uma para cada dia do mês) e uma fileira para cada ritual. No papel, iluminado apenas por uma pequena lamparina a óleo no chão, eu avaliava quão bem eu havia realizado cada um deles. Após concluir minha avaliação, eu dobrava o papel e o guardava entre dois livros de escrituras que estavam ao pé do meu futon no chão. Eu repetia esse processo todas as noites.

No final do mês, eu deixava aquele papel na mesa do meu guru, que ficava em seu escritório. Um dia, quando fui fazer isso, ele estava lá, então entreguei a folha pessoalmente. Eu esperava que meu guru olhasse o conteúdo, mas ele

211

pegou o papel, abriu a gaveta e o guardou em uma pasta. Muito do que aprendi com ele eram lições não ditas. Várias vezes, com sua incrível capacidade de foco, ele me enviava uma mensagem clara e intuitiva. Como ocorre com qualquer mensagem intuitiva, ela é sucinta e clara e surge em um flash, embora fossem necessárias muitas palavras para detalhá-la. A mensagem era: "Você está fazendo isso por você, não por mim".

Percebi naquele momento que de fato não importava para ele o que eu havia escrito. O exercício havia sido feito para eu acompanhar se estava progredindo nas minhas práticas. Como era uma autoavaliação, eu poderia ter mentido para mim mesmo e me dado notas melhores. Mas isso não teria me ajudado. Na verdade, a única pessoa que tinha se beneficiado desse exercício havia sido eu. Cabia a mim avaliar meu desempenho em cada ritual da maneira mais honesta possível. Dessa forma, veria se estava progredindo.

Eu tinha acabado de me formar na faculdade de engenharia, então a minha mente, que havia sido treinada para abordar as coisas de maneira direta e estruturada, delineando etapas e definindo processos, abraçou por completo essa abordagem de desenvolvimento espiritual. Foi uma das muitas coisas que me atraíram no meu guru. Ele era prático, metódico. Era o que eu buscava em um professor espiritual — alguém que ensinasse através da experiência pessoal, mas que também pudesse traçar um passo a passo prático para um objetivo claramente definido.

Um dos ensinamentos fundamentais que ele transmitia aos monges era: "Apoie-se na sua própria coluna". Ele dizia: "Não se apoie em mim, porque, quando eu não estiver mais aqui, você vai cair". É fácil ficar dependente de quem nos orienta, lidera e guia, a ponto de se tornar uma muleta em vez de um motivador. Muitos guias abusam desse privilégio. É um ótimo modelo de negócios, devo dizer, pois faz com que os alunos voltem para mais. Forma um ótimo fluxo de receita. Quem não iria querer isso? Mas prefiro a abordagem adotada pelo meu guru: ajudar as pessoas a definir o objetivo e o caminho para chegar até lá. Em seguida, capacitá-los com as ferramentas e práticas que irão ajudá-los. Essa abordagem é altruísta em essência, e me fez perceber que ele de fato se importava com o meu desenvolvimento.

Mas como saber se estamos progredindo? Através dos sinais. Meu guru me ajudava a reconhecer os sinais de progresso, que me davam confiança de que avançava como resultado do meu próprio esforço. Se eu estiver dirigindo de San Francisco para San Diego e vir uma placa informando que faltam quatrocentos quilômetros, então eu saberei que estou indo na direção certa. Se duas horas depois aparecer uma placa que diz "240 quilômetros para San Diego", terei certeza de que estou avançando.

Eu posso avaliar o meu desempenho, e os dados da minha autoavaliação podem me dizer se estou progredindo, mas a demonstração definitiva do progresso é o impacto que a mudança de comportamento tem na minha vida.

Se eu me dedicar todos os dias aos meus rituais de concentração, vou perceber com o tempo que, ao conversar com minha esposa, a minha atenção vai parar de se afastar com tanta frequência. No início da minha prática, posso notar minha atenção se afastando cinco vezes em uma conversa de dez minutos. Um mês depois, após trabalhar com afinco para trazer minha consciência de volta toda vez que se afasta, percebo que ela não escapou nenhuma vez em uma conversa de dez minutos. É um sinal claro de progresso.

Isso gera consequências. A pessoa com quem eu converso sente a minha presença completa, e isso faz com que se sinta valorizada, cuidada e amada.

Quanto melhor for a minha capacidade de concentração, mais profundas serão as minhas interações com as pessoas com quem estou. Posso estar presente porque sou capaz de me concentrar. Posso ouvir melhor porque consigo me concentrar melhor. Cada interação, mesmo que breve, é gratificante porque consigo estar presente nos momentos que compõem essa experiência. Uma interação de cinco minutos com a minha filha me permite experimentar todos aqueles trezentos segundos sem perder nada. Assim, sinto que vivo uma vida de fato gratificante. E minha filha sabe que quando o pai está com ela, ele está presente por inteiro. Existe uma maneira melhor de dizer "eu te amo" para alguém?

Quando minha equipe ou meus clientes falam comigo, posso me concentrar por completo e, portanto, estar presente de fato em todas as interações. Posso ouvir o que estão dizendo e observar bem porque a concentração conduz à observação. Percebo as coisas sutis que não são ditas. E posso notar e atender às necessidades que as pessoas não expressaram. Esses são alguns dos benefícios de uma mente concentrada. Vamos explorá-los mais nos capítulos seguintes.

REGISTRANDO A PONTUAÇÃO

Nesta lição, você vai encontrar uma página com uma tabela para acompanhar quão bem realizou cada um dos seus rituais de concentração. Para não ficar muito longo, deixei apenas catorze colunas, o suficiente para acompanhar por duas semanas. Há cinco linhas nas quais você pode listar as cinco oportunidades.

Na linha superior, anote a primeira oportunidade em que gostaria de praticar o foco ciente. Abaixo, você pode listar as outras, mas aconselho iniciá-las uma de cada vez, como prescrevi. Cada dia você pode se dar uma pontuação de zero a três. Eu defino esses números como:

3: Realizei o ritual extremamente bem

2: Realizei o ritual razoavelmente bem

1: Eu não me esforcei o bastante no ritual

0: Não realizei o ritual

N/A: Eu não pude realizar o ritual hoje devido a circunstâncias inevitáveis

No final do mês, some a sua pontuação. Considerando um mês de 31 dias, você pode obter uma pontuação máxima de 93 pontos. Dessa forma, é possível calcular a sua pontuação percentual a cada período. Seis meses depois de começar, mapeie e veja se está progredindo ou não com base em sua autoavaliação. Mas lembre-se: a maior demonstração de progresso é a mudança no seu comportamento.

Também digitalizei o processo no meu aplicativo Dandapani, que está disponível na App Store e na Play Store. Lá você encontrará um recurso chamado "Rituals" [rituais] que permitirá que você acompanhe o progresso dos seus rituais diários.

Todos os dias, você deve inserir sua pontuação de autoavaliação, e a partir daí o aplicativo acompanha e registra os resultados. O aplicativo tem o propósito de ajudar você a navegar pela consciência na mente e desenvolver concentração e força de vontade.

Oportunidades para praticar a concentração	Dia																															Total
	1	2	3	4	5	6	7	8	9	10	11	12	13	14	15	16	17	18	19	20	21	22	23	24	25	26	27	28	29	30	31	

7. Força de vontade, a maior força da vida

LIÇÃO 7.1
Definindo e compreendendo a força de vontade

A vontade é o combustível que carrega a consciência por todas as áreas da mente; é o estado de espírito, a qualidade espiritual, que realiza os objetivos pessoais.

GURUDEVA

Nos capítulos anteriores, falei sobre o uso da força de vontade para trazer a consciência de volta toda vez que se afastasse. Também mencionei que as duas qualidades necessárias para controlar para onde a consciência vai são a concentração e a força de vontade. Para usar esta última, nós precisamos compreendê-la. Neste capítulo, vamos nos aprofundar no aprendizado da maior força da vida.

Meu guru uma vez me disse: "A coisa mais importante que você pode desenvolver na vida é a força de vontade. Com ela, você é capaz de realizar o que quiser".

Eu já tinha ouvido falar de força de vontade quando era jovem. Achei que sabia alguma coisa sobre ela, mas foi só quando conheci meu guru que realmente cheguei a uma compreensão mais profunda. Além de enfim entender o seu significado, uma das maiores percepções que ele me ofereceu foi que de fato é possível desenvolvê-la.

Era um conceito completamente novo para a minha mente! Durante toda a vida, ninguém tinha me confidenciado essa ideia até o dia em que ele me falou isso. Assim como a concentração, ninguém nos ensina o que é a força de vontade ou como cultivá-la e usá-la a nosso favor. A maioria das pessoas passa a vida sem desenvolver um dos maiores bens que possui — capaz de alterar o seu rumo de forma monumental.

Todos nós nascemos com níveis variados de força de vontade. Algumas pessoas têm uma força de vontade tremenda e parecem, para quem observa de fora, que passam pela vida quase sem esforço, apenas com o poder dessa força. E há também aqueles que não descobriram ou cultivaram o poder latente da alma e aceitaram sem questionar os caminhos mais extravagantes.

É mais fácil observar a força de vontade inata de uma pessoa na infância do que na vida adulta. Se você tem filhos, pode ter percebido que eles apresentam níveis variados dessa qualidade. A maneira como cada um responde às experiências pelas quais passa é um sinal revelador de quanta força de vontade tem.

Por exemplo, uma criança quer um brinquedo, então pergunta à mãe: "Mãe, me dá cinquenta dólares?".

A mãe responde: "Claro que sim. Você só precisa trabalhar. Vou te mostrar algumas coisas que você pode fazer nos próximos meses para ganhar esse dinheiro". Desanimado ao ouvir isso, ele responde: "Sério? Então vou esperar o meu aniversário para ganhar de presente", apesar de saber que ainda faltam oito meses para a data.

A irmã, ansiosa para conseguir um brinquedo do mesmo valor, recebeu a mesma resposta da mãe. Ela, no entanto, falou: "Vou pegar limões no quintal, fazer limonada e vender todo final de semana. E vou fazer as tarefas que você me passar, mãe. Eu vou conseguir o dinheiro em um mês ou dois. Tenho certeza!".

Observando as duas crianças, podemos dizer que a segunda tem mais força de vontade. A filha é determinada: reúne as energias internas e as direciona para atingir seu objetivo. Isso é força de vontade.

DECIFRANDO A FORÇA DE VONTADE

Meu guru define força de vontade como "canalizar todas as energias para determinado ponto por certo tempo".

Para explicar isso a uma criança basta descrever a mente como um músculo. Está longe de ser uma descrição exata do que é força de vontade, mas permite visualizar de forma simples e elementar o que ela é e como funciona.

Se eu tivesse bíceps nos dois lados da minha mente, esse seria o meu músculo mental, a minha força de vontade. É o que vou usar para trazer a consciência de volta toda vez que ela se afastar. Eu uso esses bíceps para agarrar aquela bola de luz enquanto ela vai para longe e a trago de volta para a coisa em que estava concentrada. Enxergar a força de vontade como um músculo nos ajuda a compreender como ela é usada para direcionar a consciência. Aprender a governá-la e a concentrá-la na mente é o propósito deste livro.

Se a força de vontade é um músculo mental, os bíceps da mente, então eu a desenvolveria da mesma forma que fortaleceria meus braços. Usaria a minha força de vontade para fortalecer a si mesma, assim como faço com meus bíceps ao levantar pesos para que eles fiquem maiores e mais fortes.

A maioria das pessoas não percebe que pode de fato desenvolver mais força de vontade, por isso acaba usando apenas aquele tanto com o qual nasceu e, sem se dar conta, desenvolve bem pouco ao longo da vida. Infelizmente, não conseguem realizar muito quando poderiam ter feito muito mais. Por outro lado, quem foi treinado para desenvolver a força de vontade e se esforçou para fortalecê-la ao longo da vida acaba conseguindo muitas coisas.

Assim como um músculo, quanto mais você usa sua força de vontade, mais a desenvolve. E quanto mais força de vontade desenvolver, mais haverá para ser usada. Utilize sua vontade para desenvolver a sua vontade. Meu guru dizia: "Fortaleça a vontade usando a vontade".

Aqui vai outra ideia que meu guru compartilhou comigo.

A força de vontade que desenvolve sempre permanece com você. Nunca, nunca desaparece. Ela jamais precisará ser restabelecida e estará sempre disponível, nesta vida ou na próxima.

As pessoas que apresentam altos níveis de força de vontade a cultivam há muitas vidas. Eles reencarnaram canalizando essa onda de energia sempre crescente e, com a força de um tsunami, são capazes até mesmo de mudar o curso da humanidade. Isso foi demonstrado várias vezes. A força de vontade nunca é cultivada ao longo de apenas uma vida.

O LADO NEGATIVO DA FORÇA DE VONTADE

A força de vontade é uma faca de dois gumes, que se torna mais bem cultivada junto com a personalidade. Sem a influência de uma mente e uma personalidade refinadas e conscientes, a força da vontade pode ser canalizada para traços negativos e impactar a vida de uma maneira não muito desejável.

Os componentes fundamentais para constituir uma mente e uma personalidade refinadas são características como humildade, altruísmo, empatia, compaixão, bondade, paciência etc. O cultivo contínuo dessas qualidades é a estrutura que guia a consciência para formas mentais superiores de pensar, falar e agir. São as diretrizes que orientam a força de vontade para conceber uma vida edificante.

Perceba que, quanto mais força de vontade é desenvolvida, mais forte é o domínio sobre a consciência e, portanto, maior é a necessidade de uma mente e uma personalidade conscientes, sem as quais é altamente provável que a consciência seja desviada para um uso indevido.

As pessoas que têm um foco desenvolvido costumam ser chamadas de teimosas — um eco clássico reproduzido por ignorantes que confundem determinação com teimosia. A primeira, o foco obstinado fruto de reflexão, razão e clareza de propósito, muitas vezes pode ser vista como a segunda. Essas características são confundidas com facilidade porque a teimosia também é a ação determinada da força de vontade que mantém a consciência focada, só que desprovida de razão e governada pela natureza instintiva.

Ao longo dos anos, conheci muitas pessoas que desenvolveram quantidades significativas de força de vontade, mas não uma personalidade consciente. Como eu sei que elas têm quantidades significativas de força de vontade? Eu as vi realizar grandes coisas e superar obstáculos desafiadores. Mas não ter cultivado uma personalidade consciente as impediu de concretizar muito mais.

Por exemplo, uma pessoa teimosa poderia ser ensinada a fazer algo de uma maneira alternativa que resultaria em um desfecho melhor, mas sua personalidade desatinada faz com que mantenha a consciência em uma área da mente desprovida de razão. Sem humildade, permanece firmemente obstinada, ainda que pudesse ter um resultado melhor se ouvissem o conselho sábio — um exemplo clássico do uso negativo da força de vontade.

Se a força de vontade e o foco são as asas que a consciência usa para voar pela mente, os atributos de caráter são as penas que as formam.

O MOTIVO MAIS IMPORTANTE PARA DESENVOLVER A FORÇA DE VONTADE

Nada acontece sem vontade. Mesmo quando a morte se aproxima e a vida se esvai, nossa vontade é a última coisa a partir, agarrando-se de forma desesperada a cada sustentáculo da vida.

Embora existam inúmeras aplicações para o uso consciente da força de vontade, não há nada melhor do que controlar a jornada da consciência na mente. A força de vontade nada mais é do que as rédeas que controlam e orientam a consciência. À medida que direciona a consciência, ela faz o mesmo com a energia e, portanto, o que se manifesta na sua vida.

A vida é um testemunho da aplicação da vontade sobre a consciência. Ao controlar a consciência, você controla a sua vida.

Eu desenvolvo minha força de vontade, meu músculo da mente, para trazer a consciência de volta ao tópico em que estava concentrado toda vez que ela se afasta. Essa é a principal aplicação da minha força de vontade. Quando a consciência, ao passear pela mente, é trazida de volta, eu uso meus poderes de concentração para mantê-la naquilo em que preciso me concentrar.

224

Quando a consciência é treinada na arte da concentração, a força de vontade assume um papel diferente. Ela abandona o antigo cargo de guardião e assume o manto de mestre da consciência.

Quanto mais familiaridade você tiver com a sua força de vontade, mais domínio conquistará sobre ela. A mão de um grande artista não é estranha a ele e manifesta seus desejos com a reverência de um servo leal. O mesmo acontece com a força de vontade e o místico. O místico exerce a vontade com a sutileza e a precisão de um grande artista.

O domínio de um místico sobre a vontade é o controle sobre a consciência. Seu destino são as profundezas inefáveis da mente, os reinos refinados do superconsciente, para experimentar a essência de seu ser. Na jornada até lá, ele deve conduzir a consciência de forma primorosa pela mente com sua vontade indomável, iludindo a miríade de áreas fascinantes e tentadoras que esperam para emboscá-lo e prender a consciência em uma distração sem fim. Por mais desconcertante que o mundo exterior possa parecer, o mundo interior é infinitamente mais perturbador.

E com a chegada da consciência aos reinos refinados do superconsciente, a precisão com que o místico usa a vontade e os poderes de concentração permite que não se assuste com as experiências profundas do superconsciente. Se ele, mesmo que por um momento, deixasse de controlar a consciência, ela seria perturbada pela experiência e atraída para a mente consciente. Nos salões sagrados do superconsciente, tão equilibrados, a consciência experimenta os reinos mais grandiosos do nosso ser — acessíveis a todos, procurados por poucos e experimentados apenas por quem tem uma vontade indomável, um foco inabalável e um desejo insaciável de conhecer a si mesmo.

LIÇÃO 7.2
Três formas de desenvolver a força de vontade

Compreender a força de vontade, as maneiras de desenvolvê-la e como usá-la de forma consciente para realizar objetivos é algo que deveria ser ensinado a todo ser humano. O poder latente da mente, do foco e da vontade são dons supremos; embora sejam acessíveis a todos, permanecem velados para muita gente.

Gurudeva me ensinou três métodos simples, mas altamente eficazes, para desenvolver a força de vontade:

1. Termine o que começou;

2. Termine bem, além das suas expectativas, não importa quanto tempo leve;

3. Faça um pouco mais do que você acha que consegue.

Esses três métodos demandam esforço, e exercitar o esforço é exercitar a vontade. Lembre-se: você fortalece a vontade ao usá-la. Vamos explorar cada um desses métodos individualmente, para que possamos entendê-los melhor e observar como nos ajudam a desenvolver a força de vontade.

MÉTODO 1: TERMINE O QUE COMEÇOU

Quando concluímos um projeto, para experimentar um sentimento de satisfação maior do que o que tínhamos no início, é preciso administrar de forma ciente a força de vontade. Só temos essa sensação se concluímos o que começamos. A energia vinda de uma nova ideia é uma lufada de ar fresco para a mente. Esse entusiasmo impulsiona o esforço até que essa energia descontrolada, também conhecida como empolgação, perca o vigor.

Em um projeto, o caminho para um final triunfante é uma curva de sino invertida: após a euforia do início, a jornada árdua até a linha de chegada é um esforço que parece oferecer um retorno decrescente. Quando a energia, a inspiração e a empolgação se dissipam, a vontade precisa estar preparada para concluir a ideia.

A força de vontade é sempre necessária para realizar qualquer coisa.

Na maioria das conversas, as pessoas nunca chegam a uma conclusão natural de um tópico antes de iniciar outro. Um diálogo pode perder a direção e flutuar sem rumo, como um balão no céu. Embora pareça inconsequente encerrar cada tópico iniciado, a maioria das pessoas não percebe que um padrão é criado no subconsciente, e isso alimenta a noção de que a falha em concluir coisas, mesmo que pareça um assunto pequeno e insignificante, tem pouco ou nenhum efeito prejudicial na vida ou na mente.

Esse padrão de não concluir começa a se infiltrar em todas as áreas da vida. No começo, as tarefas comuns que precisamos terminar para nossa mera existência, como lavar a louça e a roupa e arrumar a casa, são encaradas como perda de tempo. Essa maneira de pensar acaba atingindo outros aspectos da vida com consequências mais significativas. Esse padrão, então, molda a personalidade de uma pessoa, que vive a euforia de começar as coisas para depois evitar completá-las, fazendo com que salte de uma tarefa inacabada para outra. Tudo isso tende a amortecer a vontade.

É preciso ter força de vontade para usar a consciência e guiá-la rumo à conclusão natural das coisas. Essa habilidade permite que o subconsciente absorva a experiência de que pode completar as tarefas ou empreitadas que começou. Isso é incrível. Realizar uma ideia é concluí-la. À medida que essas experiências se repetem, os impactos no subconsciente, por menores que sejam, se sobrepõem, e uma autoconfiança que proclama que "eu posso criar e manifestar" passa a se formar como uma mentalidade concreta. A confiança surge e se fortalece à medida que uma empreitada após a outra é concluída. A vida, então, se torna uma oportunidade para criar e manifestar.

Termine o que começou, não importa o quanto considere uma tarefa pequena, trivial ou insignificante. Toda vez que você faz isso, desenvolve a sua força de vontade, o músculo da sua mente.

MÉTODO 2: TERMINE BEM, ALÉM DAS SUAS EXPECTATIVAS

Terminar algo que começou é o primeiro estágio de conclusão. Mas você não precisa parar por aqui. As pessoas determinadas a desenvolver a força de vontade ficarão felizes em saber que há mais oportunidades pela frente.

Você pode concluir o projeto e parar por aí ou optar por ir além das suas expectativas ao terminá-lo. Esse é o segundo passo ou método para desenvolver a força de vontade. Para concluir algo muito além das minhas expectativas, é necessário esforço, e a prática desse esforço é a minha força de vontade.

Permita-me compartilhar a minha primeira experiência aprendendo esse tópico com Gurudeva. Todos os dias os monges passavam trinta minutos limpando a parte do mosteiro que havia sido designada a eles. Durante um período eu precisava limpar a sala de meditação, e eu passava esse tempo me esforçando para garantir que estivesse limpa e arrumada.

Um dia terminei a tarefa cedo, pois o cômodo parecia limpo para mim. Ao sair, encontrei Gurudeva. "Você terminou a sua tarefa?", ele me perguntou.

Eu respondi: "Sim".

"Você poderia ter feito melhor?"

"Possivelmente, mas tudo parecia limpo."

"Vamos dar uma olhada na sala juntos", ele disse enquanto atravessava o pátio. Abriu a porta e entrou na sala de meditação. Eu o segui.

Eu sempre tinha uma sensação palpável de sair de uma dimensão e passar para outra ao entrar naquela sala. Era lá, nas primeiras horas do dia, que nós, pouco mais de duas dúzias de monges, nos reuníamos na maioria dos dias da semana para meditar com Gurudeva. Décadas de silenciosas experiências internas da busca solitária do Eu haviam saturado todos os cantos daquele espaço sagrado, criando um santuário que exalava uma vibração empírica que não era deste mundo.

Era uma sala simples, com o teto inclinado e paredes cobertas de madeira escura. Era possível sentir a idade daquele lugar, mas ela não era visível. Um tapete de tamanho considerável cobria a maior parte do piso de ladrilhos. Grandes portas deslizantes de vidro revestiam boa parte da parede sudeste, e uma lareira com chaminé revestida de rocha vulcânica compunha os fundos da sala. Mais à frente, um assento um pouco acima do chão havia sido colocado para Gurudeva. As paredes de cada lado estavam forradas com longos pergaminhos que detalhavam mapas da mente interior, escritos em Shum, uma linguagem mística que nosso guru havia canalizado muitas décadas antes para treinar os monges na fina arte da meditação e na experiência da autorrealização. Eu passei muitas horas meditando com Gurudeva naquela sala e fora agraciado por ele com muitas experiências profundas e percepções.

Enquanto estávamos no meio da sala, ele falou: "A maioria das pessoas só faz o mínimo ou aquilo que pode ver. Se você reparar bem, vai encontrar muito mais coisa para limpar. Tenho certeza de que ninguém limpa atrás daquele armário há muito tempo. Os ventiladores poderiam ser espanados, e aquelas teias de aranha no canto poderiam ser removidas. Sempre pergunte a si mesmo: 'Posso fazer mais do que fiz? E o que mais posso fazer?'".

Essa lição deixou um impacto inesquecível na minha mente e mudou para sempre a maneira como faço as coisas. A lição é que, com um pouco de esforço e usando minha força de vontade, eu posso concluir as coisas muito além das minhas expectativas. E ao fazer isso, desenvolvo a minha força de vontade e concluo tarefas de um jeito muito melhor do que antes.

MÉTODO 3: FAÇA UM POUCO MAIS DO QUE VOCÊ ACHA QUE CONSEGUE

Você pode finalizar um projeto e concluí-lo muito além das suas expectativas, melhor do que pensou que poderia, e parar por aí. Ou pode conclamar sua força de vontade e fazer um pouco mais.

Fazer um pouco mais do que você acha que consegue demanda esforço e, mais uma vez, isso é a prática da sua vontade.

Certa vez, conheci um empresário no norte da Califórnia que construía casas de luxo. Quando a empresa dele terminava uma casa, no dia de entregar as chaves aos proprietários eles deixavam lindos buquês de flores em alguns quartos. As flores acrescentavam um toque especial à experiência dos proprietários ao entrar na casa nova. Embora não fizesse parte do acordo, esse empreiteiro queria fazer um pouco mais do que achava que poderia. É uma ótima maneira de usar o método 3 nos negócios e, ao mesmo tempo, desenvolver força de vontade.

ESCLARECENDO A DIFERENÇA ENTRE OS MÉTODOS 2 E 3

Ao longo dos anos, muitas pessoas compartilharam comigo que têm dificuldade para distinguir entre os métodos 2 e 3. Para dissipar qualquer ambiguidade, vou dar um exemplo que pode elucidar a diferença entre eles.

Digamos que eu tenha decidido pintar um cômodo da minha casa. O método 1 me guiaria para iniciar o processo de pintura e concluí-lo. O método 2 me encorajaria a terminá-

-lo bem além das minhas expectativas. Já que não fui ensinado a pintar casas, posso recorrer a alguns vídeos na internet que me ajudem com dicas e truques que me permitam criar um acabamento que esteja além do meu nível atual de especialização. Isso sem dúvida me ajudaria a concluir a pintura melhor do que eu imaginava inicialmente e superar minhas expectativas.

O método 3 me encoraja a fazer um pouco mais do que eu acredito que consigo. O cômodo agora está pintado e parece mais bonito do que eu havia visualizado no começo. Para cumprir o método 3, eu decido ir a uma loja de artesanato local e comprar um vaso para decorar a sala. Levo também dois quadros para pendurar em uma parede que parecia bastante sem-graça. Com isso, eu faço um pouco mais do que pensei que fosse capaz.

Não seja a pessoa que fica satisfeita em fazer o mínimo, que só quer terminar o trabalho e seguir em frente. Seja aquela que exerce a vontade em todas as oportunidades, invocando a força de vontade para fazer um pouco mais.

LIÇÃO 7.3
Integrando a força de vontade à sua vida

Assim como uma colherada de arroz é valiosa para um homem faminto, um segundo em um dia é precioso para o sábio. Concentrar a atenção no presente, à medida que os ponteiros do relógio sobem e descem, é uma prova de como alguém pode honrar a preciosidade do tempo.

Cada momento é uma oportunidade. Se tivermos a sorte de assimilar essa percepção, podemos aproveitar esses momentos, do mesmo modo como usamos a concentração, para desenvolver nossa força de vontade. Isso não deve ser considerado um fardo. Como compartilhei antes, estamos envolvidos com alguma coisa a cada instante do nosso dia, então por que não escolher com sabedoria como fazer cada uma delas? Quando cada momento é usado com intenção, a vida se torna satisfatória e gratificante.

Assim como a concentração, o desenvolvimento da força de vontade precisa ser integrado a todos os aspectos da vida. Não se pode gastar dez minutos por dia desenvolvendo força de vontade e no resto do tempo se ocupar de coisas que prejudicam esse cultivo. Assim não haverá progresso.

Se você observar bem, verá que todo o seu dia está repleto de oportunidades para desenvolver a força de vontade.

Assim como a concentração, você pode aproveitar os "eventos habituais indispensáveis no seu dia comum" para fazer isso. Uma pessoa economiza dinheiro para aplicá-lo a um propósito específico no futuro ou dispor dele caso precise ou deseje. A força de vontade não é diferente. Quanto mais você desenvolver, mais ela estará disponível.

O primeiro passo é identificar os eventos habituais indispensáveis em um dia comum. Em seguida, aplique em cada um deles os três métodos de desenvolvimento da força de vontade.

Pergunte a si mesmo: "Qual é o primeiro dos eventos habituais indispensáveis no meu dia comum? Como posso inserir nele os três métodos de desenvolvimento da força de vontade?".

Gurudeva identificou o sono como um desses eventos e me ensinou, no início da minha vida monástica, a usá-lo como uma oportunidade para desenvolver a minha força de vontade. De manhã, ao nos levantar, éramos orientados a arrumar a cama. Esse ato completava o processo do sono.

Mais de duas décadas depois, eu continuo a fazer isso toda manhã. O processo do sono começa quando decido me recolher para dormir. Passo fio dental e escovo os dentes, depois me deito e fico na expectativa de uma longa noite de massagens faciais enquanto minha filha pequena esmaga meu rosto com os pés. Eu acordo quase todos os dias num emaranhado de lençóis e cobertores habilmente estruturados durante a noite por uma criança que se mexe em espiral, uma performance que impressionaria qualquer dervixe rodopiante.

Os dias em que eu levava meio minuto para organizar o lençol e um único travesseiro nada revirados no futon da minha humilde residência monástica ficaram para trás. A vida familiar adicionou mais algumas camadas de esforço e tecido. Eu desenrolo a bagunça e inicio o processo de arrumar a cama: ajeito os lençóis, afofo os travesseiros exatamente como a minha esposa instruiu e decifro qual travesseiro vai onde e em que ordem. Claro, há mais de um travesseiro.

Arrumar a cama me faz cumprir o método 1: terminar o que comecei. Os métodos 2 e 3 me instruem a concluir bem essa tarefa, além das minhas expectativas e fazer um pouco mais do que eu acho que consigo. Me certifico de que todos os lençóis estão bem dobrados e o edredom está perfeitamente alinhado. Então, eu invoco minha criatividade e dobro um canto do edredom como fazem em alguns hotéis e disponho as almofadas de forma criativa.

Por fim, tenho uma cama que parece limpa, organizada e confortável, o que cria uma sensação edificante no quarto. Quando um móvel que ocupa bastante espaço de um cômodo parece impecável, isso gera um impacto significativo na vibração do lugar. Dessa forma, o ambiente se torna agradável, o que naturalmente direciona a consciência para áreas mentais superiores. E o mais importante: eu iniciei o meu dia desenvolvendo a minha força de vontade.

Houve dias em que eu tinha coisa demais acontecendo na minha vida ou que perdi a hora, e senti o desejo de deixar a tarefa para depois e passar para demandas mais urgentes. A tentação era forte, mas sempre resisti. Independente dos obstáculos que surgissem, todos na minha mente, eu me esforçaria para arrumar a cama e não quebrar a assiduidade desse ritual. Fazer a cama não é uma tarefa difícil. É a consistência que pega as pessoas.

POR QUE FAZER A CAMA?

De todas as coisas que compartilho em seminários e palestras presenciais, arrumar a cama é o que mais gera um sentimento de identificação. Eu acredito que é porque é uma prática fácil de integrar à vida. No fim do dia todo mundo dorme e, no começo, um número significativo de gente acorda. Como primeira responsabilidade a ser encarada todas as manhãs, arrumar a cama é uma tarefa fácil, um ato de vontade que pode ser realizado sem muito esforço.

Alguns entusiastas da cama arrumada compartilham fotos da tarefa concluída nas redes sociais e me marcam. Recebo e-mails com fotos das camas, e outros vêm até mim e falam com entusiasmo sobre como não apenas adotaram a prática mas também foram implacáveis na execução diária.

Para mim, não é incomum ouvir alguém dizer com orgulho: "Dandapani, arrumo minha cama todos os dias desde que ouvi você falar sobre isso".

Eu me alegro com o êxito deles e respondo: "Parabéns! Que grande realização! De verdade. Você deve se orgulhar da sua consistência!".

Então pergunto com sinceridade: "Diga-me, por favor, pensando no que me ouviu falar, por que arruma a cama de manhã?".

A resposta quase sempre é: "Bem, isso me dá uma sensação de realização logo cedo". Também costumam dizer: "Já estou começando meu dia com uma vitória".

Essas respostas não estão incorretas, mas não abarcam o objetivo maior que compartilhei sobre por que devemos arrumar a cama todas as manhãs. Sim, nos sentimos realizados e assim o dia começa com uma vitória, mas não é essa a intenção maior a que me refiro.

Nós fazemos a cama de manhã para desenvolver a força de vontade. É uma oportunidade de integrar os três métodos em um evento habitual indispensável em um dia comum. Nós aprimoramos a força de vontade para usar o músculo da mente com o objetivo de dominar e direcionar a consciência pela mente. Ao fazer isso, guiamos o nosso fluxo de energia. E quando a nossa energia flui para alguma coisa, é essa coisa que se manifesta na nossa vida. É por isso que fazemos a cama de manhã. É por um propósito muito mais grandioso, que tem a ver com a forma como nossa vida acontece.

Isso é o *sankalpa*, o termo em sânscrito para propósito e intenção. Ter clareza da intenção é fundamental. O propósito deve conduzir tudo. É muito importante saber de forma clara por que você arruma a cama de manhã. Apenas desenvolver a força de vontade não é suficiente. Nós precisamos compreender por que fazemos isso e, afinal, para que a usaremos.

De agora em diante, quando fizer a cama pela manhã, diga a si mesmo que está comprometido com um ritual focado no desenvolvimento da sua força de vontade. Reforce em sua mente que você precisa usá-la para controlar para onde a consciência vai e, portanto, para onde sua energia flui, o que determina o que se manifesta na sua vida. Guarde essa sequência no seu subconsciente com o poder da repetição e tendo clareza da intenção.

É possível arrumar a cama sem deixá-la mais organizada que antes. Ou dedicar intenção e esforço a essa tarefa e deixar a cama deslumbrante. Ao observar a vida de uma pessoa, o seu entorno e a maneira como conclui (ou não) suas tarefas, percebemos muito de quem ela é, como funciona e quanta força de vontade tem.

O ritual de arrumar a cama pela manhã traz outro benefício significativo. Ao acordar e fazer isso, você dá uma diretriz clara à mente de que está no controle de para onde sua consciência vai e no que ela deve se envolver, estabelecendo assim um precedente para o dia. Se entregar as rédeas da sua consciência ao ambiente, você pode, por exemplo, se ver envolvido em um rodízio interminável de jornadas sem fim preparadas pelo seu celular ao longo da noite e servido agora de bandeja na tela. Desenvolva sua vontade e controle para onde a consciência vai, em vez de permitir que ela seja controlada pelo ambiente externo ou interno. Só quando você puder controlar para onde vai sua consciência será capaz de administrar para onde sua energia flui e, assim, controlar o que se manifesta na sua vida.

Ao fazer a cama pela manhã, você também está sobrepondo a vontade à mente, ao corpo e às emoções, afirmando que você está no comando da sua consciência e com o que ela pode se envolver. Eles (mente, corpo e emoções) estão sendo treinados para que não tenham controle sobre sua consciência e saibam que estão aqui para servir você, e não o contrário. Portanto, não deixe que eles ditem para onde a sua consciência vai, pois você é o dono deles. Estabeleça seu domínio ao arrumar a cama.

LIÇÃO 7.4
Estabelecendo rituais de força de vontade

Os eventos que acontecem no dia a dia, sobretudo os indispensáveis, são oportunidades perfeitas para integrar a prática do desenvolvimento da força de vontade. Se eles são aqueles que aceitamos como parte natural da nossa rotina, então por que não tomá-los como uma chance de tornar a nossa vida melhor?

Na lição anterior vimos o exemplo de arrumar a cama. Gostaria de compartilhar mais algumas sugestões de como você pode aproveitar oportunidades para desenvolver a força de vontade.

Comer, assim como dormir, é indispensável. As refeições são um momento formidável para integrar os três métodos de desenvolvimento da força de vontade, porque todos comem diariamente. Todas as manhãs eu tomo café da manhã. Se tenho tempo para preparar e comer o café da manhã, sem dúvida tenho também para lavar a louça. É importante resistir e não sucumbir à lista aparentemente incontornável de tarefas do dia e dizer: "Eu tenho mesmo que ir, então vou lavar a louça mais tarde".

Assim que termino de comer as minhas frutas, lavo a tigela e a deixo no escorredor. Volto algumas horas depois (eu trabalho em casa), quando a Mãe Natureza me ajudou na tarefa de secar a louça, e guardo a tigela. Só então concluo o processo de tomar café da manhã. Termino o que comecei.

Outra opção é lavar a louça, secá-la na mesma hora com um pano e guardá-la de volta no armário para concluir logo a tarefa. Ou você pode considerar o processo encerrado depois de deixar a tigela no escorredor e limpar os restos de comida do balcão. É importante que você saiba que deve definir por si mesmo o que é "terminar o que começou". Quando fizer isso, atenha-se a esse objetivo. A sua capacidade de manter o processo é sua força de vontade em ação.

Se você não estabelecer o que significa "terminar o que começou", pode acabar passando a manhã inteira limpando a cozinha. Da mesma forma, defina o que é para você "fazer um pouco mais do que acho que posso" e "fazer melhor do que acho que posso" ao realizar cada tarefa. Sem isso, eu poderia passar uma ou duas horas arrumando a cama de manhã. Ou então lavar os lençóis, passá-los a ferro, secar os travesseiros ao sol e muitas outras coisas mais na busca por desenvolver a minha força de vontade. Isso não seria prático e coerente. Seja sensato ao aplicar esses princípios e ferramentas. Nunca deixe a razão de lado.

Muitas pessoas fazem ao menos uma refeição por dia em casa. No processo, há muitas oportunidades para aplicar os três métodos de desenvolvimento da força de vontade — desde o preparo até o cozimento, além da limpeza antes e depois da refeição. Se você está comprometido em desenvolver sua força de vontade, aproveite esse evento que acontece todos os dias. Observe bem e você encontrará muitas oportunidades para aplicar os três métodos. Na verdade, cada vez que você come ou bebe tem uma chance de estar consciente do processo de preparação, consumo e finalização, e assim

240

pode aproveitá-lo para desenvolver sua força de vontade e praticar a concentração.

Muitos escritórios têm espaços para fazer refeições ou preparar bebidas. Depois de usar essa área, aplique os três métodos para desenvolver a força de vontade. Limpe a mesa. Lave a caneca de café, seque-a e guarde-a. Pratique a força de vontade no seu ambiente de trabalho.

Gurudeva aconselhava os monges a "deixar o lugar melhor do que o encontrou". Quando saíamos de algum cômodo, nos esforçávamos para torná-lo um pouco melhor do que quando tínhamos entrado. Comecei a perceber, pela consistência da aplicação desse preceito, que até mesmo um ato pequeno fazia uma diferença significativa.

Minha família e eu andamos descalços em casa, por isso tiramos os calçados antes de entrar. Ao voltar para casa, concluímos o ato de sair, e parte desse processo é tirar o calçado e deixá-lo no lugar apropriado. Para fazer mais e melhor, podemos deixar o sapato perfeitamente alinhado — uma ação simples em que até meu filho se tornou habilidoso.

É mais fácil tirar o casaco e jogá-lo no sofá do que pendurá-lo em um cabide no armário, assim como é mais simples deixar a roupa suja no chão do quarto do que colocá-la no cesto de roupa suja. O dia está cheio de oportunidades infinitas para desenvolver a força de vontade, caso opte por adotar essa perspectiva. Quando a compreensão do propósito para fazer as coisas dessa forma é reconhecida com firmeza pela mente consciente e subconsciente, essas oportunidades são aceitas de bom grado, e deixam de ser encaradas como um trabalho ou um fardo. Acabam se transformando em hábitos. Então não é preciso se esforçar para praticá-las: passam a ser apenas a forma como você faz as coisas.

Você conclui o que pensa sobre um assunto em uma

conversa. Sempre lava e guarda a louça. Tira o calçado e o deixa perfeitamente alinhado. Seu casaco está pendurado no armário. Quando se levanta da mesa, você devolve a cadeira no lugar. A maneira como você vive é um reflexo da sua mentalidade — que é moldada para desenvolver a força de vontade e a capacidade de concentração. Esses rituais se tornam parte do ritmo da sua vida, um fluxo simples da sua força vital através de um subconsciente estruturado para cumprir um propósito muito específico.

DESENVOLVENDO A FORÇA DE VONTADE

Eu gostaria que você escrevesse cinco eventos habituais indispensáveis em um dia comum que podem ser aproveitados como uma oportunidade de desenvolver a força de vontade. Nesta lição e na anterior, dei alguns exemplos; você também pode estabelecer as suas próprias opções. Assim como na prática da concentração, é importante que sejam indispensáveis e habituais em seu dia normal.

Liste essas oportunidades, numerando-as de um a cinco, na ordem em que você gostaria de implementá-las. Comece pela primeira e a integre em sua vida por um mês. Deixe as outras quatro esperando.

Se a primeira oportunidade escolhida é arrumar a cama ao se levantar pela manhã, então faça exatamente isso todos os dias. Aplique os três métodos ensinados. Se depois de um mês descobrir que não está realizando esse ritual bem e de forma consistente, continue até passar a executá-lo com eficiência.

No final desta lição, você encontrará uma tabela de autoavaliação similar à do capítulo sobre concentração. Siga as

242

mesmas instruções ao acompanhar e avaliar a sua prática para desenvolver força de vontade. Com o objetivo de simplificar e não me alongar, não repetirei aqui essas instruções. Há uma versão digital no aplicativo Dandapani na seção "Rituais".

Quando estiver seguro de que arruma a cama com eficiência, adicione a segunda atividade ao seu ritual diário. Talvez seja lavar louça depois do café. Concentre-se em realizar essa tarefa todas as manhãs e, mais uma vez, quando chegar a um patamar em que executa ambos os rituais bem, é hora de adicionar um terceiro.

Você se lembra do que eu falei sobre o supino e adicionar pesos de maneira gradual? Devemos adotar essa mesma filosofia ao desenvolver nossa força de vontade. É fundamental que você seja paciente consigo mesmo enquanto trabalha essa qualidade. A pressa e a impaciência levam ao fracasso.

Embora várias dessas tarefas possam parecer triviais e sem importância, não é assim que eu enxergo. Vejo tudo o que faço ao longo do dia como um ato em que tomei a decisão consciente de me envolver; portanto, todos eles merecem a minha atenção e o meu cuidado. Esses atos aparentemente pequenos são uma parte importante da minha vida. Isso porque se repetem todos os dias, e essa consistência ininterrupta tem um poder extraordinário para moldar a minha vida.

Saber que, ao desenvolver a força de vontade, eu posso controlar para onde a minha consciência vai é o suficiente para me convencer a dedicar meu dia a cultivar esse poder. Com isso, é possível direcionar minha consciência para as áreas mais refinadas da mente, o superconsciente, e experimentar estados mais elevados — que neste exato momento existem dentro de todos nós, esperando pacientemente a presença da nossa consciência.

Em suma, para mim, desenvolver a força de vontade não significa apenas manifestar a vida que eu quero, mas — e o mais importante — consiste em experimentar os estados mais elevados da consciência e, por fim, chegar à autor-realização.

Oportunidades para praticar a força de vontade	Dia																															Total
	1	2	3	4	5	6	7	8	9	10	11	12	13	14	15	16	17	18	19	20	21	22	23	24	25	26	27	28	29	30	31	

LIÇÃO 7.5
A fonte da força de vontade

Um agricultor tem um terreno de oito hectares onde cultiva vegetais variados. As colheitas dependem muito da quantidade de água que as plantas recebem. Como é um agricultor experiente, ele montou um sistema de irrigação projetado com cuidado para extrair água de um poço profundo em sua propriedade, garantindo que todos sejam bem abastecidos. Um ano depois, ele adquire mais dois hectares de terra e também converte essa área em uma fazenda de vegetais. Como conhece a localização do poço com água em sua propriedade, sabe exatamente aonde ir para poder regar a sua nova fazenda.

Em um feriado que caiu no meio da semana, você aproveita a folga para descansar no sofá, imerso num livro emocionante de suspense. Ao virar a página, seu subconsciente rompe o foco e lembra que você queria ir à academia pela manhã.

Você solta um suspiro ao se dar conta do compromisso mental que tinha feito consigo mesmo em um momento de desespero após o jantar da noite anterior. "Eu planejei, não foi?", você murmura.

Para cumprir o plano, é necessário primeiro chamar a

246

atenção da sua consciência. Ela está completamente ancorada no livro, ansiosa para saber o que acontecerá a seguir. A tentativa extremamente frágil que você faz para separar a consciência daquilo a que ela está atenta é insignificante. Nesse momento, você tem pouco ou nenhum desejo de abandonar o ninho confortável que fez para si mesmo. Na verdade, você repele a ideia de vestir roupas de ginástica e dirigir até a academia para se exercitar.

Então percebe que a única forma de fazer isso é convocar a força de vontade que vem cultivando há anos. Como o agricultor com o poço, você sabe aonde ir para recorrer a essa força de vontade? Conhece a fonte da sua força de vontade?

Ao longo de décadas, enquanto me esforço para ser a melhor versão de mim mesmo, tive e ainda tenho muitos abismos mentais e emocionais a superar, além de traços de personalidade que preciso reconhecer, admitir e ajustar com humildade. Me lembro de um dia quando eu era um jovem monge e me sentia derrotado ao lutar contra um padrão subconsciente profundamente enraizado que precisava ajustar.

Sentindo-me vencido pela minha própria natureza instintiva, fui procurar o meu guru. Eu o encontrei sentado em uma cadeira no quarto. A luz que entrava pela janela era filtrada por uma tela, enchendo o cômodo com uma luz fraca e fria. Eu me abaixei diante dele em uma humilde e amável reverência, como era a tradição, e então me sentei de pernas cruzadas. A presença dele me envolveu de esperança. Eu sabia que ele sentia a minha derrota.

Nenhuma palavra foi dita. Enfim, ele quebrou o silêncio e falou: "A resposta para a sua pergunta é a força de vontade". Fizemos uma longa pausa para que aquelas palavras penetrassem em mim. Então ele disse: "Você precisa ir até a fonte da força de vontade e buscar mais. Essa fonte está dentro de você".

Escutei com a atenção plena que sempre concedi a ele e perguntei: "Onde está a fonte da força de vontade dentro de mim?".

Ele riu e respondeu: "Eu não vou dizer. Você precisa descobrir sozinho". E, com isso, encerrou o assunto.

Se eu apresentasse tudo com detalhes neste livro, eu privaria você da alegria de buscar, descobrir, experimentar e realizar muitas coisas por si mesmo. O aprendizado que vem da experiência de descobrir por sua conta é muito diferente do que vem de tudo explicadinho. Quando você identifica a fonte da sua força de vontade, sempre pode voltar a ela e invocá-la para o que precisar na vida.

Vale a pena embarcar na busca pela fonte da força de vontade. O agricultor sabe exatamente onde está o poço, por isso pode ir até lá várias vezes e retirar a quantidade de água necessária para que sua fazenda floresça. Descobrir onde está a sua fonte de força de vontade vai capacitá-lo com um recurso além da sua compreensão. Desejo a você boa sorte nessa busca.

LIÇÃO 7.6
Fazendo o trabalho pesado

Como compartilhei no início, meu objetivo não é inundar você com práticas a ponto de não dar conta de acompanhá-las, e muito menos não conseguir realizá-las. Mas, para quem deseja se aprofundar no desenvolvimento da força de vontade, aqui estão duas práticas de longo prazo que podem ser adotadas.

Aconselho que você as empregue depois de se sentir capaz de manter as práticas de desenvolvimento da força de vontade naquelas cinco oportunidades em um dia comum que listou.

EXERCÍCIO DE LONGO PRAZO 1

Eu gostaria que você identificasse cinco projetos nos últimos anos que foram iniciados mas não concluídos. Talvez você tenha começado esses projetos com muito entusiasmo e inspiração, mas no meio do caminho, por uma razão ou outra, decidiu parar de trabalhar neles e nunca os terminou.

*Você não desenvolverá a sua força
de vontade estando lotado de trabalhos
inacabados e começando mais um projeto
com ímpeto para depois abandoná-lo.*

GURUDEVA

Permita-me elucidar melhor esse exercício. Algumas pessoas podem identificar cinco projetos que foram iniciados nos últimos doze meses e precisam ser concluídos. Outras, mais bem-sucedidas em completar o que começaram, podem ter que retroceder alguns anos para identificar esses cinco projetos num período de tempo mais longo.

Nem todos podem ser concluídos de imediato. Por exemplo, minha esposa e eu começamos a criar um santuário espiritual e jardins botânicos em Nosara, na Costa Rica, em 2013. O Siva Ashram — como se chama o santuário — é um trabalho em andamento, e os jardins em especial levarão anos para serem concluídos, não por falta de força de vontade, mas pelo tempo que a natureza leva para florescer.

Os projetos que você lista podem ser grandes ou pequenos; isso não é importante. Anote-os e identifique qual você deseja abordar primeiro. Defina como seria essa conclusão e como você aplicaria os métodos 2 e 3 para levá-los ao próximo nível. Assim como a abordagem que definimos para desenvolver foco e força de vontade nas lições anteriores, inicie um desses projetos e se concentre em concluí-lo antes de passar para o seguinte. Antes de iniciar o primeiro, defina uma data de conclusão. Então use a sua força de vontade para concluir o projeto no novo prazo.

Ao iniciar cada um, procure lembrar por que você o

abandonou. Veja se consegue identificar o motivo e anote. Muitas vezes, há uma lição a ser aprendida.

Ao concluir um projeto, reserve um tempo para se parabenizar e comemorar sua vitória por ter exercido de forma ciente a sua vontade de realizar uma tarefa. Saiba que, ao fazer isso, você criará um impacto positivo no seu subconsciente, a noção de que você sabe usar sua vontade para iniciar e terminar projetos. À medida que completar um projeto após o outro, essa noção será reforçada, e você estará a caminho de manifestar muitas coisas na sua vida.

Depois de concluir esses cinco projetos, considere fazer uma retrospectiva da sua vida e estabelecer uma lista de tudo que foi iniciado e não concluído. Analise essa lista e tome uma decisão firme e definitiva sobre quais deles você deseja concluir. Para todos esses, aplique os três métodos de desenvolvimento da força de vontade e os finalize. Aceite renunciar aqueles que optar por não concluir, tendo em mente que usou o seu discernimento para orientar a sua decisão de que esses projetos não valem mais sua energia e seu tempo.

EXERCÍCIO DE LONGO PRAZO 2

Na mesma linha do primeiro exercício de longo prazo, eu gostaria que você olhasse os últimos doze meses e identificasse cinco ocasiões em que disse a alguém que faria algo mas não fez.

Por exemplo, você prometeu a um amigo há alguns meses: "Vou te dar de presente o meu livro favorito", mas não tomou nenhuma providência.

Identifique cada uma dessas ocasiões e o que disse que

faria. Escreva com detalhes. Ao anotar e revisar seus compromissos, identifique se os cumprirá ou não. Talvez o seu discernimento diga que você não deve cumprir alguns deles agora. Ouça a voz da razão.

Para as promessas que você identificou que irá cumprir, vá em frente e faça isso como parte de terminar o que começou. Se puder, aplique também os métodos 2 e 3. Atribua datas para concluí-las.

Perceba por que acabou nunca cumprindo o que disse que faria. É porque você tem uma tendência a se comprometer demais? Ou promete coisas pensando que nem tudo precisa ser feito? Mais uma vez, há uma lição aqui; ao compreendê-la, você conseguirá moldar de forma positiva o desenvolvimento da sua força de vontade.

Depois de cumprir as cinco promessas listadas, você pode considerar olhar mais para trás e identificar outras importantes que você fez e não cumpriu. Identifique quais deseja realizar. Conclua aquelas com as quais você decidiu se comprometer de novo.

No futuro, esteja muito consciente do que diz a alguém. Toda vez que disser que vai fazer algo, use sua força de vontade para cumprir. Entenda que isso não tem nada a ver com provar alguma coisa para os outros, mas com fortalecer sua vontade. Se toda vez que diz que vai fazer algo você termina não fazendo, acaba apenas amortecendo sua vontade e criando padrões no subconsciente que não sustentam o desenvolvimento da sua força de vontade. No entanto, se você sempre faz o que diz, cria padrões que a fortalecem.

Você deve adotar essa atitude não apenas em relação aos outros, mas também a si mesmo. Se você diz a si mesmo que vai fazer alguma coisa, então deve ir em frente e fazer com o melhor da sua capacidade e um pouco mais. Definir um prazo estimula uma conclusão oportuna, para que você não procrastine.

Trabalhe duro, se esforce para alcançar,
fortaleça a vontade usando a vontade.

GURUDEVA

8. Considerações sobre concentração

LIÇÃO 8.1
Tecnologia e concentração

Nós estávamos na pausa obrigatória para ir ao banheiro em um dos meus seminários de meio dia. Bem, obrigatória para todos, menos para mim. Minha bexiga já abriu mão de ver o interior de um banheiro durante esses intervalos. Sempre sou abordado por uma ou mais pessoas que estão ansiosas para fazer uma pergunta ou compartilhar algo. Nesse dia não foi diferente. Quando o intervalo foi anunciado, uma senhora sentada no corredor saltou do assento e foi direto para o palco. Ela se destacava de quem seguia no contrafluxo para ir ao banheiro, vinha com a força da sua determinação e chegou ao palco antes que eu pudesse tomar um gole de água.

Ela olhou para mim, incapaz de conter os pensamentos que se formavam na sua mente, e exclamou: "Eu amo tudo o que você disse sobre foco. Nós devemos mesmo ensinar as pessoas, principalmente as crianças, a se concentrar". Fui me lançando para trás em câmera lenta enquanto ela falava, em sincronia com a força daquelas palavras. As palavras mal tinham acabado de sair da sua boca quando a senhora levantou a mão que segurava o celular, colocou-o no meu rosto e disse, com tremendo desgosto: "Estas coisas estão arruinando as nossas vidas! Elas nos deixam distraídos demais". Para algo que ela desprezava e culpava de forma tão categórica como a fonte da ruína de muitas pessoas, ela o agarrava como uma mãe faria com um filho.

Já ouvi muita gente culpar a tecnologia, em especial os smartphones, pela falta de atenção. É uma opinião com a qual eu não concordo. Os smartphones não estão arruinando as nossas vidas. O que faz isso é nossa incapacidade de exercer disciplina ao usá-los.

De maneira objetiva, o celular é um dispositivo incrível equipado com muitos recursos inestimáveis, incluindo o artifício fantástico de podermos nos conectar visualmente quase de maneira instantânea com qualquer pessoa em qualquer lugar do mundo. Esse dispositivo, que muitas vezes é mais protegido que crianças pequenas, também pode fornecer acesso a grandes quantidades de informações disponíveis na internet, resolver problemas complexos e estimular a criatividade. A câmera frontal — o "espelho, espelho meu" do ego — pode facilmente incentivar o ato frustrante e tedioso de tirar e deletar fotos de si mesmo diversas vezes. O design aerodinâmico e elegante possibilita que funcione como uma arma de autodefesa, que pode ser lançada em um assaltante que se aproxima. Eu adoro o meu celular por esses e por muitos outros motivos. É uma ferramenta indispensável e, como qualquer outra que tenha mudado o curso da história — como uma faca ou um carro —, pode ser destrutiva se não for usada com sabedoria.

A Organização Mundial da Saúde (oms) afirma que quase 1,3 milhão de pessoas morrem por ano em decorrência de acidentes de trânsito. Podemos então concluir que os veículos são maus? Isso não seria sensato. Uma conclusão melhor seria que o uso de veículos por pessoas não qualificadas gera consequências danosas, como ferimentos e mortes.

Da mesma forma, dizer que a tecnologia é a causa da sua distração é um equívoco. A tecnologia tem um grande potencial para distrair as pessoas, e parte dela é projetada de forma intencional para mantê-las interessadas, mas, no fim das contas, é você quem domina a sua atenção. Você sempre tem o poder de decidir se deseja que a tecnologia tenha o controle ou se prefere ter domínio total sobre a sua própria atenção.

O advento da tecnologia e seu crescimento exponencial e desenfreado, sem um estudo necessário do seu impacto na vida dos usuários e o treinamento para usá-la de forma adequada, deve ser considerado um dos maiores erros da humanidade.

A tecnologia é uma ferramenta sobre a qual precisamos exercer controle.

Existem aspectos dela que são naturalmente distrativos e condicionam a sua consciência para isso. As notícias são um exemplo perfeito. Ao ligar a TV, você vê o âncora compartilhando notícias dos principais eventos ao redor do mundo. Você está prestando atenção, então sua consciência é treinada por ela. O apresentador diz: "Hoje, no Afeganistão, um carro explodiu; trinta pessoas morreram e quinze ficaram feridas". Quando termina de falar, um vídeo aparece à direita mostrando cenas do carro-bomba. Ele continua compartilhando mais detalhes do incidente devastador, porém as imagens continuam a ser reproduzidas. Sua atenção passa a alternar entre ele e o vídeo.

Nesse cenário, o que sua consciência está sendo treinada para fazer? Para se distrair enquanto passa do apresentador para o vídeo e vice-versa. Uma força externa, nesse caso as notícias, determina para onde a sua atenção vai.

Como se isso não bastasse, na parte inferior da tela passa uma faixa com as manchetes dos últimos acontecimentos.

Nem preciso dizer que costumam destacar os mais desesperadores: "255 mortos no furacão que devastou Bangladesh", seguido por "Um tiroteio num shopping em Green Bay, Wisconsin, deixa doze mortos". E, assim, as calamidades da vida no planeta são compartilhadas com o ardor incansável típico de um canal de notícias.

A sua atenção então oscila entre o âncora do noticiário, o vídeo à direita e os últimos fatos na faixa inferior. A aula prática de distração está em curso.

Acredite ou não, ainda há mais coisas na tela. Embaixo das últimas notícias, anúncios do mercado de ações são apresentados. Agora sua pobre atenção vai saltar entre quatro coisas. Mas, na verdade, por que parar por aí? No canto inferior direito da tela, um ícone do sol desaparece entre a informação de que faz "28°C e o dia está ensolarado no Rio de Janeiro". Atualizações de temperatura e previsão do tempo de várias cidades ao redor do mundo são compartilhadas durante toda a transmissão.

Assistir ao noticiário por vinte minutos não seria diferente de enviar a consciência para a academia de distração para um treino completo. Nesse período, ela saltou entre todos os cinco pontos de informação na tela, que estavam sempre mudando e competindo por sua atenção. Nesse caso, você pode dizer com razão que a tecnologia é uma distração. No templo da mídia e no altar da tela plana, muitos sacrificam a paz de espírito.

Você pode questionar como eu lido com isso. Eu simplesmente não assisto às notícias na TV. Se precisar saber o que está acontecendo, escolho uma fonte específica on-line e percorro a seção no site ou no aplicativo para ler as informações mais recentes sobre determinado assunto.

Alguns aspectos da internet também têm o poder de

distrair se você não desenvolveu poderes de concentração suficientes. O YouTube, o buraco negro da consciência, foi projetado para manter você preso em suas garras. Ao terminar de assistir a um vídeo, a plataforma sugere outro, junto com uma série de miniaturas atraentes numa coluna à direita. Uma delas sempre se destaca — é o alçapão do buraco negro. "Cobra de cinco cabeças na Indonésia". Existe uma coisa dessas? Clique! E assim começa a jornada da consciência no universo da distração.

O smartphone, o buraco negro de bolso da consciência, pode ser uma distração séria para quem tem dificuldade de deslocar a consciência de maneira ciente na mente. Ele chama por você como um recém-nascido aflito, e você responde com a devoção incondicional de uma mãe amorosa. Se a consciência não for controlada, ela pode iniciar uma jornada aparentemente interminável, alternando entre aplicativos de mídia social, mensagens de texto, e-mails, telefonemas, internet e qualquer outra coisa que seu celular ofereça.

A formulação de meios cada vez mais engenhosos de distração, em um mundo onde capturar a atenção é um objetivo primordial, originou formas sofisticadas de alimentar essa doença.

Se você deixar que isso aconteça ao longo do dia, vai permitir que seu smartphone treine você na arte da distração. E todo mundo se torna eficiente naquilo que pratica. Seu celular nunca vai parar de implorar por sua atenção. Se você vive em um estado reativo, que é um estado de consciência descontrolada, você responderá a todas as notificações do seu telefone. Você precisa escolher como interage com a tecnologia. Não a culpe por ser uma distração. A verdade é que a maioria das pessoas se permite ser distraída.

Se, pelo contrário, você tiver um domínio sólido sobre

a consciência na mente, poderá pegar seu smartphone, passar alguns minutos apenas rolando o feed do Instagram para fazer uma pequena pausa, depois largá-lo e voltar a fazer o que quiser. Isso seria considerado distração? Com certeza não. Não é uma distração porque você fez uma escolha ciente de tirar uma pausa e usar esses poucos minutos apenas para olhar o Instagram. Quando sentiu que parou por tempo suficiente, levou a sua consciência de volta ao que estava fazendo. Você se absteve de interagir com outros aplicativos. Essa é uma demonstração da concentração em ação.

Se permitir que a tecnologia controle para onde a consciência vai na sua mente, então você se tornará um escravo dela. A tecnologia não apenas controla para onde vai a consciência, mas faz o mesmo com a sua energia e, portanto, define as áreas da mente que serão desenvolvidas. Essas áreas são então fortalecidas, magnetizadas pelo depósito perpétuo de energia, e conquistam o poder de puxar a consciência diversas vezes de volta para elas.

Agora você sabe o que acontece quando alguém pega o celular várias vezes de maneira mecânica ao longo de uma hora para checar o Facebook, por exemplo. Essa pessoa permitiu diversas vezes que a consciência se deslocasse para essa área da mente, abrindo um sulco mental profundo e criando uma área altamente magnetizada que agora exerce uma atração tremenda sobre a consciência.

A tecnologia só distrai se você permitir. Ela veio para ficar. Não tenha dúvida disso, e é uma parte cada vez mais fundamental de nossas vidas. Não há escapatória. Você está num ônibus que segue em direção a um futuro imerso em tecnologia, quer queira, quer não. Esse é um argumento bastante convincente de por que você pode — na verdade, deve — trabalhar para desenvolver o domínio sobre a consciência na sua mente, ou será governado por quem desenvolve tecnologia.

Ela está aqui para nos servir, não o contrário. Lembre--se disso.

DESFRUTANDO DA TECNOLOGIA

Até agora, não apresentei a tecnologia como algo favorável para a concentração. Nem sempre é assim. Sou um grande defensor da tecnologia e acredito que ela pode ser usada para nos ajudar a desenvolver foco e força de vontade sem que seja necessário baixar um único software ou aplicativo.

Nos capítulos anteriores, compartilhei o ponto extremamente importante de integrar nossas práticas aos eventos habituais indispensáveis do dia. Muitos passam um bocado de tempo envolvidos com tecnologia, como os celulares. Considerando que esse é um evento diário habitual, é uma ótima oportunidade para aproveitar esse tempo a fim de praticar o desenvolvimento da força de vontade, da concentração e de outras qualidades de que já falamos. Aqui vão algumas práticas envolvendo um celular que podem ser levadas em consideração, por mais simples que pareçam:

1. *Abstinência*: Abstenha-se de pegar o telefone sem necessidade. É uma ótima prática para exercitar a sua força de vontade. Use o que foi aprimorado ao longo do dia e aplique aqui. Assim você desenvolverá ainda mais a força de vontade. Toda vez que sua consciência se afastar do que você está fazendo e for para o celular em cima da mesa, fazendo o desejo de pegar o aparelho aumentar dentro de

você, use sua força de vontade para trazer a consciência de volta, com cuidado e delicadeza, para o que está fazendo.

2. *Objetivo*: Pratique as interações conscientes em vez das irracionais. Permita que cada interação seja impulsionada por um propósito. Antes de pegar o telefone, decida exatamente o que vai fazer. Dessa forma, você se treina para agir de maneira intencional. Isso ajudará a desenvolver mais clareza em outras partes de sua vida e, por fim, na vida em si.

3. *Foco*: Com a intenção vem o foco. Escolha um aplicativo que deseja usar e se concentre apenas nele. Evite ser um macaquinho digital que pula de um aplicativo para outro, ou você só vai treinar a sua consciência na arte da distração. Pense como um soldado em ação: você entra, faz o trabalho e vai embora. Você não está lá para interagir com os outros e fazer amigos. Pegue o celular, faça o que precisa e deixe-o de lado.

4. *Tempo*: Defina a duração. Determine um intervalo de tempo e use sua força de vontade para cumpri-lo. Por exemplo, eu costumo fazer pausas de cinco minutos para mexer nas redes sociais durante o dia. O Instagram é o único aplicativo que eu uso regularmente e, durante esse período, percorro o meu feed, que contém apenas contas que escolhi seguir com critério. Quando esse tempo acaba, eu paro de usar o celular. É preciso força de vontade para mover a consciência do que quer com que esteja envolvida na tela para uma pessoa ou alguma coisa que não seja o telefone.

5. *Administrando a energia*: Esteja ciente daquilo em que se envolve ou vê nas redes sociais. Se você permitir que os algoritmos ditem a sua experiência — em outras palavras,

para onde a sua consciência vai —, permite que eles determinem para onde sua energia flui. O que os algoritmos mostram pode alimentar ou consumir a sua energia. Também pode abalar você emocionalmente, roubando sua paz de espírito e perturbando a consciência de forma desnecessária. Escolha o conteúdo que você vai permitir que sua consciência veja e com o qual interage.

Por fim, a tecnologia deve ser usada com sabedoria e com propósito. Dessa forma, ela poderá ajudá-lo a levar uma vida gratificante.

LIÇÃO 8.2
As Engrenagens da Mente

As Engrenagens da Mente descrevem como o consciente e o subconsciente trabalham juntos para reforçar padrões na mente. Vamos iniciar o nosso estudo desse assunto com a distração.

Quando a consciência vagueia sem rumo pelo consciente, um padrão paralelo é criado no subconsciente. Como você deve se lembrar de uma das primeiras lições, o subconsciente registra o que acontece no consciente. Quando permitimos que a consciência deixe de prestar atenção naquilo em que deveria estar concentrada e saia em um passeio pela mente, reforçamos esse padrão de distração no subconsciente. Repita esse processo várias vezes, e um padrão será fortalecido.

Que padrão estamos criando? É um que diz à consciência: "Sempre que você tiver que se concentrar em algo, sinta-se à vontade para se afastar como quiser a qualquer momento".

Com isso, esse padrão de distração fica fortalecido o suficiente para persuadir a consciência por conta própria. E então o verdadeiro problema começa.

Eu conheci um homem que plantou perto de casa uma

Elaeocarpus ganitrus, a árvore que produz as contas de madeira que os monges e sacerdotes hindus usam. Ele amava a árvore e cuidava dela como se fosse uma filha. Ele a alimentava e a nutria e, por fim, ela ficou grande demais. As raízes chegaram à casa dele e começaram a afetar a estrutura. Agora ele tem uma fera que é impossível de controlar. O dia a dia dele é muito prejudicado pela árvore gigantesca.

O padrão de distração, quando bem alimentado e nutrido no subconsciente, não é diferente do *E. ganitrus*. Se cresce e se fortalece o bastante, passa a influenciar a jornada da consciência pela mente. Quando a força de vontade não entende a consciência, esse padrão passa a controlá-la. Ele tira a consciência do seu domínio e a envia de maneira aleatória pela mente, porque é isso que ele é e faz.

Tudo começa com o movimento errático da consciência pela mente consciente, que cria então um padrão paralelo na mente subconsciente. Isso, por sua vez, afeta a consciência na mente consciente. À medida que ela é conduzida de um lado para outro por esse padrão, esse ato reforça o padrão no subconsciente.

Assim começa um círculo extremamente vicioso, que eu chamo de Engrenagem da Distração. É possível perceber por que os padrões podem se tornar muito fortes e difíceis de serem desfeitos. As pessoas que praticam a distração ao longo do dia acionam essa engrenagem. Um padrão é criado e então reforçado com dedicação até que se torne forte o suficiente para assumir o controle. Assim se estabelece um ciclo de reforço repetitivo interminável.

Se eu abrisse a geladeira uma só vez para ver se havia algo lá que eu pudesse beliscar, não criaria um padrão na minha mente. Mas, se começasse a fazer isso cinco vezes por dia, todos os dias, semana após semana e assim por diante, formaria um padrão sólido na minha mente.

Agora, quando estiver sentado na minha mesa trabalhando, esse padrão cada vez mais forte levará a minha consciência a abrir a geladeira, fazendo com que eu me levante e vá até lá diversas vezes. Essa ação reforça o padrão e, assim, dá-se início a um círculo vicioso.

Uma das razões pelas quais as pessoas têm dificuldade para se concentrar é porque os padrões de distração na mente subconsciente delas são muito fortes e se consolidam cada vez mais, pois são reforçados pelo padrão em si e pela repetição do comportamento distrativo.

Sabendo disso tudo, espero que você esteja começando a perceber por que deve ter muito cuidado com o que repete, de modo consciente ou inconsciente. Os padrões que são criados no subconsciente como resultado disso podem se tornar difíceis de ser eliminados.

Você também deve ter muito cuidado com o que permite que sua mente consciente experimente, ou seja, para onde você permite que ela se desloque ao longo do dia, porque todas as experiências, lembradas ou não, ficam registradas no subconsciente. E se qualquer uma dessas experiências for repetida com regularidade começará a formar padrões no subconsciente, o que causará um efeito sobre a consciência no consciente.

Ouvir diversas vezes uma música que o deixa triste leva a consciência para a área triste da mente, criando um padrão de tristeza que tem o poder magnético de puxar a consciência de volta para ela, criando assim um ciclo — a Engrenagem da Tristeza. O inverso também acontece. Se todas as manhãs você começa o dia com meditação, afirmações positivas ou lendo textos que exaltam os estados superiores da mente, você cria padrões no subconsciente que no futuro serão fortes o bastante para chamar a atenção de forma independente para áreas edificantes. Ao longo do dia, você perceberá que a consciência será atraída para estados mais elevados. À medida que ela visita esses espaços, reforça os padrões que foram criados. A Engrenagem da Elevação está agora em movimento.

A ENGRENAGEM DA CONCENTRAÇÃO

A Engrenagem da Distração se manifesta quando a consciência percorre sem rumo o consciente, criando assim um padrão paralelo de distração no subconsciente, que passará a governar a consciência de maneira distraída pelo consciente.

A Engrenagem da Concentração funciona exatamente do mesmo jeito. Se a consciência estiver em um estado de concentração na mente consciente, criará um padrão paralelo de concentração no subconsciente, que então governará a consciência de forma concentrada pelo consciente.

Vou elaborar um pouco mais. À medida que você mantém a consciência concentrada enquanto navega pelas atividades no consciente, padrões de foco são criados no subconsciente. Lembre-se: o subconsciente registra o que acontece no consciente. Esses padrões, por sua vez, governarão a consciência na mente consciente para se concentrar, fazendo com que ela fique concentrada sempre que estiver no consciente.

A consciência concentrada na mente consciente registra padrões de foco no subconsciente. Assim, um ciclo se inicia. Mas agora, em vez de um círculo vicioso de distração, está em vigor um círculo positivo de foco. Como resultado, sempre que você não estiver no comando da sua consciência na mente consciente, seu subconsciente irá exercer o controle e governá-la de maneira concentrada, guiada pelos padrões de concentração profundamente arraigados que foram criados pela Engrenagem da Concentração.

Para ilustrar esse conceito, observemos uma analogia simples: ver a consciência e a mente da mesma forma que um avião. Eu não sou piloto, mas imagino que ele possa voar de duas maneiras: comandando ou deixando no piloto automático.

Nessa analogia, o avião é a sua consciência. Se você não estiver no controle da sua consciência, o ambiente ou o subconsciente controlará a consciência. Para explicar esse ponto, consideraremos o subconsciente como a força governante, e não o ambiente. Isso seria o equivalente de um avião no piloto automático.

Então, se você não estiver no comando da sua consciência, o seu subconsciente governa para onde sua consciência vai. Se os padrões criados no subconsciente estiverem concentrados, ele governará a consciência de modo concentrado. Se estiverem distraídos, o subconsciente fará isso de maneira distraída. Imagino que o piloto automático só possa governar o avião da forma como foi programado.

Em suma, a Engrenagem da Distração e a da Concentração funcionam exatamente da mesma maneira. A única diferença é que uma cria padrões de distração, e a outra, padrões de foco.

Se você passou algum tempo aprimorando suas habilidades de concentração, saiba que criou padrões de foco na sua mente subconsciente. Esses padrões irão atendê-lo positivamente durante o dia. Você vai perceber que a sua consciência não ficará vagando por vários lugares, mesmo quando não for governada de modo consciente, porque os padrões no seu subconsciente serão de concentração.

Mesmo em estado de repouso, a consciência não se desloca por toda a mente. Ela se fixa em um lugar. Se usarmos a analogia da consciência como um cachorro, então, nesse cenário, ele foi treinado para ficar onde está. Você passeia em um parque com ele e, depois de caminhar um pouco, decide sentar em um banco. Seu cachorro senta ao seu lado e não corre pelo parque. É assim que a consciência se comporta quando você pratica a concentração e se torna de fato eficiente em focar. Os padrões de concentração no subconsciente mantêm a consciência em estado de concentração no consciente.

Quando isso acontece, é fácil se concentrar porque isso já se tornou um hábito. A concentração se torna a configuração padrão da sua consciência, que vai permanecer nesse estado o tempo todo e, portanto, será difícil se distrair. Logo você se descobrirá em um estado de concentração ao longo do dia — e estará presente em cada experiência. Você terá uma mente bela e próspera.

LIÇÃO 8.3
Reflexões sobre o foco

Eis aqui alguns assuntos que valem a pena ser explorados no nosso aprendizado da mente e do foco.

SABEDORIA

Ao longo dos anos em que meu guru me treinou, ele fazia questão que eu compreendesse e tivesse em mente uma regra. Ele advertia que "a sabedoria é a única regra estrita" e que esse princípio deveria ser adotado em todos os aspectos da vida. Da mesma forma, sempre use a sabedoria para discernir quando e como aplicar as ferramentas e os ensinamentos deste livro.

Ele definiu a sabedoria como a aplicação adequada do conhecimento. O momento apropriado é o mais importante. O conhecimento em si não faz muito por alguém, a menos que possa ser aplicado de um jeito oportuno e apropriado que resulte em consequências positivas. Só então ele pode causar algum impacto.

Muitas pessoas acreditam que adquirir conhecimento por si só significa que você está aprendendo e crescendo.

Sem dúvida não é assim. Dessa forma, você apenas coleta mais informações. A aplicação desse conhecimento no momento oportuno é o que demonstra o quanto alguém o assimilou.

Por exemplo, no capítulo sobre concentração, eu sugiro que você pratique fazer uma coisa de cada vez. Isso não significa que, se estiver dirigindo seu carro, não possa conversar com um passageiro. Se adotar o princípio de que "a sabedoria é a única regra estrita", vai usar a prudência para decidir se deve ou não conversar. A sabedoria orientaria você a não fazer isso quando estiver numa curva difícil ou num cruzamento movimentado. No entanto, se estiver dirigindo em uma estrada quase vazia por um trecho longo, é aceitável ter uma conversa trivial. Usando a sabedoria, você também pensaria melhor e aplicaria uma regra geral para todas as situações ao volante: não se deve iniciar uma conversa séria ou emotiva enquanto estiver dirigindo. Isso poderia comprometer a consciência e tirá-la do foco na estrada.

Por fim, a sabedoria é a única regra estrita. Deixe que ela guie a maneira como você aplica todos os ensinamentos deste livro na sua vida.

LIBERTANDO A CONSCIÊNCIA

Se praticamos fazer uma coisa de cada vez, isso significa que nunca permitimos que a consciência divague sem rumo? Há momentos em que eu me deito no tapete da minha sala e digo a mim mesmo que nos próximos quinze minutos vou apenas sonhar em projetar os jardins do santuário espiritual na Costa Rica. Eu me deito e deixo a minha consciência se deslocar para várias áreas da mente nos domínios dos jardins.

Outras vezes, eu simplesmente me deito e permito que minha consciência flutue por algum tempo e observo para onde ela vai. Isso é sempre fascinante, pois muitas vezes ela destaca o que está em primeiro plano e o que não está resolvido no meu subconsciente. Mas esses períodos em que libero a consciência e permito que perambule pela minha mente têm sempre duração fixa. Basta programar um cronômetro para essa odisseia mental e garantir que ela não continue de modo indefinido. Lembre-se: não queremos treinar a consciência para vagar sem rumo pela mente, para que isso não estabeleça um padrão dominante.

Há também outros momentos em que eu reservo um tempo, talvez dez minutos, para olhar as redes sociais ou outra coisa na internet e deixar a consciência embarcar em uma jornada, do mesmo jeito que faria se estivesse assistindo a um filme. Mas, se eu perceber que ela está sendo levada para uma área da mente aonde não quero ir, então uso a minha força de vontade para agarrar a consciência e levá-la de volta à área na qual quero estar. Eu sou muito protetor em relação aos lugares para onde minha consciência vai, e aprender a direcioná-la é uma prática que vale a pena cultivar.

O objetivo, em suma, é estar no comando de para onde a consciência vai na mente. Mas, em um ambiente controlado, é aceitável deixá-la solta. Se você levasse seu cachorro para um parque de cães, se sentiria à vontade para deixá-lo à vontade, sabendo que está em um espaço controlado. Você não faria isso em uma área que não é cercada, onde ele pode correr para uma rua movimentada. Da mesma forma, seja sensato ao decidir quando deixar sua consciência livre da força de vontade.

Quando saio e converso com meus amigos mais íntimos, eu deixo a minha consciência um tanto livre. Faço isso sabendo que ela nunca será guiada para um lugar para onde não quero que vá. Contudo, quando converso com desconhecidos, fico mais atento para observar para onde minha consciência é levada e estou sempre pronto para controlá-la se começar a ir para uma área nociva da mente.

AMOR, DISCIPLINA, FOCO E FELICIDADE

O amor dá origem à disciplina da concentração. O que quero dizer com isso?

Quando você ama alguma coisa, é natural querer passar mais tempo com ela. Isso também se aplica a uma pessoa. Para aproveitar o máximo desse tempo, cabe a você estar concentrado.

Quem adora tocar violão quer passar o máximo de tempo possível fazendo isso. Assim, seu amor por essa prática a leva a ter mais disciplina. Quanto mais capacidade de concentração e força de vontade ela puder desenvolver, mais poderá usar essas qualidades para cultivar a disciplina de que precisa para ter mais tempo tocando violão todos os dias.

Quando ela tiver tempo para tocar violão, sua capacidade de se concentrar por inteiro no que faz permitirá que experimente fazer isso de maneira plena, e ela se sentirá mais satisfeita. Da mesma forma, se você ama alguém e deseja passar o máximo de tempo possível com essa pessoa, é a sua capacidade de se concentrar que determinará o quanto essa experiência será profunda. Muita gente passa tempo com quem ama, mas sua incapacidade de se concentrar resulta em experiências rasas, superficiais e insatisfatórias.

Nós desenvolvemos a concentração para experimentar mais daquilo que amamos e de uma maneira mais aprofundada. A consequência de experimentar o que você ama de forma plena é o sentimento de felicidade.

Lembre-se: não busque a felicidade. Em vez disso, crie um estilo de vida cuja consequência seja esse sentimento. Desenvolva força de vontade e concentração para que possa usar a consciência e estar totalmente imerso — e presente — nas experiências que o estilo de vida que você projetou lhe traz. A consequência disso é a experiência da felicidade.

OUVIR E COMPREENDER

A capacidade de ouvir é uma das características mais ameaçadas na lista de qualidades humanas em extinção.

Se você é incapaz de manter a consciência em um assunto por um longo período, como pode iniciar o processo de ouvir? Se a sua consciência só tem a capacidade de permanecer em uma coisa por sete segundos, você só é capaz de ouvir por esse tempo até que se distraia.

A capacidade de ouvir é uma característica extremamente útil para construir relacionamentos. Mas você não vai ouvir se não conseguir se concentrar, e muitas pessoas não são boas ouvintes porque estão sempre distraídas. Quanto mais uma pessoa puder se concentrar, mais poderá ouvir. Com isso, poderá coletar mais informações, refletir sobre elas e, consequentemente, compreender melhor as pessoas.

Muitos mal-entendidos que surgem nos relacionamentos acontecem simplesmente porque as pessoas não ouvem umas às outras, e isso muitas vezes se deve à incapacidade que têm de se concentrar. E aqui me refiro a todos os tipos de relacionamento.

É muito importante que nos esforcemos para compreender uns aos outros porque daí nasce a empatia, e dela nasce a compaixão, que leva ao amor e, enfim, à paz. Nós não podemos amar algo que não entendemos. Embora muitos possam discordar, a compreensão é o solo onde o amor cresce. Para resumir a sequência: concentração, escuta, reflexão, compreensão, empatia, compaixão, amor e paz.

Ao ouvir, você também é recompensado com a capacidade de coletar informações. Eu descobri que a minha capacidade de concentração me levou a ouvir melhor e, portanto, reunir muito mais informações — um atributo inestimável como empreendedor. Quanto mais informações eu conseguir, mais oportunidades terei de tomar boas decisões se for capaz de processar bem esse conhecimento. Eu recolho informações ao ouvir e observar, e faço isso com a minha habilidade de concentração. Muitas empresas se concentram em coletar o máximo de informações possível e utilizam esses dados para obter sucesso e alcançar grandes fortunas.

Quando somos capazes de dar a nossa atenção total, nos tornamos observadores, e, com isso, um mundo inimaginável se revela a nós.

LIÇÃO 8.4
Os frutos do foco

A concentração pode gerar muitos frutos, todos profundamente extraordinários, mas os dois mais importantes são a capacidade de dar a alguém a sua atenção total e o poder de observação. Vamos explorar os dois.

ATENÇÃO TOTAL

Muito antes de amanhecer, meu pequeno alarme movido a bateria disparou. Estendi a mão e o desliguei. Meu corpo protestou, minha mente parecia cansada, mas minha força de vontade estava despertando. Sentei-me no futon, realizei uma série de pequenos rituais relacionados ao momento de despertar e saí da minha cabana. Fiquei parado por alguns momentos sob a figueira-de-bengala que protegia minha simples morada de concreto. As estrelas espiavam entre as folhas que balançavam com a brisa leve. Numa noite clara sem lua, o céu do Havaí era sempre um manto de estrelas.

Havia um leve frescor no ar. Saí da minha cabana, passei por um bosque de árvores frutíferas e então segui por uma estrada esburacada até o prédio principal do mosteiro para tomar banho e me vestir. Depois disso, eu costumava voltar à minha cabana para realizar as minhas práticas espirituais matinais antes de nós, monges, nos reunirmos para os rituais da manhã.

Enquanto fazia o caminho de volta, notei que a luz do escritório do meu guru estava acesa. Resolvi visitá-lo. Entrei no escritório, o Quarto de Mogno, e ele me cumprimentou como sempre fazia. Eu fiquei diante dele, então me levantei e fui até uma cadeira do outro lado da mesa. Às vezes havia outros monges presentes, em outras éramos apenas ele e eu.

Naquele dia, estávamos só nós dois. Esses momentos eram muito preciosos para mim. Nós podíamos ficar em silêncio ou conversar. De todo modo, ele me dava sua atenção plena. Era incondicional. A capacidade dele de se concentrar, o domínio que tinha sobre a consciência na mente, era incomparável. Quando me dedicava sua atenção exclusiva, era uma expressão silenciosa do seu amor por mim, que soava mais alto e mais claro do que qualquer palavra poderia expressar. Na presença dele, o tempo parecia desacelerar e se alongar. Em um estado absoluto de foco inabalável, os incontáveis momentos dentro de cada momento eram vividos.

As incríveis habilidades de concentração dele permitiam que estivesse presente por inteiro, me dizendo sem usar palavras que eu era importante e que ele se importava comigo. Que ele valorizava o que eu tinha a dizer. Era sempre uma experiência incrivelmente revigorante. Nunca conseguirei dizer em palavras o que era estar na presença completa dele. Eu passei muitas, muitas manhãs assim.

Duas décadas depois, já fora da vida monástica, estou sentado em uma toalha de piquenique com a minha filha no Siva Ashram, nosso santuário espiritual e jardim botânico na Costa Rica. A luz do sol chega até nós filtrada pelas folhas bipenadas de um verde-claro vivo de uma acácia-rubra enquanto degustamos um croissant e um pouco de suco. Ela tem três anos, mas conta com toda a minha atenção em todas as nossas interações desde o dia em que nasceu. Depois de tantas experiências recebendo a atenção total do meu guru, como eu não faria o mesmo com ela? Sei que isso mudou a minha vida de muitas maneiras, e estou completamente convencido de que pode mudar a dela também.

Eu faço questão de dedicar às pessoas com quem estou a minha atenção exclusiva — desde minha esposa e minha família até os meus funcionários, amigos e assim por diante. Dar atenção total a alguém é uma das formas mais elevadas de amor e respeito que posso oferecer.

Ao fazer isso, eu mostro que, de todas as pessoas e coisas no mundo às quais posso dedicar meu tempo e minha energia finita, fiz a escolha ciente de dar os meus recursos mais preciosos a você. Estou dizendo que me importo e valorizo você, e que o que você tem a dizer é importante para mim.

Quando ofereço a minha atenção exclusiva, também estou dizendo que eu valorizo o seu tempo e a sua energia finita. Reconheço que estou ciente de que você também fez a escolha de me dar dois de seus recursos mais preciosos. A atenção exclusiva que você recebe de mim é, em parte, minha gratidão por esse presente de tempo e energia preciosos que você me deu.

Se alguém estiver falando com você, dedique toda a sua atenção. Como fazer isso? Mantendo sua consciência na pessoa. Se a sua consciência, aquela bola de luz cintilante, se afastar, então, com delicadeza e cuidado, leve-a de volta para a pessoa. Se acontecer de novo, torne a levá-la de volta. Continue fazendo isso até que sua consciência esteja treinada para permanecer em uma coisa sem se mover. É assim que você pratica a concentração. E é como você aprenderá a dedicar a alguém a sua atenção total.

Essa é realmente uma das formas mais sublimes de amor e respeito que você pode oferecer a alguém.

TOLERÂNCIA ZERO PARA DISTRAÇÃO

Cerca de dois milênios atrás, Tiruvalluvar, um sábio tecelão do sul da Índia, resumiu de forma eloquente a impermanência de todas as coisas no seguinte aforismo: "Embora pareça uma medida inofensiva de tempo, para quem compreende, um dia é como uma serra que corta com firmeza a árvore da vida".

Quando uma pessoa entende de forma plena que sua vida é finita e que toda vida tem um fim claro e definitivo, adotar uma política de tolerância zero para distração se torna uma decisão óbvia. O tempo é uma dádiva que todos recebemos, mas como escolhemos usá-lo depende apenas de nós.

Estabelecer uma política de tolerância zero para distração é reverenciar o tempo precioso que nos foi concedido. É também uma demonstração do nosso amor pelas pessoas e pelas coisas que importam na nossa vida, pois, quando entregamos um minuto a atos de distração, privamos tudo o que amamos, incluindo a nós mesmos, desse tempo.

Depois de decidir não renovar meus votos monásticos e deixar o mosteiro no Havaí, tornei Nova York meu novo lar. Alguns anos depois, encontrei alguém em um café da cidade e me lembro perfeitamente da cena. Sentamos, fizemos nosso pedido para o garçom e começamos a conversar. Em intervalos de poucos minutos, ele pegava o celular, que estava na mesa, e mexia nele.

Ele continuou a fazer isso por uns trinta minutos, até que eu percebi que nunca teria de volta o tempo que estava perdendo enquanto o via acariciar o aparelho, um ato que eu não tinha absolutamente nenhum interesse em assistir.

Então eu disse o nome dele em voz alta e em um tom firme para chamar a sua atenção. Olhei para ele e falei: "Só uma coisa vai acontecer agora. Ou você guarda o celular e para de olhar para ele ou encerramos a reunião e eu vou embora. Ficar olhando o telefone enquanto estamos em uma reunião, para mim, é um tremendo desperdício de tempo e energia, e é bastante desrespeitoso. Vou deixar você decidir como quer proceder".

Pude perceber pela reação em seu rosto que ele tinha sido pego de surpresa. Ele logo se recompôs e disse humildemente: "Você está certo. Me desculpe por estar tão distraído. Esta reunião é importante para mim, e vou guardar o celular e me esforçar para estar presente por inteiro".

Esse episódio me levou a criar uma política de tolerância zero com distração. Adotar essa política significa ter a coragem de expor algum comportamento distrativo. Isso pode e deve ser feito de maneira gentil, mas firme. Afinal, que motivo há para não ser gentil? Nenhum. Ainda tenho muito trabalho a fazer para integrar essa política por completo em minha vida, e é algo que estou me esforçando para conseguir, pois a cada ano que passa meu limite para distração diminui.

A maioria das pessoas, senão todas, com quem costumo passar meu tempo sabe que eu exijo delas atenção exclusiva. Isso não é uma questão de necessidade de atenção, mas uma declaração clara de que eu valorizo meu tempo e minha energia, e os dos outros também. Eu tenho minutos limitados nesta vida. Se você pedir uma parte deles, por favor, não os desperdice. Trate-os com o maior respeito, me dê a sua atenção total, pois essa serra está sempre encurtando a árvore da minha vida.

Ao iniciar esse caminho do foco inabalável, é importante informar às pessoas mais próximas que você está trabalhando para aprender a arte da concentração e se comprometendo a estar presente em todas as suas interações. Além disso, você pode compartilhar com essas pessoas que a razão pela qual está fazendo isso é porque dar a elas toda a sua atenção é uma forma de expressar o quanto você as ama e respeita.

Você precisará explicar o que significa estar presente e como fazer isso. Compartilhe alguns exemplos — um deles pode ser que, em cada interação, você preferiria que guardassem o celular para que vocês possam dedicar total atenção um ao outro.

O PODER DA OBSERVAÇÃO

*A observação é o primeiro sinal do despertar
da mente superconsciente.*

GURUDEVA

A observação é resultado de estados prolongados de concentração. Quanto mais você se concentra, mais desenvolve o poder de observação. Se eu for à academia e levantar pesos com alguma frequência, naturalmente vou desenvolver meus músculos. É o resultado natural do exercício. Da mesma forma, quanto mais você desenvolve sua capacidade de concentração, mais observador se torna.

Mas o que é observação? Uma das definições encontradas no Merriam-Webster diz: "O ato de observar e ouvir com cuidado: a atividade de prestar muita atenção a algo ou alguém para obter informações". Meu guru costumava se referir à observação como a "perspectiva do topo da montanha". Quando você está no alto da montanha, pode observar tudo que estiver lá embaixo.

Tenho uma analogia simples para elucidar a perspectiva do topo da montanha. Imagine que você e seus amigos estão assistindo a um jogo de futebol ao vivo na televisão, em casa. Um jogador corre pelo campo com a bola em direção ao gol adversário. O seu time teria uma grande oportunidade se ele passasse a bola para um companheiro de equipe que está perfeitamente posicionado. Todos na sala gritam: "Passe para ele! Passe para ele!", mas ele acaba tocando para outro jogador não tão bem posicionado. Todos levam a mão à cabeça, estarrecidos. "Ah, seu idiota! Ele estava livre!", exclama alguém.

Por que você e seus amigos foram capazes de tomar uma decisão melhor do que um jogador profissional que recebe milhões de dólares para fazer isso todos os dias? É uma questão de perspectiva. Por mais talentoso que seja, ele só consegue enxergar o que está à frente dele. O jogo estava sendo transmitido por uma câmera localizada acima do estádio, que deu a vocês uma perspectiva do topo da montanha do campo, vendo tudo o que estava acontecendo. A partir desse ponto de vista, é muito mais fácil perceber para quem teria sido melhor tocar a bola.

Da mesma forma, um satélite, pairando acima da superfície da Terra, mantém uma perspectiva do topo da montanha e por isso é capaz de observar muito mais do que está acontecendo lá embaixo do que você seria capaz de fazer do seu carro. A capacidade do satélite de ver o panorama geral significa que ele pode dizer o que está por vir.

Assim como a câmera acima do estádio e o satélite orbitando a Terra, à medida que você usa sua capacidade de foco para se tornar mais observador, você consegue enxergar mais informações. Quanto mais dados tiver, mais informado estará, e as chances de tomar uma decisão melhor aumentam. No entanto, a capacidade de tomar decisões melhores não se baseia na quantidade de informações que você possui, mas na sua capacidade de processar essas informações com perspicácia e aplicá-las no momento propício.

Sendo observador, você se torna capaz de ver armadilhas e oportunidades na sua vida. Isso não significa que sempre conseguirá evitar as armadilhas e aproveitar as oportunidades, mas o fato de estar atento oferece inúmeras possibilidades de fazer escolhas melhores. Não sei nem mesmo dizer quantas vezes enxerguei as armadilhas e, ainda assim, entrei nessas experiências conturbadas. Isso se deve a padrões subconscientes que precisam ser ajustados.

Os problemas não são problemas.
São padrões subconscientes que precisam ser ajustados.
GURUDEVA

O primeiro passo para fazer esses ajustes é observá-los. Você não pode mudar algo que não é capaz de observar. Esse é outro motivo pelo qual aprender a se concentrar é tão importante: ajuda a se tornar mais observador e lhe permite perceber padrões que precisam ser corrigidos e assim inicie esse processo.

A observação me ajuda a ter uma perspectiva mais geral e, assim, tomar decisões melhores na minha vida. Quando faço isso, tenho resultados mais satisfatórios. Uma consequência é a felicidade, porque crio um estilo de vida que faz com que eu me sinta feliz. O poder da observação é, sem dúvida, um dos grandes benefícios da concentração.

LIÇÃO 8.5
Desmistificando o foco

Muitos equívocos em relação ao foco surgem porque as pessoas não compreendem o que ele é. Por isso, tendem a ter uma perspectiva muito distorcida ou incorreta dele e o negligenciam como qualidade a ser cultivada. Vamos abordar alguns desses equívocos a fim de dissipá-los e ajustar a compreensão do que de fato é o foco.

FICAR CONCENTRADO É CANSATIVO

Um homem uma vez comentou comigo: "É preciso ter muita energia e se esforçar para ficar o dia todo concentrado. É tão cansativo!".

Eu respondi com uma pergunta: "Quanto esforço e energia são necessários para você se distrair o dia todo?".

Ele respondeu sem hesitar: "Nenhum. Na verdade, faço isso sem me esforçar".

"Você consegue praticar a distração o dia todo porque passou anos desenvolvendo padrões no seu subconsciente. Portanto, você não precisa se esforçar para fazer isso e, então, não é cansativo. Para uma pessoa que foi treinada na fina arte da concentração, que passou anos criando padrões de foco no subconsciente através da dedicação à prática da concentração, cuja consciência está sob o domínio da vontade, é fácil permanecer em um estado de concentração; deixa de ser cansativo."

Qualquer um que não tenha sido treinado nas artes da concentração achará exaustivo se concentrar por longos períodos. Se você pede à sua mente para fazer algo para o qual ela não tenha estabelecido padrões profundamente arraigados nem sido treinada para fazer, então, naturalmente, isso exigirá muito mais energia.

Um arborista pode podar árvores por horas, pois desenvolveu os músculos necessários para essa tarefa, enquanto uma pessoa que poda uma árvore pela primeira vez vai achar a experiência bastante cansativa. A mente funciona da mesma forma. Qualquer coisa que ela não esteja acostumada a fazer exige muito mais esforço e energia, e pode ser considerada cansativa.

Por falar em exaustão, vale ressaltar que é muito desgastante para uma pessoa concentrada passar um tempo com alguém altamente distraído. Seguir a consciência do outro enquanto ela salta sem controle pela mente é muito cansativo. A consciência concentrada é solicitada a fazer algo a que não está acostumada, e só isso já desgasta. Quando a consciência perambula por todo lugar, a energia flui do mesmo modo, o que causa uma perda significativa de energia.

MEDO DE FICAR DE FORA

Certa vez, alguém me disse enquanto cobria os olhos com as mãos, como se os tivesse vendados: "Eu não quero ficar tão concentrado a ponto de perder outras coisas na vida".

É comum pensarem que, quando você está concentrado, tem uma visão limitada. A consciência de fato se fixa em uma coisa, mas, como você sabe agora, o foco leva à observação. Então, ao contrário da crença popular de que o foco faz você perder oportunidades, na verdade não é o que acontece. O foco torna você mais observador, o que significa que o deixa mais consciente de tudo que acontece ao seu redor.

BLOQUEANDO TUDO

É muito comum ouvir atletas dizerem: "Eu só bloqueio tudo e me concentro no jogo". Vamos analisar essa afirmação. Para bloquear algo, a consciência precisa ir para a área do que está bloqueando.

Considere um linebacker de um time de futebol americano, por exemplo. Um de seus trabalhos é impedir que o running back ultrapasse a linha defensiva. Para "bloqueá-lo", ele precisa ir até o jogador. Se houvesse apenas um linebacker, ele teria que correr até todos os atacantes e bloquear cada um deles. Da mesma forma, se você diz "Vou bloquear tudo", no contexto do que abordamos neste livro, você está falando que sua consciência, assim como o linebacker, precisa ir a todos os lugares, um de cada vez, para bloqueá-los. Basicamente, é isso que uma pessoa está dizendo quando afirma: "Eu só bloqueio tudo". Isso não é concentração.

É altamente imprescindível treinarmos a nós mesmos para compreender como a mente funciona. Um dos fatores-chave do sucesso é usar a terminologia e as palavras corretas. Isso só pode acontecer através de uma compreensão sólida de como a consciência e a mente funcionam, e é por isso que dediquei muito tempo a esse tópico nos primeiros capítulos do livro.

O atleta deveria dizer: "Vou ficar completamente concentrado no jogo". Ao fazer isso, ele observa o que acontece ao seu redor, mas a consciência não presta atenção no que está acontecendo. Ela fica totalmente concentrada no jogo. Não é preciso bloquear nada no caminho para alcançar o foco inabalável.

FALTA DE ALEGRIA

É comum pensar em uma pessoa concentrada como alguém com olhos levemente semicerrados e travados no assunto em questão, a testa levemente enrugada, a expressão absorta e atenta. Não imaginamos que essa pessoa esteja relaxada.

Pelo contrário, se pensamos em alguém relaxado, essa pessoa estaria correndo despreocupada pela praia, com os braços estendidos para os lados, abraçando o vento que sopra no rosto e nos cabelos. Com essa imagem, é fácil concluir que ela parece livre, serena e alegre.

Ao colocar essas duas imagens uma ao lado da outra, alguém poderia dizer: "Eu não quero estar sempre tão concentrado a ponto de não poder aproveitar a vida. Eu quero viver relaxado e feliz, não concentrado e sério o tempo todo".

Mais uma vez, esse mal-entendido nasce do fato de que as pessoas não compreendem bem o que é foco. Quem é treinado para se concentrar não vive por aí com a testa enrugada, os olhos levemente semicerrados e a expressão absorta. O foco é o seu estado de espírito natural. Não é necessário esforço para se concentrar — essa pessoa é capaz de estar relaxada e concentrada ao mesmo tempo. Porque ela é focada, dá a tudo e a todos em sua vida atenção total, e o resultado é que a todo momento ela vive uma experiência gratificante. Contentamento, alegria e felicidade são apenas alguns dos sentimentos que vêm como consequência disso.

ATENÇÃO PLENA

Eu seria negligente se não admitisse que a palavra "mindfulness", ou atenção plena, evoca em mim a mesma reação que tenho quando ouço alguém arranhar um quadro-negro. Esse é um lembrete sutil e desnecessário de que sou humano e que há coisas que me deixam irritado. O emprego dessa palavra é distorcido de forma grosseira, e esse uso descuidado consegue ser mais ativo do que uma catraca no metrô da Times Square. Vou controlar meus sentimentos e direcionar minha consciência para falar sobre esse assunto.

Vamos definir mindfulness. O Oxford English Dictionary define mindfulness como "um estado mental alcançado pela concentração no momento presente". Uma análise mais profunda dessa definição revelaria que mindfulness é consequência da concentração: um estado mental que resulta do foco.

O Merriam-Webster define o termo como "a prática de manter um estado sem julgamento de consciência elevada ou plena de seus pensamentos, emoções ou experiências de cada momento". Vou abreviar essa acepção, porém mantendo o significado e as palavras usadas: "A prática de manter um estado de consciência plena das experiências de cada momento". (Observe que a palavra "consciência" é utilizada de maneira diferente da que usamos aqui.)

Com base nessas duas definições, posso supor que, se eu for capaz de me concentrar, manter minha consciência em uma coisa por tempo suficiente, só então poderei estar ciente (com atenção plena ou em estado de observação) daquilo em que estou concentrado.

A partir disso, podemos concluir que não praticamos a atenção plena. Não praticamos a observação. Na verdade, o que fazemos é praticar a concentração. A atenção plena e a observação são estados mentais que surgem como consequência da consciência sendo treinada para se concentrar por períodos prolongados. Em outras palavras, ela é necessária para atingirmos o estado de atenção plena ou de observação.

Quando você ouve alguém dizer "Pratique a atenção plena", tecnicamente essa afirmação é incorreta. O que você pode praticar é a concentração, e o que se segue é um estado de atenção plena. A concentração dá origem ao estado mental de mindfulness, que sem ela não teria nascido.

Se uma pessoa está distraída, o que significa que a consciência dela está saltando descontrolada de uma coisa para outra, como ela pode "manter um estado de consciência plena de suas experiências a cada momento"? Ela simplesmente não pode. Dizer a alguém distraído que ele precisa praticar a atenção plena é um pedido inútil.

Primeiro, as pessoas devem ser aconselhadas a praticar a concentração. Quando forem capazes de manter a consciência em uma coisa por bastante tempo, então poderão começar a se tornar cientes da experiência que vivem a cada momento e, assim, atingirão o estado de atenção plena ou de observação.

Da mesma forma, você não pratica ser feliz, mas experimenta o sentimento. É um estado de espírito. A felicidade é a consequência emocional de uma experiência vivida ou de a sua consciência estar em uma área específica da mente.

Então, em vez de aconselhar as pessoas a praticarem atenção plena, diga para praticarem a concentração. E a atenção plena será um estado mental alcançado quando focarem no que estão envolvidas. Esse seria o uso e a compreensão adequados do termo mindfulness, ou atenção plena.

COMPREENDENDO A MULTITAREFA

A forma mais rápida de realizar muitas
coisas é fazer uma de cada vez.
WOLFGANG AMADEUS MOZART

A multitarefa, assim como a distração, é a antítese do foco. Para entendê-la, é preciso defini-la.

O Merriam-Webster define multitarefa como "realizar várias tarefas ao mesmo tempo". O dicionário Oxford dá duas acepções. No que diz respeito a uma pessoa, seria a capacidade de "lidar com mais de uma tarefa ao mesmo tempo"; em relação a um computador, a capacidade de "executar mais de um programa ou tarefa de forma simultânea". São definições bem claras.

Quando uma pessoa realiza essa prática, o que basicamente acontece é que a consciência dela se desloca várias vezes entre duas coisas. A consciência não consegue estar em dois lugares ao mesmo tempo.

Alguém que dirige e ao mesmo tempo fala no telefone desloca a consciência entre a conversa e o volante. Isso não é apenas perigoso como também consome tempo e energia, porque, lembre-se, a energia flui para o lugar em que a consciência está.

Permita-me usar uma analogia para ilustrar como a multitarefa consome energia. Imagine por um momento que a consciência é como um carro, e a gasolina é a energia. Se esse carro viajasse várias vezes entre duas cidades vizinhas, consumiria muito mais combustível do que um carro que ficasse parado no mesmo lugar. O mesmo ocorre com a consciência. Conforme ela viaja repetidas vezes entre duas coisas, consome muita energia. A consciência se envolve com o Item A por um curto período, então se desvincula dele para se envolver com o Item B. Agora ela está envolvida com o Item B por pouco tempo antes de se desvencilhar dele e se envolver de novo com o Item A. Ao fazer isso, a consciência precisa identificar onde tinha parado para se envolver com aquela parcela específica da conversa ou atividade.

Tudo isso consome muita energia. Quando esse processo é repetido várias vezes durante a multitarefa, grandes quantidades de energia são consumidas. A produtividade e a eficiência caem para níveis muito mais baixos do que ocorreria se um estado de espírito concentrado fosse mantido.

Muitas pessoas realizam várias tarefas ao mesmo tempo, acreditando de maneira equivocada que são altamente produtivas e fazem um monte de coisas. Na verdade, elas desperdiçam apenas dois dos seus recursos mais preciosos — tempo e energia.

Minha perspectiva de multitarefa e o que isso faz com uma pessoa não é resultado de uma pesquisa científica ou fisiológica — na verdade, vem da minha experiência interior da consciência e da mente. Se você estiver interessado em ler pesquisas científicas sobre o assunto, sugiro que pesquise na internet, onde encontrará muitos estudos neurológicos e psicológicos que sugerem que a multitarefa é um mito.

PARTE IV

UMA PANACEIA PARA A MENTE

9. Os quatro inimigos

LIÇÃO 9.1
Estar presente: A solução

A mente, se for negligenciada, pode sofrer de diversas mazelas. Muitas dessas enfermidades podem ser tratadas e até mesmo sanadas se tivermos uma compreensão sólida da consciência e da mente e se pudermos controlar melhor para onde a consciência vai. Neste capítulo, vou abordar os quatro inimigos que aterrorizam muitas mentes: a preocupação, o medo, a ansiedade e o estresse.

Antes de abordar cada um deles, devemos aprender uma aplicação crucial de concentrar a consciência, que é estar presente. Vou iniciar o nosso estudo com uma história que um empreendedor compartilhou comigo.

"Nós cruzávamos o mar cintilante em um barco particular a caminho de uma ilha remota quando tirei os olhos do celular e percebi que minha esposa e meus filhos estavam totalmente absortos em aproveitar aquela experiência arrebatadora que eu havia planejado para a nossa família. Foi nesse momento que percebi que tinha passado os últimos quinze minutos grudado na tela do telefone", ele me disse desapontado, envergonhado por não ter estado presente. "Aquela experiência com a minha família foi perdida para sempre", lamentou.

As pessoas passam grande parte da vida trabalhando para conseguir uma renda que lhes dê a oportunidade de viver experiências — desde provar uma comida de rua com amigos até fazer um cruzeiro em um iate particular. Independente de qual você escolher, uma coisa determinará o quanto irá obter dela: a sua capacidade de estar presente. Infelizmente, muitas pessoas se esforçam para passar por experiências únicas e acabam desperdiçando o momento porque a mente se distrai.

Pode-se dizer que estou presente quando minha consciência está totalmente envolvida com alguém ou alguma coisa, ou com a experiência que estou vivendo. Estar presente não é diferente de estar em estado de concentração.

Assim como a atenção plena, estar presente só é possível se a pessoa se concentrar. E, da mesma forma, você não pratica estar presente; na verdade, você pratica a concentração, porque, quando está concentrado, você está envolvido por inteiro com a pessoa com quem está, e o resultado é estar presente nessa experiência.

É um erro dizer a alguém para estar presente. Em vez disso, se você deseja que essa pessoa esteja presente, seria melhor e mais preciso dizer para ela se concentrar, supondo que ela tenha aprendido a fazer isso.

Como você pode estar presente se não consegue se concentrar? O foco vem antes de estar presente, pois isso é resultado de estar concentrado. Se alguém tem uma compreensão sólida do conceito de consciência e da mente e do que é concentração, então não há muito a dizer sobre estar presente.

Você já teve a experiência de conversar com alguém e a pessoa perguntar, ao perceber que você não está mais prestando atenção: "Onde você está?". A resposta correta, indiscutível, é: "Estou bem aqui".

No contexto deste livro, tecnicamente o correto seria perguntar: "Onde está a sua consciência?". Eu sei que você está aqui em termos físicos, bem na minha frente. Isso é óbvio. Seu corpo está sempre no aqui e agora. Mas a sua consciência já foi embora há muito tempo, e, por isso, você não está mais presente.

Bem, como saber se alguém não está mais presente? Reflita por alguns minutos e veja se encontra a resposta com base no que aprendeu neste livro.

A resposta é: você não sente mais a energia da pessoa. Lembre-se do que meu guru disse: "A energia flui no lugar onde a consciência está". Se a consciência de alguém muda de você para outra coisa, então é para lá que a energia passa a fluir. Se você é sensível e não percebe mais a energia do seu interlocutor fluindo em sua direção, então sabe que ele não está mais concentrado na conversa; não está mais presente, mesmo que o subconsciente dele o faça balançar a cabeça de forma mecânica em resposta ao que você está dizendo.

Espero que você já tenha compreendido por que o foco é uma qualidade tão importante a ser cultivada. Ele é fundamental para muitas das qualidades que nos esforçamos para desenvolver em nossa vida.

A ETERNIDADE DO MOMENTO

Uma peça indispensável para permanecer no momento, ou estar presente, é ter uma compreensão básica do tempo. Em uma visão simplificada, podemos dividi-lo em três partes: o passado, o futuro e o agora, ou o presente. A consciência pode estar em qualquer uma delas.

Se a consciência se perder no passado, você a encontrará

vasculhando a antologia de experiências da sua vida, adquiridas desde a sua chegada a este planeta e armazenadas no museu do seu subconsciente. Ao contrário da maioria dos museus, o subconsciente, um acumulador compulsivo de lembranças, costuma ser uma confusão de experiências, padrões de hábitos e muito mais, a menos que tenha sido treinado na arte de organizar memórias.

Quando você encontra a consciência marinando em uma memória do passado, pode ouvir a si mesmo dizer: "Você se lembra daquela vez em que estávamos em Praga no meio do inverno e nos serviram vinho quente? Foi a primeira vez que ouvi falar ou bebi vinho quente!" — uma confirmação verbal de onde a consciência está no tempo. Muitas pessoas passam bastante tempo se entregando ao passado e, ao fazer isso, sem saber, permitem que o único momento que importa de verdade, o presente, passe sem que elas percebam.

No entanto, o passado é um grande recurso educacional, fornecendo-nos percepções e aprendizados que nos permitem tomar decisões mais sábias no presente e, assim, estabelecer um futuro melhor.

Se a consciência viajar para o futuro, você pode se ouvir dizer o que está visualizando: "Mal posso esperar para chegar a Kuala Lumpur na próxima semana e devorar aquela comida. O primeiro prato que vou experimentar é sem dúvida o *roti canai*". Outra confirmação verbal de onde a consciência está no tempo.

Quando ela passa muito tempo absorta em fantasias mentais e devaneios em relação ao futuro, é possível que cause desapontamento, tristeza e depressão. Isso acontece porque o que você está evocando na sua mente não é o que está manifestando no mundo físico. Ter uma imagem mental clara do futuro é um passo muito importante para manifestar o que você deseja, mas o trabalho precisa ser feito no presente. O futuro é criado aqui e agora!

Não há absolutamente nada de errado em permitir que a consciência viaje para o passado ou para o futuro se isso for feito de forma consciente e sábia. O excesso em cada um deles é prejudicial. Algumas pessoas passam muito tempo expressando o que vão fazer, mas nunca chegam a viver no presente o bastante para realizar isso. Outros passam grande parte do tempo relembrando o passado, saboreando e remoendo memórias, sem saber que a vida seguiu de forma irremediável. Se você for observador, muitas vezes será fácil perceber em qual tempo a consciência de alguém está a partir do que ela diz.

E então há aqueles que passam a maior parte do tempo no presente, comprometidos em manter o foco inabalável no que quer que estejam fazendo. Esses são os criadores. Os manifestantes. Os líderes. Aqueles que sabem que todas as coisas são criadas aqui e agora, na eternidade do momento.

Meu guru me fez compreender, com cada partícula do meu ser, que "o agora é a única realidade". Não foi fácil fazer isso, e ele precisou variar a abordagem de acordo com a necessidade da camada da minha mente que ele buscava impressionar com essa verdade. Eis um ensinamento prático que recebi dele.

Eu estava terminando o trabalho do dia na minha mesa. Já passava das seis da tarde, hora em que encerrávamos o expediente.

O telefone tocou e eu atendi. "Dandapani", ouvi Gurudeva dizer.

"Oi, Gurudeva."

"Eu quero que você se mude para a floresta Windbell", ele disse. Naquele momento, muitos pensamentos passaram pela minha mente.

A floresta Windbell era uma parte arborizada do terreno do mosteiro. Em algum lugar ali, ao cruzar um riacho sem ponte e percorrer um caminho sem trilha, havia uma cabana muito austera.

Ela era feita de madeira e tinha o telhado de estanho. Imagine um tubo cortado na vertical para criar uma forma semicilíndrica. Esse era o formato da cabana. Apoiada em quatro pilares de madeira a cerca de um metro do chão, a base que formava o piso da cabana tinha cerca de um metro de largura e talvez dois metros de comprimento. Agora imagine uma chapa de metal pregada no lado mais comprido, envolta e presa ao outro lado do meio cilindro. A entrada era uma porta de correr com uma estrutura de madeira emoldurando uma malha de arame que permitia o fluxo de ar. A mesma estrutura se repetia na extremidade oposta, como um painel fixo.

Eu poderia entrar rastejando, me sentar e desfrutar de um luxuoso espaço de sete centímetros entre minha cabeça e a chapa de metal curvada que compunha o telhado, sustentado por longas vigas de madeira. Aqueles seis metros quadrados de terreno havaiano agora seriam o meu novo lar. Eu tinha acabado de ser instruído a abrir mão do meu antigo bangalô de impressionantes trinta metros quadrados.

Eu respondi lentamente: "Tudo bem. Vou me mudar pela manhã". O crepúsculo estava se instalando depressa, e eu não queria me mudar com a floresta escura.

Gurudeva respondeu: "Você pode ir agora".

"Mas está escurecendo", contestei com docilidade.

"Você tem uma lanterna, não?"

E esse foi o fim da conversa. Depois de desligar o telefone, larguei tudo o que estava fazendo para realocar as poucas posses que tinha na minha nova morada na floresta.

Foi um grande aprendizado. Por um motivo ou outro, nós procrastinamos. Nesse caso, mudar para a cabana na floresta fez com que eu me sentisse desconfortável, até com um pouco de medo. Ao fazer eu me mudar de imediato, Gurudeva intencionalmente deslocou a minha consciência para o presente, permitindo que eu enfrentasse o desconforto e quaisquer medos possíveis. Ao pedir que me mudasse naquele momento, e não depois, ele também me ensinou um dos principais ingredientes para manifestar as coisas em minha vida. O futuro se manifesta no aqui e agora. Não depois, nem amanhã.

Na primeira noite, uma lagartixa, que também vivia lá mas eu ainda não conhecia, escorregou da cama dela, a viga de madeira acima de mim, e caiu no meu peito. Senti algo leve pousando, mas, antes que pudesse reagir, ela correu frenética pelo meu rosto. Desculpe, mas preciso perguntar: se um monge grita na floresta e ninguém ouve, ele de fato gritou? Os meses que passei morando na cabana me ensinaram mais lições do que eu poderia imaginar.

Embora o agora seja a única realidade, nós devemos sempre usar nossa sabedoria para decidir quando fazer ou não as coisas.

Permita-me resumir os passos para viver o momento. Primeiro, saiba que existe uma separação clara entre a consciência e a mente. Então compreenda que a qualquer momento a consciência pode estar no passado, no presente ou no futuro. Para que ela esteja ancorada no aqui e no agora, no presente, use sua força de vontade e seus poderes de concentração para mantê-la na pessoa ou no assunto em que está envolvida. Isso garante que você viva o momento, que esteja presente por inteiro.

A nossa capacidade de nos concentrar possibilita que vivamos o momento, e isso nos permite experimentar de forma plena todas as experiências da vida. Nenhum momento é desperdiçado. A vida é vivida por completo.

LIÇÃO 9.2
A raiz da preocupação

O medo e a preocupação são pragas mentais que existem há muito tempo. Roubaram a paz de espírito das pessoas, saquearam energias e se tornaram invasores indesejados na mente de muitos. Todas as tentativas corajosas de expulsar essas sanguessugas mentais costumam ser malsucedidas, e a maioria das pessoas acaba as aceitando de forma relutante como coabitantes de suas mentes.

Deixados por sua conta, eles se tornam venenos com uma determinação inabalável de permear todas as partes da nossa vida, desde a mente e o corpo até a vida de quem convive conosco, acarretando consequências devastadoras. Eles paralisam a vontade e imobilizam a consciência, levando a uma estagnação súbita. Mas não precisamos nos calar diante deles e viver como seus escravos na miséria mental. Existe uma panaceia para melhorar esse estado de espírito e, por fim, libertar a mente dos grilhões do medo e da preocupação.

O domínio da consciência é a cura, o elixir para acabar com essa tirania — disponível para todos que o procuram, exclusivo para ninguém. Mas nem todos que o buscam estão determinados a recebê-lo; assim essa cura, infelizmente, está nas mãos de poucas almas determinadas — que corajosamente conduzem a humanidade.

PREOCUPAÇÃO

Estacionamos o carro no estacionamento do Coconut Marketplace, uma pitoresca região de lojas e restaurantes localizada na costa leste da ilha de Kauai. Eu estava acompanhando Gurudeva e um monge sênior em uma excursão. Saímos da van e seguimos pelo caminho que levava ao centro. Enquanto andávamos, Gurudeva virou para mim e disse: "Quando você está na mente consciente, precisa seguir as regras de lá".

A preocupação é um dos frutos da mente consciente. Quando a consciência está ali — o lugar da mente instintiva —, ela é exposta à experiência da preocupação. Se você passa muito tempo no consciente, deve estar ciente de que a experiência da preocupação é uma possibilidade. O nível do seu domínio sobre a consciência determina o quanto você se sujeita à preocupação.

Embora muitas pessoas conheçam a preocupação mais do que um gato entende de soneca, é melhor definirmos esse sentimento para saber que estamos falando da mesma coisa. Isso também nos ajudará a perceber como podemos usar o que aprendemos neste livro para superá-la. O *Merriam-Webster* define preocupação como "sofrimento mental ou agitação resultante da apreensão, geralmente em relação a algo iminente ou antecipado". O *Cambridge* dá uma definição que talvez seja um pouco mais fácil de digerir: "Pensar em problemas ou coisas desagradáveis que podem acontecer de uma forma que o faça se sentir infeliz e assustado".

Quanto a mim, definirei preocupação contando uma história que meu guru compartilhou comigo sobre a infância dele. Era 1934, nevava sem parar e ele estava voltando para casa de carro com a família, perto de Fallen Leaf Lake, no norte da Califórnia. Conforme a neve densa e intensa caía, ele começou a se inquietar.

"E se ficarmos presos na neve? E se não chegarmos em casa a tempo? Não vou conseguir ouvir o meu programa de rádio favorito", ele se preocupou.

Ao pensar nisso, ele observou o que estava acontecendo em sua mente. Percebeu que a consciência dele deixava o presente e viajava para o futuro. Chegando ali, imaginou que o carro da família acabaria preso na neve. Depois que esse cenário foi criado, a consciência voltou ao presente, e ele começou a se preocupar, a ficar mentalmente angustiado e inquieto com a situação que havia criado na própria mente.

Após observar tudo isso acontecendo, ele se perguntou: "Não estamos presos na neve ainda, estamos?", e ele mesmo respondeu: "Não". Então fez outra pergunta a si mesmo: "Ainda temos tempo de chegar em casa para o meu programa?", e outra vez foi ele quem respondeu: "Sim".

Em um momento memorável de compreensão, com apenas sete anos de idade, ele percebeu que estava bem no presente. Então afirmou para si mesmo: "Estou bem agora". Ele percebeu que na eternidade do momento tudo está bem. A preocupação era baseada no futuro. Ele tinha visto a consciência ir para o futuro, criar uma situação que não havia acontecido e depois voltar ao presente e se preocupar com ela. E isso, em resumo, é o significado de preocupação.

Essa experiência do meu guru me ofereceu insights mais claros sobre a preocupação. Ao ouvi-la pela primeira vez, na mesma hora muitas das minhas próprias preocupações se dissiparam. Eu sou incapaz de olhar para a preocupação da mesma maneira de novo. Agora posso ver o que ela é: a consciência descontrolada, evocando histórias no futuro que causam angústia no presente.

Se alguma vez eu surpreender a consciência explorando o futuro e começar a criar situações preocupantes na minha mente, eu a trarei de volta com minha força de vontade e a manterei no presente com meus poderes de concentração. Essa é a mesma força de vontade que há anos venho desenvolvendo ao terminar o que comecei e fazer um pouco mais e melhor do que acredito que sou capaz. A mesma força de vontade que desenvolvo cada vez que arrumo a cama, ou quando deixo os sapatos alinhados ao entrar em casa, ou lavo a louça, ou nos muitos eventos habituais indispensáveis no meu dia comum.

A força de vontade que foi construída a cada dia com tanta dedicação pode agora ser convocada para me impedir de ter a experiência da preocupação. Só por isso já vale a pena desenvolvê-la, embora seja apenas um fragmento do que você pode fazer com ela. Espero que você consiga perceber a importância da força de vontade para manter uma mente despreocupada.

Após conduzir a consciência de volta e livrá-la da preocupação futura que estava prestes a criar, eu a manterei no presente com meus poderes de concentração. Esses são os mesmos poderes que há anos venho desenvolvendo ao oferecer minha atenção total à minha esposa, à minha filha e às pessoas com quem me relaciono e fazendo uma coisa de cada vez.

A capacidade de concentração, que me comprometi de modo tão fiel a construir todo dia, pode agora ser convocada para manter a consciência no presente, evitar que se afaste para o futuro e crie situações preocupantes desnecessárias.

Toda vez que você se preocupar, observe o que acontece na sua mente. Observe a sua consciência deixando o presente e se aventurando no futuro. Observe enquanto ela cria histórias e situações, inventa desfechos, todos de natureza angustiante, para você se preocupar ao voltar ao presente. Até agora, neste livro, você aprendeu uma abordagem sistemática para controlar a preocupação. Em primeiro lugar, compreenda que a consciência e a mente são duas coisas distintas. Então lembre-se de que a consciência se move, e a mente, não. Perceba que a força de vontade e a concentração podem ser desenvolvidas para operar e direcionar a consciência dentro da mente. Se ela se deslocar para o futuro e começar a imaginar situações preocupantes, use sua força de vontade para conduzi-la de volta e seus poderes de concentração para fazê-la permanecer no presente. Esse é o segredo para eliminar a preocupação da sua vida.

O FUTURO E O PASSADO

Eu não estou dizendo que nunca devemos permitir que nossa consciência se esgueire para o futuro e crie cenários negativos. Fazer isso às vezes é útil, pois permite elaborar soluções para problemas que podem surgir.

Imagine que você é dono de vários restaurantes e está quase terminando de projetar um novo estabelecimento. Para ter certeza de que cuidou de tudo, você permite que sua consciência vá até o futuro e crie problemas potenciais. Em um desses cenários, a consciência imagina o restaurante movimentado em uma sexta-feira à noite. Nessa projeção, há um incêndio na cozinha. Você então interrompe essa suposição e traz a consciência outra vez ao presente.

Agora que a consciência está de volta ao presente, você resolve esse revés culinário altamente provável. Consulta especialistas e encontra as melhores soluções para garantir que, se algo do tipo acontecer, você resolva da melhor forma. Assim, embora tenha permitido que a consciência fosse para o futuro e imaginasse uma situação problemática, você não permitiu que ela criasse angústia na sua mente. Conseguiu fazer isso ao encontrar uma solução para o seu problema. Isso é muito diferente de quando a consciência vai para o futuro de maneira incessante e revive o problema sem de fato resolvê-lo.

O passado, por outro lado, não é onde mora a preocupação. Você não pode se preocupar com nada do passado porque já aconteceu. Não há absolutamente mais nada a ser feito. Mas é possível que você se preocupe com as consequências das suas ações passadas que podem se manifestar no futuro.

Digamos que você roubou uma caneta de luxo de uma loja. Alguns dias depois, numa conversa com um amigo, descobre que a loja havia instalado há mais de um mês um sistema de segurança de última geração que inclui câmeras escondidas. Essa informação o deixa preocupado, aturdindo a consciência e enviando-a até o futuro para construir uma história em que o proprietário revisa as imagens do circuito de segurança e chama a polícia, resultando na sua prisão. Então a sua consciência volta para o presente e começa a se preocupar com a possibilidade de isso acontecer.

Não muito depois, a sua consciência vai de novo para o futuro e cria outro cenário possível, que causa mais uma preocupação. A história se repete. A cada vez que uma história é evocada, todas angustiantes até certo ponto, a consciência volta ao presente e se preocupa com o problema, causando danos na sua mente e mergulhando você em um mundo de preocupação perpétua.

Não há nada no passado com que se preocupar. Mas é no futuro que a preocupação vive e prospera.

MANIFESTANDO AS NOSSAS PREOCUPAÇÕES

A preocupação surge quando a consciência vai para o futuro, gera na nossa mente um problema que não aconteceu, volta e fica angustiada com isso no presente. Se ela visitar várias vezes o mesmo problema (o que é basicamente o ato de se preocupar), então irá fortalecê-lo a cada vez que for para lá. Isso acontece porque sempre que a consciência vai para esse lugar a energia flui, e esse problema é fortalecido na mente.

Tudo se manifesta primeiro no plano mental antes de se realizar no plano físico. No caso de uma preocupação, ela teve origem em você, que permitiu que a consciência viajasse para o futuro e criasse um problema na sua mente. Ao fazer isso, a consciência manifesta alguma coisa no plano mental. Se você permitir que ela visite várias vezes esse problema que tem o formato de preocupação, depositando energia ali de forma contínua, ele é fortalecido. Quanto mais energia é depositada nesse padrão — a preocupação —, mais forte ele se torna. Ao longo do tempo, conforme esse processo se repete de maneira constante, nós começamos a materializar essa preocupação no plano físico.

Pouco depois de deixar o mosteiro, eu conduzi o meu primeiro seminário em Nova York. Nele, falei sobre como as coisas se manifestam primeiro no plano mental antes de se realizar no plano físico. Quando a oficina terminou, um homem veio até mim e disse que não acreditava que pudéssemos manifestar coisas com a nossa mente. Eu perguntei a ele: "Qual é a sua profissão?".

Ele respondeu: "Eu negocio ações em Wall Street".

Falei: "Você faria a gentileza de realizar um experimento para mim? Eu pediria que você visualizasse mentalmente e sentisse que todos os seus investimentos estão falhando e que você está perdendo centenas de milhares de dólares. Gostaria que você fizesse esse exercício pelo menos sete vezes ao longo do dia durante uma semana. Você faria isso?".

Ele olhou para mim completamente sem expressão e disse: "Não!".

Não precisei falar muito mais depois disso. Da mesma forma, se for permitido que a consciência visite várias vezes uma preocupação, começamos o processo de manifestá-la no plano físico. Se investimos em qualquer coisa na nossa mente de forma consistente, seja positiva ou negativa, ela começará a se manifestar em nossa vida.

LIÇÃO 9.3
Vencendo o medo

O medo é a porta de entrada para todas as emoções negativas. É o estado mais elevado de consciência para a mente instintiva; portanto, é também por onde entram todos os estados mais angustiantes. Se a preocupação é um gângster da mente, o medo é o patrão, o chefe da gangue, de todas as emoções nocivas que aterrorizam a mente.

Em uma investigação mais minuciosa, descobriremos que o medo, assim como a preocupação, é resultado do movimento da consciência para o futuro com o objetivo de criar na nossa mente uma situação que não aconteceu e então voltar ao presente trazendo o receio daquilo. Permita--me elaborar melhor.

Numa noite completamente escura, você caminha por uma rua lúgubre, deserta e sem iluminação em uma parte perigosa da cidade. O som dos seus passos é a única coisa que quebra o silêncio assustador. Não sabemos bem por que você está lá. O tempo está gelado, e você esfrega os braços nus. Você se pergunta se está começando a sentir medo ou apenas frio.

A sua consciência está cerca de cinquenta passos à sua frente, num veículo abandonado na beira da estrada. Em um

315

flash, ela evoca a cena de um homem de aparência desgrenhada pulando de trás do carro. Mal termina de imaginar isso e a consciência volta para o presente. A cena inventada está fresca na cabeça, e um calafrio percorre a sua espinha. O medo toma conta de você. Você diminui o passo e segue em frente com cautela.

O medo que você está sentindo desencadeia uma memória no seu subconsciente que vibra na mesma frequência. Sua consciência é então atraída para a lembrança de um filme que você viu uma vez, em que uma mulher estava andando por uma rua escura e foi emboscada por uma gangue de zumbis que a estraçalhou. O medo vivido ao assistir àquela cena é reacendido, e a consciência é catapultada de novo para o futuro, imaginando dessa vez zumbis à espreita nas sombras, esperando para atacá-lo e recriar aquela cena sangrenta. A consciência, agora desequilibrada, vai e volta do presente para o futuro, evocando cenas mais assustadoras ainda por puro medo, levando-o ao limite da sanidade. Você não consegue decidir se deve correr ou só desabar e chorar.

Nessa história fictícia, é preciso analisar algumas coisas sobre você.

Em primeiro lugar, o que acontece com o medo na mente não é diferente do que acontece com a preocupação. O medo, assim como a preocupação, é baseado no futuro. Você não pode temer o passado, que já aconteceu e não há mais nada a fazer a respeito — embora possamos temer as repercussões das nossas ações passadas que se manifestariam no futuro. Na eternidade do momento atual, você é a pura energia que não pode ser criada ou destruída. O medo não existe e não pode existir aqui. Na eternidade do momento, você está sempre "bem agora". O único lugar onde o medo vive é no futuro.

Quando a nossa força de vontade e os nossos poderes de concentração perdem o controle da consciência, nós basicamente a jogamos aos lobos. Quanto mais tempo a deixamos correr solta, por assim dizer, negligenciada e sem ser controlada por nossa vontade, mais permitimos que seja dominada pelo ambiente e pelo subconsciente. Na história, o ambiente passou a ditar para onde a consciência iria.

Como você pode perceber nesse exemplo, não apenas a rua misteriosa causava medo, mas o subconsciente também traz estragos à mente. Experiências passadas no subconsciente que não foram tratadas possibilitam que a consciência reviva o medo com frequência. Ao resgatar essas emoções de medo, você só faz com que se sobreponham umas às outras, criando padrões mais fortes no subconsciente. Você poderia chamar isso de Engrenagem do Medo. Em algum momento, ele se torna a força dominante na mente e o impede de tomar qualquer atitude que esteja fora das poucas regras consideradas seguras. Por isso, é muito importante estar consciente do que deixamos causar um impacto no nosso subconsciente. Voltarei a falar disso em breve.

Assim como acontece com a preocupação, trazer a consciência de volta para o presente é o segredo para superar o medo. Ao fazer isso, temos a oportunidade de resolver o problema. Na história, quando a consciência está ancorada no aqui e no agora, no presente, ela pode decidir escolher uma rota alternativa, chamar um amigo ou um táxi para vir buscá-lo ou encontrar outras formas de evitar a experiência de passar por aquela rua. Mas, se deixar a consciência vagar sem controle e permitir que vá para o futuro e imagine mais situações assustadoras, você se colocará num estado mental em que será absorvido pelo medo.

Nesse estado mental, você não tem a capacidade de

tomar decisões racionais. Na metafísica hindu, na qual fui treinado e na qual este livro se baseia, se você olhar para a mente como um edifício em que cada andar é um estado de espírito, verá que a razão reside dois andares acima do medo. Na mente, se você estiver no nível do medo, não terá capacidade de raciocinar, e se estiver por completo no nível da razão, simplesmente pensará sem medo. Se você morasse em um prédio e tivesse um vizinho que mora dois andares acima, você não conseguiria se comunicar com ele sem a ajuda de algum dispositivo. O que seu vizinho experimenta naquele andar também seria diferente do que você experimenta no seu. Suas perspectivas também seriam diferentes.

O medo nem sempre é ruim. Nós vivemos em um corpo físico ligado à nossa mente instintiva. Essa é a nossa natureza animal, que ao sentir uma ameaça ou um perigo real, nos faz sentir medo. Então, às vezes, o medo é um mecanismo de autoproteção. Se prestarmos atenção a esse sinal, podemos usá-lo para evitar uma situação nociva. Mas, se permitirmos que esse sentimento cresça e domine a nossa consciência, as coisas começam a dar muito errado.

PROTEGENDO A MENTE

Existem pessoas que adoram assistir a filmes de terror. Elas se deleitam com a experiência de ter a consciência levada para a área do medo e o experimentam em todos os níveis. Como você sabe agora, a repetição constante dessa experiência faz com que um sulco profundo, um caminho bem trilhado, se forme na área do medo. Vastas quantidades de energia também são depositadas lá, fazendo com que essa área seja altamente magnética e tenha uma influência significativa sobre a consciência. Se alguém estiver em uma rua assustadora à noite, levando a consciência a se mover para as margens da área do medo, seria fácil para a consciência deslizar até o sulco profundo e ser puxada pela potente força magnética para o centro da área do medo. Nessa área, a consciência reage de maneira muito diferente ao fato de estar na rua assustadora do que faria se estivesse em uma área positiva da mente.

Se a consciência estivesse na área da razão, ela iria raciocinar. Mas, estando na área do medo, envia terror pelo seu corpo e através do sistema nervoso. Um andar acima da razão vive a força de vontade, e se a consciência estivesse nesse andar ela reuniria coragem e caminharia sem medo pela rua. Um andar abaixo do medo está a raiva, e aqui a consciência pode ficar com raiva de si mesma por ter se colocado nessa situação.

O lugar onde a consciência está na mente determina a nossa perspectiva. E determina a maneira como vemos as coisas, como reagimos às experiências, como reagimos à vida e como nos sentimos. Isso determina tudo. Você percebe por que compreender a consciência e a mente é tão importante?

O primeiro passo para superar o medo é tirar a consciência da área do medo usando a força de vontade e o poder de concentração. Isso então nos dá a oportunidade de começar a examinar qual é a raiz desse medo. Não é possível compreender o medo enquanto está dominado por ele.

Aqueles que compreendem o poder da mente são altamente protetores dela. Se a área do medo da mente for fortalecida, então esse será um dos lugares para onde a consciência vai se deslocar em situações desafiadoras. Nesse contexto, serão tomadas decisões ruins, acarretando resultados ainda piores. Portanto, você evitaria fazer qualquer

319

coisa que pudesse fortalecer essa área, como assistir a filmes de terror. A maioria das pias de cozinha tem um filtro para evitar que os restos de comida entrem no ralo e o entupam. Se fazemos isso na pia da cozinha para proteger nossos canos, não deveríamos ter um filtro para evitar que o lixo entre na nossa mente e a obstrua? Proteja a sua mente a todo custo. A sua mente é o seu maior patrimônio. Seja criterioso e prudente sobre o que você permite que entre e o que permite que se prolifere nela.

E então há os valentões, as pessoas de mente impulsiva, que gostam de fazer os outros sentirem medo, levando repetidamente a consciência para essa área. Sem que eles saibam, criam um caminho bem formado para o medo nas mentes de suas vítimas. Os mais ignorantes desses valentões, os covardes da sociedade, fazem isso com as crianças, sem saber que a mente infantil é profundamente impressionável e que esses atos repetidos criam padrões que muitas vezes duram a vida toda. Esses padrões de medo podem ditar a tomada de decisões e alterar a maneira como a criança viverá. Os valentões essencialmente levaram essa criança ao precipício de todas as emoções ruins e deixaram sua mente não totalmente desenvolvida à mercê da sua natureza básica, sentenciando-a a uma possível vida em uma consciência inferior. Esta é uma das piores coisas que podem ser feitas a uma criança. Um dos primeiros passos para elevar a consciência humana é evitar que as pessoas experimentem o medo.

Em suma, toda vez que você perceber a consciência se deslocar para o futuro e imaginar uma situação que faça você sentir medo, use a sua força de vontade para trazê-la de volta ao presente e seus poderes de concentração para mantê-la no aqui e no agora. É imprescindível que não a deixe reencenar essa situação de maneira contínua, aumentando o sentimento. Se é bastante provável que o medo que você vê na sua mente se manifeste, busque soluções para garantir que isso não aconteça. Procure ajuda, se necessário.

Afirme para si mesmo, como meu guru fez quando criança: "Estou bem agora!".

LIÇÃO 9.4
Domando a ansiedade e o estresse

Já exploramos a preocupação e o medo. Agora vamos conhecer seus dois comparsas, que são igualmente hábeis em saquear a energia e a paz de espírito das pessoas.

O *Merriam-Webster* define a ansiedade como "a inquietação apreensiva ou o nervosismo que costuma ser gerado por um mal iminente ou antecipado". O *Oxford Learner's Dictionaries* estabelece: "O estado de se sentir nervoso ou preocupado com a possibilidade de algo ruim acontecer". Bem, ambos dão a entender que tem um pouco a ver com se preocupar com algo no futuro.

Vamos analisar "mal iminente ou antecipado". Quando a consciência deixa o presente, segue para o futuro, imagina um resultado negativo, volta ao presente e se preocupa com o que criou, faz isso com um mal antecipado. Quanto mais a consciência repete esse processo, criando uma variedade de resultados negativos, mais a pessoa se sente desconfortável e teme que algo ruim aconteça. Repita esse processo várias vezes e você começará a viver em um estado de ansiedade. Estados de preocupação prolongados levam a esse sentimento. Esse é um modo como a ansiedade acontece.

Ela também aparece quando a consciência se desloca de

uma coisa inacabada para outra de forma descontrolada. Aqui vai um exemplo simples. Imagine que você precisa trabalhar em quatro projetos diferentes. Você começa com o Projeto A e, cinco minutos depois, permite que a consciência se desvie para o Projeto B. Nesse breve momento, você percebe que não enviou o pagamento que devia até ontem para um fornecedor. Você suspira e diz que vai acertar quando terminar o que está fazendo no Projeto A. A consciência então volta ao primeiro.

Alguns minutos se passam e a consciência se afasta, dessa vez para o Projeto C. Enquanto está lá, percebe que o departamento financeiro não aprovou o orçamento. Você murmura para si mesmo: "Eu preciso questioná-los sobre isso". Irritada, a consciência volta ao Projeto A e tenta de forma desesperada se lembrar do que estava fazendo antes de sair em seu passeio. Atormentada, a consciência mal consegue manter o foco no Projeto A antes de seguir para o Projeto D e notar que você não assinou o contrato do novo cliente. "Que droga!", você exclama, rezando para que o cliente não fique muito aborrecido.

À medida que a consciência destaca em sua mente uma tarefa incompleta após a outra, você começa a sentir o peso do que tem que fazer. Questiona se conseguirá dar conta de tudo no prazo que lhe foi dado. Um sentimento de preocupação, nervosismo e desconforto com esse resultado incerto começa a se instalar. A ansiedade se estabeleceu. A solução é manter a consciência em um projeto de cada vez. Se ela se afastar, traga-a de volta. Se você tiver uma ideia sobre o Projeto B enquanto trabalha no Projeto A, anote-a e volte a trabalhar no Projeto A até que de forma intencional transfira a consciência para outro projeto.

Pensar com frequência em algo que precisa ser feito não

resolve o problema. Ficar voltando a isso causa ansiedade. À medida que a consciência regurgita esse ciclo de destacar tarefas incompletas, o sentimento de ansiedade aumenta. Estados prolongados desse sentimento levam ao estresse.

A Fundação de Saúde Mental do Reino Unido define o estresse como "a sensação de estar sobrecarregado ou incapaz de lidar com a pressão mental ou emocional". O dicionário *Britannica* o define como "algo que causa fortes sentimentos de preocupação ou ansiedade". Seu nível de estresse é um indicador do controle que você tem sobre a sua consciência.

Compreender qual comportamento da consciência causa ansiedade é fundamental para superá-la e também o estresse.

Eu me esforço muito para compreender as coisas porque, quando entendemos como algo funciona, temos a capacidade de controlar. A maioria das pessoas não controla a ansiedade porque não entende a mecânica da consciência e da mente, assim como os padrões comportamentais que a consciência assume que causam ansiedade. Compreender como a ansiedade se forma permite identificar quando ela acontece e, então, fazer o que for necessário para evitá-la.

Quando a consciência se desloca de uma coisa inacabada para outra de forma descontrolada, sentimos ansiedade. Entretanto, isso não acontece apenas com coisas inacabadas. Permitir que ela salte sem rumo de um pensamento para outro também causa esse sentimento.

Uma jovem pode pensar: "E se eu nunca encontrar alguém? Vou ficar sozinha para sempre". Alguns momentos depois, ela pensa: "Talvez eu não seja bonita o suficiente". Meia hora se passa, e ela diz: "Acho que estou cinco quilos acima do peso, e é por isso que os homens não me acham atraente". Essa linha de raciocínio continua dia após dia.

Revisitando uma das definições de ansiedade, "o estado de se sentir nervoso ou preocupado com a possibilidade de algo ruim acontecer", concluímos que, nesse caso, o "algo ruim" com o qual a jovem se preocupa é ficar sozinha para sempre. Esse pensamento causa ansiedade nela. Mas o que deve ser entendido, a partir da perspectiva da consciência e da mente, é o que levou a isso. O processo repetitivo de permitir que a consciência saltasse de um pensamento para outro de forma descontrolada a levou a se sentir assim.

Um adolescente posta algo no Instagram e atualiza o feed a cada minuto para ver quantas pessoas curtiram. Se ele não obtém os números que acha que deveria e não tem muito controle sobre a consciência, então esta pode começar a saltar de maneira irracional na mente dele. A ansiedade então cresce, atingindo enfim um ponto de inflexão em que o adolescente conclui que o post era ruim e decide deletá-lo. Ele chegou a isso por um pensamento irracional, que resultou de ele permitir que a consciência passasse de um pensamento para outro sem controle.

Examinar as causas mais profundas que levaram os indivíduos dos dois exemplos a pensarem desse modo não é o objetivo deste livro. Cada caso de ansiedade tem origens próprias. As causas são infinitas. *O objetivo desta lição é apenas entender como a ansiedade e o estresse se relacionam com a consciência e a mente.* A consciência desequilibrada é a insanidade personificada.

Uma mente distraída é ansiosa. Se não exercemos controle sobre a consciência, como controlaremos para onde a consciência vai? Se não conseguimos controlá-la, então não é possível dominar os pensamentos. Em ambos os exemplos, foi o que aconteceu. Mas, ao contrário, se você controla a consciência, então é capaz de dominar para onde ela se desloca na mente e, como consequência, os seus pensamentos. Se estiver em uma área da mente em que os pensamentos não são saudáveis, você terá controle suficiente para levá-la a outra área. Isso o impediria de passar tempo demais pensando em coisas que o deixariam preocupado, nervoso ou inquieto.

Isso que aprendi com Gurudeva quando eu tinha vinte e poucos anos e que passei a entender a partir da minha própria experiência com a consciência e a mente me permitiu não sentir mais ansiedade e estresse. Isso acontece porque eu sei qual comportamento da consciência leva à ansiedade e, assim que percebo que ela começa a agir assim, eu a controlo.

Há momentos em que me sinto pressionado com a quantidade de projetos que tenho em andamento, mas não sinto ansiedade ou estresse. Sentir-se pressionado é a percepção de que talvez haja muito a ser feito em um determinado tempo, mas a consciência ainda está sob controle. Ela não vai se mover de um projeto a outro de forma descontrolada, levando à ansiedade e ao estresse. Aqui vai uma história para explicar melhor a diferença entre se sentir pressionado e estressado.

Um dos melhores jogadores de basquete do mundo está prestes a fazer um lance livre. Restam três segundos no relógio e o jogo é decisivo para o campeonato da NBA. Extremamente concentrado, ele se sente pressionado, mas fica estressado com isso. *Pressionado* significa que ele sente a expectativa do time, dos torcedores e de todos que assistem ao jogo, mas tem controle total sobre a própria consciência. Com um foco inabalável, ele mantém a consciência no que precisa ser feito e realiza o que faz de melhor: colocar a bola na cesta.

Estressado significaria que ele está perdendo ou já perdeu o controle sobre a consciência. Na linha de lance livre, prestes a arremessar a bola, a consciência dele está descontrolada. Ela vai para o futuro e o vê marcar o ponto, se tornando o herói do time e dos torcedores. Logo após segue para o outro extremo, imaginando que ele erraria o arremesso ao som do apito final e a mídia o crucificaria no dia seguinte. Isso e muito mais acontece em segundos na mente desse jogador. Com tão pouco controle sobre a consciência, ele arremessa a bola e erra.

Da próxima vez que você se sentir ansioso, observe o que acontece com a consciência. O que ela faz que provoca esse estado de ansiedade em você?

A capacidade de controlar a consciência e mantê-la em uma coisa de cada vez com foco inabalável é o segredo para eliminar a ansiedade e o estresse da sua vida. É a cura para a preocupação e o medo. É a maior panaceia para a mente — o primeiro passo inegável para começar a lidar com todos os problemas de saúde mental.

Quando você tiver a capacidade de controlar a sua consciência e de se concentrar, a ansiedade e o estresse se tornarão conceitos que você conhece ou que vê em outras pessoas, mas não serão parte da sua vida.

10. As ferramentas em ação

LIÇÃO 10.1
Reações lamentáveis

Eu estava exausto. Tinha sido um dia de viagem longo e cansativo pela Índia com o grupo que eu havia levado para lá na minha Jornada Espiritual anual. O sol estava prestes a se pôr, e o trem em que estávamos tinha acabado de parar na estação da próxima cidade do nosso itinerário. Não há melhor maneira de contemplar a Índia do que em um trem, e o caleidoscópio de experiências que havíamos vivido era digno de um livro de memórias.

Incitei meu grupo a desembarcar com pressa do trem em meio à invasão desordenada de passageiros que embarcavam no vagão, mas minhas instruções foram abafadas pela cacofonia de sons que vinham de todo lado. De alguma forma, conseguimos pegar a nossa bagagem e sair do trem, desabando na plataforma, para nos vermos imersos em um pandemônio de outro mundo — a plena normalidade de uma estação de trem indiana. Os sons, as paisagens e os cheiros dissonantes se chocavam com nossos sentidos estrangeiros.

Eu havia planejado ficar na bela e charmosa parte antiga da cidade, que era uma catacumba de ruas estreitas e poeirentas e um labirinto de bazares e casas. Não era lugar para um ônibus de turismo grande o suficiente para o meu grupo de dezoito peregrinos, então a ideia era sair da estação e encontrar *tuk-tuks* para seguir até o hotel.

Arrastamos as nossas enormes bagagens de turista pela plataforma, as únicas pessoas ali que pareciam ter feito as malas para o Armagedom, acertando os joelhos dos viajantes locais enquanto serpenteávamos como em um jogo de Tetris humano. Enfim conseguimos nos espremer para fora da estação, no que parecia ter sido um parto quente e úmido.

Uma frota de *tuk-tuks* estava perfeitamente alinhada no estacionamento, trazendo alguma organização no tumulto que tínhamos acabado de vivenciar. Não era preciso chamar os motoristas. Em segundos eles nos cercaram em massa, como em uma cena de acidente, e ofereceram seus serviços. Alguns se anteciparam e já pegaram nossas malas, carregando-as para os veículos.

As negociações duraram alguns minutos de caos, e então malas e viajantes desorientados foram colocados naquelas gaiolas de metal de três rodas. Nós fomos levados, ora por dentro, ora por fora do trânsito de humanos e gado, de um jeito que levaria qualquer um a acreditar em Deus. Não demorou muito para chegar ao hotel. Meus viajantes cansados saíram aos tropeções e entraram no estabelecimento, enquanto eu fiquei para trás para ter certeza de que todas as malas haviam sido descarregadas e os motoristas, pagos.

Quando fui pagar o último motorista, o preço dele dobrou. Perguntei o motivo, e ele respondeu que havia bagagem extra. Eu tinha certeza de que não era verdade e que ele estava simplesmente me cobrando um valor maior, e questionei. Ele desceu do veículo, firme em sua camiseta cinza enquanto o suor escorria por seus braços peludos e roliços, e insistiu que eu pagasse o dobro.

Me exaltei. Os últimos resquícios de força de vontade

que controlavam a minha consciência se foram. Minha bola de luz foi catapultada para a área da raiva, e antes mesmo que eu me desse conta do que estava acontecendo retruquei: "Eu não vou pagar uma porra de rupia a mais!".

Isso foi o suficiente para catapultar a consciência dele para a mesma área da mente em que eu estava. Em um piscar de olhos, ele foi dominado pela raiva e gritou: "Você paga agora. Preço total. Não me engane!" enquanto me cobria de partículas de saliva. Repugnante! Ele provavelmente estava tentando ver se poderia conseguir algum dinheiro extra para encerrar o dia de trabalho mais cedo. Quem sabe. Eu fiquei chateado por uma questão de princípios. Nós tínhamos combinado um preço e ele estava tentando me enganar. Era abril na Índia, o auge do verão. Estava quente, úmido e empoeirado, e era claro que os dois estavam exaustos e mentalmente desgastados. Condições perfeitas para que tivéssemos reações descontroladas — dois barris de pólvora prestes a explodir.

Minha esposa, uma nova-iorquina calejada, que havia testemunhado o que estava acontecendo de longe, interveio e desarmou a situação com leveza. Para ser honesto, não me lembro bem de como ela fez ou do que disse. Tudo o que recordo é que o motorista recebeu algum dinheiro e ele e eu seguimos em direções opostas.

Mais tarde naquela noite, quando me retirei para meu quarto e enfim tive um momento para refletir, senti uma onda de decepção me dominar. Sentei-me na beira da cama, os braços apoiados nas coxas, os dedos entrelaçados e meu corpo inclinado sobre as pernas. Olhando para a única coisa no quarto que estava um pouco fria, o piso de mármore, pensei: "Eu surtei. Perdi o controle da minha consciência". Naquele momento, lembrei-me de uma vez ouvir meu guru definir a raiva como um estado de insanidade temporária.

"Bem, essa é a infeliz verdade", pensei.

Na área da mente chamada raiva que eu tinha visitado naquele momento, não havia razão. Não pensei no que estava acontecendo. Em nenhum momento eu parei. Apenas me entreguei a uma reação descontrolada puramente instintiva.

Enquanto eu estava sentado lá com meus pensamentos, parecia que décadas autoimpostas de disciplina pessoal para controlar a consciência não tinham levado a nada. Eu não desconheço o fracasso. Ele é mais um amigo do que um conceito distante. Lamentei a forma como havia respondido ao motorista do *tuk-tuk*. Fiquei mais desapontado com a minha incapacidade de controlar minha consciência do que com o que disse a ele, pois tenho certeza de que aquela não era a primeira batalha verbal que ele travava com um turista.

Quando eu morei em Nova York, nunca ficava com raiva de nada nem de ninguém. Eu tinha um controle firme sobre a minha consciência, apesar de tudo o que a cidade despejava em mim. O mesmo tinha ocorrido em todos os lugares do mundo para onde tinha viajado. Mas a Índia era o último reduto a ser conquistado. De alguma forma, em cada viagem que fazia para lá eu perdia o controle da minha consciência e me rendia a uma reação descontrolada.

Ficou claro para mim que a Índia era, então, o meu campo de treinamento. Concluí que devia voltar todos os anos e me pôr à prova mais uma vez. O objetivo seria deixar a Índia sem perder o controle da minha consciência em nenhum momento. E assim começou: meu desafio indiano. Todos os anos, eu viajava para lá e me esforçava de forma intencional para não perder o controle da minha consciência. Três anos depois, em minha terceira visita desde o início do desafio, fui bem-sucedido. Tive uma pequena sensação de realização. Mas eu sabia que uma vitória não era suficiente.

Devo agora repetir o feito nas próximas visitas. Fiz questão de visitar a Índia todos os anos para poder me pôr à prova. A maneira como eu viajava era crucial. Se eu tirasse férias luxuosas, não funcionaria. Mas transportar um grupo pelo país em um itinerário intenso de Aventura Espiritual projetada para ajudá-los em seu crescimento me deixaria cansado e vulnerável a ponto de perder a calma. Eu precisava fazer o teste.

Tenho orgulho de dizer que não perdi o controle da minha consciência nenhuma vez em minhas visitas seguintes à Índia. Ainda assim, estou sempre vigilante ao meu maior adversário, a terra que mais amo. Foi lá, nessa terra de extremos, que vivi as profundezas da frustração e os reinos da divindade.

No início da minha vida, incluindo os primeiros anos da minha vida monástica, não posso dizer quantas vezes me arrependi de não conseguir controlar minha reação a uma situação ou experiência: ficar aborrecido com o que alguém disse ou fez, ou dizer algo que eu gostaria de não ter dito. O que era difícil de aceitar era o resultado da minha atitude: o que eu senti ou como os outros podem ter se sentido por causa do meu descontrole. Era desconfortável e desagradável, e algo que eu queria desesperadamente mudar. Entender a consciência e a mente abriu o caminho para que eu administrasse melhor as minhas reações e as minhas respostas.

Uma definição do *Merriam-Webster* de "reação" é "uma resposta a algum tratamento, situação ou estímulo". Com isso em mente, vamos definir essa palavra usando a compreensão da consciência e da mente. Quando passo por uma situação ou sou tratado de determinada maneira e, por causa disso, me torno incapaz de controlar para onde minha consciência se move, eu crio uma resposta descontrolada — tenho uma reação.

Imagine que você está caminhando em uma feira segurando um balão de gás amarrado a uma fita. De repente, você vê um palhaço fazendo malabarismo com facas enquanto se equilibra na lateral de um barril. Você ri e, nesse instante, acaba soltando a fita. O balão começa a flutuar para longe, mas você rapidamente fecha o punho e o puxa de volta.

As reações funcionam assim. Digamos que você de repente tem uma experiência que tira a sua consciência do seu alcance e a envia em direção à área da raiva. Você está atento ao que acabou de acontecer e, tão rápido quanto estendeu a mão para pegar o balão, agarra a consciência e a traz de volta. Se não tivesse feito isso, ela teria ido para a área da raiva e você teria tido uma reação. A reação pode ser mental (você expressa alguns pensamentos de raiva internamente), verbal (você grita de indignação) ou até física (você usa de violência).

Uma reação acontece quando a consciência é conduzida para uma área da mente por uma fonte externa ou interna e causa uma resposta descontrolada.

Uma fonte externa seria o ambiente (as pessoas e as coisas ao redor). Um exemplo é quando a consciência reage a uma experiência emocional não resolvida no subsconsciente. Ao relembrar uma situação traumática da infância, ela é direcionada para a área da tristeza, causando uma reação descontrolada: você começa a chorar.

Embora eu esteja dando exemplos de reações negativas, as reações também podem ser positivas, e por vezes se tornar lamentáveis. Um membro sênior de uma empresa está comemorando um sucesso recente na festa anual da empresa e, na euforia, perde o controle da consciência. Ele divulga com animação informações sobre a empresa que não deveria compartilhar com toda a equipe. Essa também é uma reação ruim. Um conselho do sábio: substitua a empolgação pelo entusiasmo. Euforia é energia (consciência) descontrolada; entusiasmo é energia (consciência) canalizada.

Ou seja, a nossa capacidade de controlar a consciência determina quanto domínio temos sobre as nossas reações e como respondemos às experiências da vida. Quanto mais posso controlar a minha consciência, melhor posso controlar as minhas reações, e mais posso dizer sobre meu estado de espírito.

CONTROLE DA FALA

Seria muito bom para todos nós se pudéssemos instalar um semáforo na estrada que conecta a nossa mente e a nossa boca, orientando-nos sobre quando falar livremente, quando refletir antes de dizer algo e quando apenas segurar a língua. O controle da fala está bastante entrelaçado com o gerenciamento das nossas reações.

A incapacidade de controlar a fala é um sinal de muitas coisas. Entre elas estão um subconsciente desordenado, portanto confuso; a falta de clareza; e a incapacidade de controlar a consciência de maneira eficaz. Quando uma pessoa abre a boca, ela cria uma janela para que todos vejam o que há em sua mente. Você pode aprender muito sobre alguém pelo que essa pessoa diz e não diz.

Muita gente tem dificuldade de controlar a fala, e isso gera consequências complicadas ou emocionalmente carregadas, fazendo com que se arrependam e desejem poder voltar atrás. Um motivo para a fala descontrolada é a nossa incapacidade de controlar reações, e isso é resultado da incapacidade de controlar para onde a consciência vai na mente.

Por exemplo, alguém se aproxima de mim em uma das minhas palestras e diz que o xale que estou usando é muito feio. Essas palavras carregadas de emoção têm o poder de mover a minha consciência para a área da chateação — se eu permitir que isso aconteça. Minha capacidade de controlar a consciência permite que nesse momento eu escolha para onde desejo movê-la. Ao ouvir essas palavras, se eu optar por direcioná-la, com minha força de vontade e poder de concentração, para uma área positiva da mente, então terei uma resposta positiva. Se eu *permitir que o poder da emoção das palavras ditas para mim* leve a minha consciência para a área da raiva, então terei uma resposta nada positiva.

O motivo mais comum para a fala descontrolada é a reação das pessoas ao que está acontecendo com elas ou ao redor delas. Se você consegue controlar a consciência, pode escolher para onde direcioná-la em sua mente e dar a resposta mais apropriada, ou apenas não responder. A forma como as pessoas reagem e a incapacidade de controlar a fala revela publicamente o que está na mente delas.

É importante não confundir o controle da fala com prejudicar a liberdade de expressão. Eu definiria "controle da fala" como a capacidade de escolher de forma sensata o que é dito — e quando. A combinação de palavras selecionadas com sabedoria e o momento certo de dizê-las é essencial. Quando você consegue controlar o que responde, pode falar livremente; a única diferença é que você se mantém no controle do que e quando é dito. Assim, você influencia as consequências das suas palavras e do que acontece na sua vida.

Reflita sobre esse assunto — eu não vou me aprofundar. Se você não tem muito controle sobre a sua consciência, quando alguém lhe diz algo e a emoção nas palavras é de raiva, ou vibra na frequência da raiva, isso levará a sua consciência para a mesma área da mente de onde essas palavras vieram. Essas palavras emocionais carregam a sua consciência com o mesmo sentimento (a energia pode ser transferida), arrastando-a para o mesmo espaço vibratório da mente. Da mesma forma, uma canção de amor carregada de energia sentimental pode levar você à mesma área da mente do cantor; ao ouvir a música, você sente as emoções que o cantor quer que sinta.

A emoção tem um poder enorme sobre a consciência. Quando embutida nas palavras, tem o poder de mover a consciência para a área da mente que vibra na mesma frequência. Para não reagir às palavras, sua força de vontade deve ser maior do que o poder das emoções que chegam até você.

As palavras que eu disse ao motorista de *tuk-tuk* estavam altamente carregadas das minhas emoções de raiva. O sentimento das minhas palavras transferiu energia para a consciência dele, fazendo-a vibrar na frequência da minha emoção, a raiva. A consciência dele então funcionou na área da raiva e reagiu de acordo com isso.

Como você sabe que está progredindo no controle da fala? Um sinal positivo é quando aquilo que você diz leva a consequências mais edificantes do que a resultados emocionais complicados. E o progresso nessa prática do controle da fala é um sinal de que está evoluindo na prática do controle da consciência.

LIÇÃO 10.2
Os conflitos da mente

Muito tempo e energia são desperdiçados, e a paz de espírito é sacrificada, pelos variados conflitos mentais aos quais as pessoas se entregam. Eles — que são, na maioria, problemas externos que tentam confundir a nossa mente — também são uma grande distração.

Esta lição não é sobre como resolver conflitos mentais. Vamos tratar de como aprender a controlar a consciência pode ajudar você a se libertar de ser atormentado por conflitos mentais incessantes.

Muitas vezes, a causa de um conflito mental é um mal-entendido com alguém. Quando esse problema não é resolvido, ele fica no seu subconsciente, e toda vez que a consciência interage com ele, você pensa mais uma vez na discussão. Quanto mais emoção essa experiência não resolvida traz, mais forte é o poder de atrair a sua consciência.

Cada vez que isso ocorre, você revive a experiência toda ou em parte, experimentando de novo todas as emoções, o que faz com que reaja a elas mais uma vez.

Com isso, muitas vezes você entra em um conflito mental e tem uma discussão com a pessoa com quem está chateado. Você fala algo para ela na sua cabeça e a vê reagir ao

340

que foi dito. Agora você aborreceu essa pessoa de novo, mas dessa vez na sua cabeça. Ela responde com mais abuso verbal contra você — na sua cabeça. Você está chocado com o que acabou de dizer a si mesmo em nome da outra pessoa. O bate-boca continua conforme a situação aumenta na sua imaginação.

A cada segundo que passa, você fica mais transtornado por causa desse conflito mental. Cinco minutos depois, está furioso com essa pessoa por ser tão estúpida. Seu sistema nervoso está um caos. Em um grande acesso de raiva, puxa sua consciência para longe daquela experiência emocional não resolvida e volta para o que estava fazendo antes do conflito.

Nem dez minutos se passaram e a sua consciência é puxada de volta para essa zona de guerra na sua cabeça. Segue-se outra discussão, e sua pobre mente, seu corpo e seu sistema nervoso são submetidos a outro ciclo de emoções. Essa experiência excruciante se repete ao longo do dia, a ponto de ter gente que fica na cama à noite sem conseguir dormir enquanto a batalha mental continua.

É importante perceber que todo esse processo mental de discussão é você — permita-me enfatizar *você* — que está provocando, ao falar em nome das duas partes na sua cabeça e alimentando uma discussão acalorada que é sua responsabilidade.

As experiências emocionais não resolvidas no subconsciente são minas terrestres aguardando a presença da sua consciência. A chave para superá-las é resolver o problema. Pode ser mais fácil falar do que fazer, dependendo da intensidade da experiência e das emoções associadas a ela. Como compartilhei em uma lição anterior, existem algumas formas de resolver esses problemas, incluindo buscar terapia.

Mas outra coisa ajuda com conflitos mentais: aprender

a controlar a consciência. Quando você faz isso, pode escolher quando deseja abordar uma experiência emocional não resolvida. Eis um exemplo. Um colega de trabalho diz algo para você em uma reunião que o deixa chateado. Você volta para a sua mesa aborrecido, mas logo mergulha nos e--mails e começa a trabalhar.

Alguns minutos se passam, e sua consciência é puxada para essa experiência que você acabou de ter na reunião e que o chateou. À medida que a consciência se envolve nessa situação, você começa a revivê-la, passando mais uma vez pelas emoções e reagindo a elas.

Agora, se você tiver controle suficiente sobre sua consciência, poderá contê-la quando ela deixar a caixa de entrada e se dirigir para essa experiência emocional não resolvida em seu subconsciente e trazê-la de volta ao que estava fazendo ou movê-la para outra área da mente.

A capacidade de fazer isso revela algumas coisas:

1. Que nós temos a nítida compreensão de que a consciência e a mente são duas coisas distintas.

2. Que os problemas residem no subconsciente, uma área da mente, e nós temos a opção de ir ou não para lá.

3. Se tivermos força de vontade suficiente, podemos redirecionar a consciência para qualquer área da mente para a qual desejamos ir e usar os poderes de concentração que desenvolvemos para manter a consciência na área em que queremos estar.

Ter essa percepção e a capacidade de executar todos os itens acima nos conduz a uma tremenda liberdade e paz de espírito.

Muita gente, ao ler isso, pensará que estou defendendo que se deve ignorar o problema ou fingir que ele não existe. Não é o que estou sugerindo. O problema existe, é claro, e o primeiro passo para resolvê-lo é reconhecer isso. O que estou sugerindo aqui permite que você escolha quando mover a consciência para aquela área da mente onde reside o problema para lidar com ele e resolvê-lo.

Essa é uma escolha primordial que, infelizmente, a maioria das pessoas não tem, mas pode cultivar se desenvolver uma compreensão sólida da consciência e da mente, e conquistar controle suficiente sobre a consciência.

Quando temos essa escolha, podemos dizer: "Eu sei que tenho esse problema não resolvido no meu subconsciente, mas não vou deixar minha consciência se deslocar para essa área. Vou fazer uma pausa no trabalho às duas horas da tarde e, nesse horário, encontrarei um espaço tranquilo para sentar, mover minha consciência para esse problema e lidar com ele. Enquanto isso, usarei minha força de vontade para manter minha consciência firme na área da mente em que escolho estar".

É muito diferente de permitir que a consciência seja puxada várias vezes para o problema ao longo do dia. Isso é exaustivo em termos mentais e emocionais, além de um enorme desperdício de tempo e energia. O impacto de uma experiência repetida tantas vezes na mente, no corpo e no sistema nervoso é muito prejudicial, sem mencionar o quanto afeta as pessoas ao seu redor e no desempenho das suas tarefas.

Imagine a paz de espírito que você teria se pudesse controlar sua consciência e escolher exatamente quando deseja lidar com um problema. Você pode chamar isso de uma "reunião com seu problema não resolvido", e esses encontros funcionam melhor se uma hora e um local forem pre-determinados.

Marque uma reunião, com horário e local estabelecidos, com o seu problema não resolvido. Até esse momento chegar, use a sua força de vontade e seus poderes de concentração para manter a consciência sobre alguém ou alguma coisa com a qual você está envolvido. Diga a si mesmo: "Ainda não é hora de me envolver com meu problema não resolvido".

Como em qualquer compromisso, não há necessidade de você ir ao local antes da hora a cada dez minutos para verificar se a pessoa com quem vai se encontrar está lá. Você não faria isso. Da mesma forma, ao marcar um encontro com o seu problema não resolvido, não é preciso mandar a consciência visitá-lo várias vezes antes da reunião. Fazer isso só iria deixar você perturbado.

Marcar uma consulta para lidar com seu problema não resolvido e exercitar a sua capacidade de controlar a consciência são fundamentais para ajudar a evitar conflitos mentais. Quando chegar a hora do seu compromisso, vá para o local escolhido, mova a consciência para o problema não resolvido no subconsciente e inicie o processo de resolvê-lo.

Muitas pessoas ficam mentalmente paralisadas todos os dias por causa de conflitos mentais, incapazes de realizar tarefas comuns porque a consciência é puxada diversas vezes para experiências emocionais não resolvidas. Não se deve viver assim. Para termos a escolha de quando lidar com os nossos problemas, precisamos aprender sobre a consciência e a mente, além de desenvolver nossa força de vontade e os poderes de concentração para que possamos controlar a consciência na mente.

Sobre conflitos mentais, aqui vai mais uma coisinha. Você se lembra da citação do meu guru, "A energia flui para onde a consciência está"? Vamos trazê-la para esse contexto. Toda vez que você permite que sua consciência vá para a experiência emocional não resolvida em seu subconsciente, permite que a sua energia flua para ela. Se a energia está fluindo nesse lugar, você sabe agora que está fortalecendo essa experiência emocional não resolvida. O padrão do seu subconsciente que abriga essas emoções não resolvidas é alimentado com mais emoção toda vez que sua consciência vai para lá, tornando-o cada vez mais forte.

Além disso, você provavelmente está alterando a narrativa do que ocorreu de fato ao inventar inúmeros monólogos emocionalmente conturbados na sua cabeça. Isso só cria mais confusão na sua mente em relação ao ocorrido e torna ainda mais difícil chegar a uma resolução.

Quanto melhor é a sua capacidade de controlar a consciência na mente, mais você se capacita para escolher quando se envolver com um problema não resolvido. E quanto melhor você for nisso, menos conflitos mentais viverá.

LIÇÃO 10.3
Um divisor de águas

Ao longo deste livro, compartilhei meus ensinamentos de uma forma que possam ser replicados por qualquer um que esteja empenhado em levar uma vida com foco. Esta lição mostra como esses ensinamentos podem ser usados no mundo dos esportes para ajudar a melhorar o desempenho e mitigar os desafios da saúde mental. Não precisamos restringir esses ensinamentos aos atletas mais avançados. Qualquer um, criança ou adulto, envolvido em atividades esportivas pode aprender e aproveitá-las para melhorar seu desempenho e ter uma mente mais saudável.

É o intervalo de uma das partidas mais importantes da Premier League inglesa, talvez o campeonato de futebol mais assistido e acompanhado do mundo. Uma equipe está reunida no vestiário. Eles estão perdendo por dois gols e precisam desesperadamente de um empate ou uma vitória se quiserem competir pelo título. Pouco antes de o time deixar o vestiário para o segundo tempo, o técnico passa uma última mensagem: "Pessoal, precisamos muito nos concentrar quando estivermos lá". Um pedido natural e sensato.

Embora a incitação ao foco seja bastante ouvida no mundo dos esportes, raras vezes é acompanhada de instruções sobre como fazer. Como abordei antes, dizer a uma pessoa para se concentrar é muito diferente de treiná-la para fazer isso. Nos esportes ou nos negócios, encorajar e esperar que sua equipe se concentre quando nunca foi ensinada como fazer é um ato insensato. A maioria — se não todos — que dá essas instruções ignora por completo o fato de que está pedindo a alguém para fazer algo para o qual provavelmente nunca foi treinado, algo no qual pode não ser eficaz.

Centenas de milhões de dólares são investidos em equipes esportivas em todo o mundo. É uma indústria multibilionária. Os jogadores dos grandes times recebem as melhores instalações de treinamento, os melhores treinadores e acesso aos melhores recursos para aprimorar o desempenho. Mas a maioria provavelmente nunca aprendeu como a mente funciona, como se concentrar e como lidar com o estresse da competição de elite. Posso dizer, pela minha experiência trabalhando com atletas do mais alto nível, que o treinamento em saúde mental que eles recebem não chega nem perto do nível de treinamento físico, e fica muito abaixo do necessário em seu nível de excelência.

É a semifinal da Copa do Mundo e um jogador se prepara para bater um pênalti decisivo. Se ele marcar, seu time ganha. Ele praticou cobranças de pênaltis milhares de vezes. Não há dúvida de que em um nível subconsciente tem um padrão bem consolidado de como executar o lance com sucesso. Ele põe a bola na marca do pênalti e dá alguns passos para trás, se preparando para o chute. Oitenta mil pessoas no estádio estão assistindo, e outros milhões ao redor do mundo estão colados na tela, acompanhando o jogo que está sendo transmitido ao vivo. Prendem a respiração. Roem as unhas. Todos os olhos estão fixos nesse homem. Ele agora precisa confiar no treinamento que recebeu.

Grande parte da batalha, senão toda, está na mente dele. Ele pode controlar a consciência? Ele a deixou ir para dez segundos no futuro e visualizou a comemoração do gol? Ou acha que, se errar, terá decepcionado o time e o país?

A consciência então se desloca para a área do medo, e ele questiona se deve colocar a bola onde havia planejado ou fazer algo diferente. Tudo isso acontece em poucos segundos, embora para ele pareça uma eternidade. O árbitro apita indicando que pode chutar. Ele dá um passo à frente... e o resto é história.

A capacidade ou a incapacidade de um jogador controlar a consciência em uma situação de alta pressão é um dos maiores fatores de sucesso ou fracasso. Há uma bela citação de um soldado de elite americano: "Sob pressão, você não está à altura da ocasião; você desce ao nível do seu treinamento". Isso não se aplica apenas a atletas, mas a todo mundo. Se você nunca foi treinado para controlar sua consciência, como esperaria fazer isso nas situações mais difíceis, quando é a coisa de que você mais precisa?

O jogador não pode controlar a consciência se não souber como a mente funciona. E se ele nunca foi ensinado a se concentrar e a manter a consciência em apenas uma coisa com foco inabalável, como pode se concentrar em chutar o pênalti? Imagine se o mesmo atleta que cobrou o pênalti na semifinal da Copa do Mundo tivesse sido treinado para controlar a consciência na mente. A narrativa seria muito diferente.

Ele se prepara para cobrar um pênalti decisivo no que é provavelmente o jogo mais importante da sua vida. A intensidade é palpável. Ele precisa confiar no treinamento que recebeu. A força de vontade e o poder de concentração seguram firme a consciência no presente. O atleta não permite que ela se desvie para o futuro ou para o passado em busca de sucessos ainda não alcançados ou fracassos possíveis. Ele avança com calma e chuta a bola, acertando-a no fundo da rede. Enquanto observa isso acontecer, a força de vontade solta as rédeas da consciência e a adrenalina a leva para a área da empolgação. Ele e milhões de torcedores comemoram o gol!

Ao contrário do que muitas vezes se ouve — como eu já compartilhei —, o estado de foco não significa bloquear tudo o que está em volta. Na verdade, é deixar a consciência completamente absorvida por aquilo em que está envolvida. Esse estado não deixa mais nada chegar à consciência. Compreender a mente e aprender a concentrar a consciência pode afetar de forma significativa o nível de desempenho de um jogador ou de uma equipe. Não faz diferença se nenhum atleta ou time for instruído a se concentrar. Mas, se um técnico pede que uma equipe se concentre, é preciso treiná-la a fazer isso. E este livro é um manual para chegar lá.

No entanto, melhorar o desempenho não é tudo. Atletas de alta performance são desafiados de muitas outras maneiras. Por exemplo, aprender a controlar as reações dentro e fora do campo é outra necessidade primordial que muitos enfrentam. A capacidade de controlar a consciência permite administrar as reações a insultos de adversários, provocações verbais e até racistas de torcedores, palavras altamente críticas da mídia e ataques nas redes sociais. Se um atleta sabe controlar a consciência, pode fazer o mesmo com as reações e, portanto, dominar as consequências que, sem dúvida, influenciarão todas as partes da sua vida e da sua carreira.

Muitos atletas entram em campo ou em quadra mentalmente atormentados pelo mundo ao redor. Poucos recebem o treinamento e as ferramentas necessários para controlar com excelência o seu estado de espírito. Os frequentes e extremos altos e baixos emocionais têm um impacto devastador na mente e no sistema nervoso, que pode se estender para além da carreira deles.

Os desafios de saúde mental para atletas de alta performance são reais. A alegria e a glória do jogo são boas em mascará-los, mas, tenha certeza, eles estão ali. Esses são alguns dos muitos desafios que os ensinamentos e as ferramentas deste livro podem mitigar e eliminar de forma significativa.

LIÇÃO 10.4
No coração dos negócios

Ravi trabalha para uma empresa da *Fortune 500*. Ele é um executivo na equipe de líderes seniores e desempenha um papel importante. Ele é ótimo no que faz, e por isso se mantém nessa posição. Mas ninguém nunca lhe ensinou como a mente funciona. Ele não conhece a consciência e a mente e não sabe que pode controlar para onde a consciência vai. Ninguém nunca o ensinou a se concentrar. Ao longo dos anos, à medida que a demanda de tempo e de atenção aumentava, ele foi ficando cada vez mais distraído.

Hoje, Ravi tem dificuldade para manter a consciência em uma coisa de cada vez, embora ele não seja capaz de articular que é isso que vem sentindo ao longo do dia. A demanda constante por sua atenção, que vem de vários lugares, fez com que ele cedesse o domínio da própria consciência ao ambiente. Ele costuma dizer que está "um caos", o que significa, em nossos termos, que a consciência dele está um caos. Isso explica por que vive exausto: a energia dele está fluindo por toda parte. Quanto mais ele pratica a distração, mais eficaz se torna em exercê-la. E, nessa altura dos acontecimentos, ele virou um especialista nisso.

Quando chega em casa, Ravi é incapaz de manter a

consciência nos filhos ou na esposa por mais de alguns segundos. Portanto, nenhum deles sente a energia de Ravi sendo direcionada, e todos se sentem desconectados. Eles o amam, então toleram esse comportamento, o que se tornou uma regra na casa. Ravi também se sente desconectado da família, e isso o deixa triste, mas ele não sabe qual é a solução. Fica revirando na cama todas as noites com dificuldade para pegar no sono, pois é incapaz de separar a consciência da área do trabalho. Por fim, adormece de exaustão e, quando acorda, a intensa força magnética da área do trabalho, onde ele depositou a maior parte da energia, atrai a consciência para lá antes que ele possa pensar em qualquer outra coisa. Ele pega o celular e se embrenha ali enquanto ainda está deitado.

À medida que a consciência salta de um e-mail para outro, de um texto para outro e através de uma série de outras mensagens e notificações, a ansiedade aumenta. Não demora muito para chegar a este estado. Ele abriu um caminho para essa área da mente há muito tempo, que acabou virando o local preferido da sua consciência.

Ravi está esgotado em todos os sentidos da palavra, embora não consiga admitir para si mesmo, tampouco deixar que seus colegas percebam. Há momentos em que ele deseja largar tudo e levar a família para morar em algum lugar onde possa experimentar a paz. Isso, sem que ele saiba, é uma noção falsa, pois aonde quer que vá, o estado de espírito que ele cultivou com tanta devoção durante anos o acompanhará. Não é algo que se possa abandonar quando quiser. Não há paz para Ravi, nem mesmo na praia, no meio de uma floresta tranquila ou no sopé sereno de uma montanha. Momentos fugazes de paz, talvez, mas só — capturados em uma selfie e compartilhados em uma linha do tempo para tranquilizar a si mesmo e aos outros de que tudo está indo bem. De volta ao trabalho, a consciência dele, descontrolada, a todo momento alimenta a ansiedade. Ravi lidera uma equipe de cerca de duzentas pessoas. Ele se sente muito responsável pelo desempenho dos seus funcionários e pelos objetivos que foram definidos para eles. Sua consciência faz viagens frequentes ao futuro, muitas vezes atraindo resultados que ficam aquém das metas estabelecidas e, em algumas ocasiões, imaginando falhas monumentais. A preocupação se instala, e o medo do fracasso espreita nos cantos da sua mente, tão perto que ele pode sentir o cheiro. Isso tudo é extremamente corrosivo para o sistema nervoso, que está em ruínas por causa do comportamento destrutivo diário ao qual a consciência é submetida, e seu corpo abriga nós mais impressionantes do que os de uma sequoia.

A mente e o corpo humanos são incrivelmente resilientes em suportar críticas pesadas, e muitos não têm vergonha de se submeter a isso. Muitas vezes, ao se sentir frustrado, Ravi sabe que não pode desistir. Afinal, ele precisa custear parte da escola particular dos filhos, economizar para a faculdade deles, pagar um financiamento razoável, bancar o estilo de vida a que ele e a família se acostumaram e muito mais. A vida de Ravi não é uma história incomum. Muitas pessoas suportam graus variados de aflições semelhantes.

As empresas e os empresários devem perceber que mil oceanos nunca poderão saciar a sede do desejo. A busca pelo crescimento sem fim, decorrente do desejo e da criatividade desenfreados, é uma corrida à beira de um precipício. O desejo deve ser aproveitado e direcionado com sabedoria, e não realizado à custa da saúde mental e física de quem realiza esse desejo. As pessoas estão no comando dos negócios,

353

e nós devemos cuidar delas de verdade. Se não fizermos isso, teremos um caminho lento, mas certeiro, rumo à extinção. Inúmeras estatísticas mostram que em todo o mundo a deterioração da saúde mental no ambiente de trabalho é uma preocupação séria.

Se essa questão aparece em uma empresa, logo surgem algumas perguntas: onde começamos o processo de criar uma vida próspera e alegre para os nossos funcionários? Qual é a solução para Ravi e outros que como ele estão à beira do esgotamento mental e físico? Minha resposta é, e sempre será, a compreensão da consciência e da mente, e o aprendizado e o desenvolvimento do foco e da força de vontade. Não preciso dizer que há questões mais profundas a serem resolvidas na empresa, mas no nível individual o presente mais impactante que você pode oferecer à sua equipe é o dom de compreender seu maior atributo, a mente, e aprender a usá-lo para criar uma vida de fato gratificante.

Para os empreendedores que se preocupam com a vida, a saúde mental e o bem-estar dos funcionários e se eles levam uma vida gratificante: eu os aconselho a treiná-los para entender como a mente funciona. Se esforcem para capacitá-los com a compreensão simples da consciência e da mente, conforme indiquei neste livro. Ensinem, através de seu próprio exemplo, a arte de aprender e desenvolver a força de vontade e o foco, e sua aplicação para superar a preocupação, o medo, a ansiedade e o estresse. Compartilhe as práticas desses ensinamentos para ajudá-los a ter experiências mais profundas com as pessoas que amam e estar imersos por inteiro nos momentos que trabalharam tanto para oferecer a si mesmos e à família. É o investimento mais simples e econômico, e gera resultados que mudam vidas.

É um presente incrível para a sua equipe — compreender como usar e potencializar o seu maior patrimônio. Esse presente que meu guru me deu há quase três décadas ainda está comigo, embora eu não seja mais um monge no mosteiro. Com a prática constante, ele só cresceu e continua a me recompensar de maneiras que nem consigo imaginar. Com a compreensão da consciência e da mente e a capacidade de me concentrar, posso estar presente nos momentos com minha família e meus amigos. Posso aproveitar cada instante da minha vida com eles e as experiências que criei para mim. Embora eu passe por desafios, tenho as ferramentas e o método para lidar melhor com eles. Com a capacidade de me concentrar e refletir sobre mim mesmo, pude me conhecer melhor e saber o que eu quero. Encontrei um propósito. Defini prioridades. Posso concentrar minha energia nisso. Posso usar minha vontade para perseverar e nunca desistir. Posso manifestar os meus objetivos. Todo dia é pleno. Nenhum momento é desperdiçado — como seria se estou presente em cada um deles e sei o que fazer com eles? Você não gostaria de dar esse presente para as pessoas que dedicaram tanto de suas vidas à criação, à manutenção e ao sucesso da sua empresa?

Sim, você pode ensinar outras habilidades: como se comunicar, respirar, seguir uma boa dieta, se exercitar e praticar hábitos de saúde mental melhores. Mas você já percebeu que o que eles precisam para aprender bem qualquer uma dessas habilidades é a própria mente? Está no cerne de tudo. É a essência da vida de cada um. Se eles não compreendem como a mente funciona e não foram treinados para aproveitá-la e concentrá-la, como você espera que a usem para aprender e absorver por completo todas as habilidades que você deseja que eles adquiram?

É difícil aprender algo novo quando você não entende a ferramenta que está usando para aprender. Todos os livros do mundo não significariam nada se ninguém pudesse ler. O primeiro passo irrefutável é ensinar uma pessoa a ler para que possa entrar no universo dos livros. Da mesma forma, aqui devemos começar com a mente.

Se você lhes der esse presente incrível, deve se comprometer com o processo. Certifique-se de que eles de fato compreenderam os ensinamentos e entenderam como aplicá-los em suas vidas para criar mudanças efetivas e constantes. Só então o presente será de fato uma demonstração do seu cuidado genuíno com a sua equipe.

LIÇÃO 10.5
Foco nos negócios

De todos os treinamentos de funcionários que empresas do mundo todo gastam milhões de dólares para oferecer, o investimento mais importante seria ensiná-los a compreender a consciência, a mente e a arte do foco. Como compartilhei antes, *se sua equipe puder se concentrar, ela conseguirá prestar atenção e aprender todas as outras habilidades que você desejar.* Com funcionários distraídos, será difícil para eles ouvir e aprender, não importa o que você esteja tentando ensinar. Se você não tem foco, como pode se concentrar o suficiente para ouvir o que está sendo dito? Não ponha a carroça na frente dos bois.

Nesta lição, não vou me aprofundar em como se concentrar no ambiente de trabalho, porque este livro já fornece o treinamento essencial necessário para isso, e que pode ser aplicado em todos os lugares. Se você se pergunta "Quais são as melhores maneiras de praticar a concentração no ambiente de trabalho?", então você não conseguiu entender o que compartilhei nos capítulos anteriores, por isso sugiro que os releia. Você não precisa de um treinamento especial para se concentrar no trabalho. Você só precisa aprender a se concentrar. Depois disso, conseguirá aplicar essa prática a qualquer atividade.

O objetivo desta lição é argumentar com gestores e empresários para que considerem que compreender a mente e aprender a focar são uma parte fundamental da formação dos seus funcionários.

A fundadora de uma empresa multimilionária está encerrando uma reunião com a equipe de liderança. Eles estão prestes a apresentar um projeto para um possível cliente muito importante. Eles sabem que, se fecharem o negócio, será um divisor de águas para a empresa. Quando a fundadora está prestes a encerrar o encontro, ela se levanta, se inclina para a frente, põe as mãos sobre a bela mesa de carvalho onde os membros mais confiáveis da equipe estão reunidos e diz: "Nós precisamos de verdade nos concentrar nos próximos dois dias para a apresentação. Certifiquem-se de que suas equipes estejam completamente concentradas nisso". É um pedido natural e razoável.

Já mencionei isso algumas vezes, mas vou reafirmar no contexto dos negócios. Assim como os treinadores esportivos, muitos líderes corporativos dizem a suas equipes para se concentrar sem nunca os terem ensinado como fazer isso. Como proprietário de uma empresa, você nunca abordaria um membro da sua equipe de recursos humanos e pediria que programasse e desenvolvesse a próxima versão do seu aplicativo, não é? Você sabe que essa pessoa não está treinada para essa função: ela foi treinada em recursos humanos, e é por isso que trabalha nesse departamento. Por que, então, tantos líderes não percebem o que há em comum entre pedir para alguém do RH escrever um código e para alguém que nunca foi treinado na arte do foco se concentrar?

No mundo corporativo, em que produtividade e eficiência são extremamente valorizadas e buscadas, a maioria das empresas não consegue fazer uma coisa fundamental que poderia ter um impacto enorme — aprender e praticar a arte da concentração. Eu gostaria de acreditar que eles não ensinam isso aos funcionários simplesmente porque desconhecem o custo da distração e o quanto o foco é uma habilidade que deve ser aprendida e praticada. A maioria das pessoas supõe que nós podemos "apenas nos concentrar" e que, ao pedir que façam isso, vai acontecer como passe de mágica. Não vai. Mas não é importante apenas aprender a se concentrar. Deve-se também desenvolver a força de vontade e o pré-requisito para ambos, que é aprender sobre a consciência e a mente.

Você só continua distraído se não tiver sido treinado em como se concentrar ou não souber no que se concentrar. Acredito que a maioria das empresas deixa claro qual deve ser o foco dos funcionários. A peça que falta é de fato treiná-los para isso.

FADIGA E DISTRAÇÃO

Se alguém tivesse que dirigir um carro de Nova York a San Francisco, depois a Dallas, Chicago, e de lá até Miami, isso consumiria uma tremenda quantidade de gasolina. Se o carro estivesse parado, não consumiria tanto combustível. Usando essa analogia, pense na consciência como o carro e na energia como o que impulsiona a jornada pela mente. Se ela precisa ir para cinco áreas diferentes, vai consumir muito mais energia do que se permanecesse em um só lugar.

Uma consciência concentrada consome muito menos energia do que uma distraída.

Uma mente distraída consome enormes quantidades de energia. À medida que os níveis caem, o mesmo ocorre com a produtividade. A internet está inundada de dados e estatísticas sobre o impacto da fadiga na segurança, na produtividade, na eficiência e assim por diante. Existem muitas causas para a fadiga, mas é raro a distração ser reconhecida como uma delas. No entanto, você pode ver agora que, quando a consciência está perambulando descontrolada pela mente, a energia está em todo lugar, sendo consumida desnecessariamente onde não precisa estar. E quando os níveis de energia caem as consequências são lamentáveis.

A CONCENTRAÇÃO PRODUZ EFICIÊNCIA

Certa manhã, quando eu estava envolvido em um projeto, me deparei com um problema relacionado ao trabalho sobre o qual precisava dos conselhos do meu guru. Então fui até o escritório dele e, ao chegar lá, vi que a porta estava aberta e que ele estava sentado à mesa, trabalhando no laptop. Bati no batente da porta e perguntei: "Gurudeva, posso falar com você?".

Ele respondeu: "Entre e se sente. Eu o atenderei em apenas um minuto".

Meu guru terminou o que estava fazendo, abaixou a tela do laptop até quase fechá-la, indicando que havia terminado, então se virou para mim e me deu toda a sua atenção. Ele perguntou: "Como posso ajudá-lo?".

Fiz a minha pergunta, e ele respondeu. Pedi que explicasse melhor a resposta, e assim ele fez. Agradeci pela ajuda, levantei e fui embora. Essa conversa durou talvez dois minutos no máximo. Foi altamente eficaz porque ele havia treinado os monges daquele mosteiro na arte da concentração. A nossa consciência sempre permaneceu no assunto;

portanto, não se desperdiçou nenhum tempo ou energia com a consciência indo para outro lugar. Não consigo nem começar a descrever como as reuniões se tornam eficazes quando todos sabem se concentrar.

Quantas conversas de trabalho se prolongam porque as pessoas não estão focadas o suficiente para permanecer no tópico ou de fato ouvir o que o outro está dizendo?

Quando as pessoas não conseguem se concentrar, a comunicação e a troca de informações são prejudicadas. Quantas vezes você conversou com alguém que estava ocupado digitando no laptop ou no celular? A pessoa balança a cabeça em resposta ao que você diz para indicar que está ouvindo, mas agora você sabe, pelo que compartilhei sobre multitarefa, o que a consciência deles está fazendo. Por mais que essa pessoa possa pensar que está ouvindo, ela não presta atenção.

O que podemos fazer quanto a isso? Nós já discutimos o assunto em capítulos anteriores. Se você perceber que um membro da equipe está se distraindo, chame a atenção dele e o redirecione para o tópico em questão. Não tenha medo de dizer à pessoa com quem você está falando que você gostaria de ter toda a atenção dela. Explique a grande diferença que isso fará para o projeto.

É simples: concentração gera eficiência e produtividade.

REUNIÕES DISTRAÍDAS

A incapacidade de permanecer num mesmo assunto em uma reunião tem um custo alto. Já participei de inúmeras reuniões e para mim é sempre fascinante observar para onde vai a consciência das pessoas durante esses encontros. Começa indo em uma direção e, como acontece com um cachorro no parque, o mais sutil farfalhar em um arbusto é suficiente para enviá-la num sentido completamente diferente.

Eu passei por uma experiência certa vez. A proprietária de uma empresa que queria me contratar para conduzir um retiro para sua equipe de gerenciamento sênior me convidou para ir ao escritório dela discutir os detalhes. Sentei-me com ela e alguns membros da equipe e iniciamos a reunião. A certa altura, surgiu a questão das datas. Me perguntaram se final de fevereiro funcionaria para mim.

Eu respondi: "Desculpe, não vai dar. Nessa época eu estarei em Sydney, na Austrália".

Um membro da equipe reagiu à minha resposta dizendo com entusiasmo: "Ah, eu amo Sydney. É uma das minhas cidades favoritas no mundo. Eu adoro sentar em um restaurante ao ar livre em Darling Harbour, apreciar uma boa taça de vinho australiano... olhando a Opera House. Lá é tão lindo. Por que você vai a Sydney?".

Percebi, nesse momento, que eu tinha uma escolha. Poderia entrar em uma conversa sobre a Austrália ou fazer a consciência dessa pessoa voltar para o assunto que estava sendo discutido. Se eu não tivesse observado que ela estava se afastando, naturalmente teria me entregado a uma conversa sobre Sydney.

Escolhi trazer a consciência dela de volta, então respondi: "Sim, é lindo. Vou dar uma palestra. A segunda semana de março funciona para vocês?". Não estou dizendo que não devemos ter conversas amigáveis que fogem do assunto. O fundamental é saber o momento de fazer isso. Tempo é tudo.

Ao longo da reunião, a dinâmica foi semelhante. Os temas eram levantados mas nunca totalmente encerrados, o que significa que não se chegou a nenhuma conclusão — não por falta de informação, mas pela incapacidade de permanecer em um assunto e terminá-lo. Isso significava que as mesmas questões precisariam ser levantadas de novo em um momento posterior, ser rediscutidas de alguma forma e seria necessário chegar a um acordo que teria sido muito mais fácil resolver enquanto todos estavam na mesma reunião.

Quando a consciência se desvia de um assunto e, portanto, de uma área da mente, perdemos a possibilidade de obter mais percepções dessa região. Se eu pegasse um livro de mil páginas, o segurasse em minhas mãos e o folheasse em cinco segundos, não reuniria nenhuma informação. Mas, se eu abrisse o livro e me concentrasse em uma página, poderia ler o conteúdo e absorver o que estava sendo dito ali. Ao permitir que a consciência se mova tão rápido de uma área da mente para outra, você nunca fica em um lugar por tempo suficiente para reunir as informações que estão lá.

É preciso um esforço concentrado para aprofundar um assunto durante uma reunião, e isso é prejudicado toda vez que a consciência se distrai. O momento é perdido. Agora, carregar a consciência de todo mundo de volta para o mesmo ponto da mente onde estava antes da distração requer muito mais energia e esforço, e pode não ser tão fácil. O grupo chegou a esse ponto seguindo uma linha de pensamento coesa, que então descarrilou.

Quanto mais permitimos que as pessoas desviem do assunto durante as reuniões, mais as treinamos na arte da distração. Isso segue ocorrendo ao longo do dia de trabalho e é inclusive levado para casa. Treinar a equipe para permanecer no assunto é treiná-los na arte da concentração. Toda vez que sua consciência se afastar, traga-a de volta com delicadeza e cuidado. Você pode comentar o que foi dito e depois trazer a consciência deles de volta, como fiz ao responder aos comentários da entusiasta de Sydney.

Naquela reunião, toda vez que percebia que alguém estava se distraindo e via a consciência da pessoa desviar para outro tema, eu a trazia de volta à conversa em questão com gentileza e cuidado. Como eu fiz isso? Mantendo-me concentrado. Apenas porque estava concentrado pude observar que eles estavam se distraindo. Eu dizia, por exemplo: "Desculpe interromper, mas eu gostaria de continuar no assunto que estávamos discutindo, pois é importante tomar uma decisão".

Você pode ser organizado com todas as estratégias e ferramentas que contribuem para uma reunião bem-sucedida, mas, a menos que os participantes consigam se concentrar, as chances de o encontro ser eficiente e produtivo são muito pequenas. Meu objetivo não é lhe dizer como realizar ótimas reuniões, mas compartilhar o quanto a capacidade de foco afeta o resultado. As pessoas gastam um tempo considerável em reuniões de trabalho que poderia ser reduzido e ter resultados melhores se fossem ensinadas a se concentrar.

INTERRUPÇÕES

Certa vez, aconselhei uma empresa de moda, e a designer chefe compartilhou uma experiência comigo. Ela estava em sua mesa desenhando uma jaqueta para a coleção de outono quando um colega entrou e perguntou: "Você sabe onde tem papel sulfite?".

Com essa interrupção, a consciência dela deixou a área do design na qual estava tão concentrada canalizando criatividade intuitiva e, enquanto se virava na cadeira, passou para o colega. Ela disse que levou alguns segundos para se reajustar a um estado de espírito externo e responder.

"Naquele armário ali."

"Obrigado", respondeu o colega, saindo. Ela voltou ao esboço e percebeu que a consciência não estava mais naquela área da mente na qual sua criatividade estava florescendo. Ela admitiu como isso a deixou frustrada enquanto se esforçava para voltar ao mesmo ponto. Essa experiência, imagino, tem um alto custo para a empresa. Quantas vezes esse tipo de interrupção acontece em companhias ao redor do mundo?

Mais do que os gestores imaginam. As interrupções podem vir na forma de interações físicas ou em distrações digitais, como mensagens de texto, chamadas, salas de bate-papo ou notificações, para listar algumas. Toda vez que a consciência está distraída, ela precisa se desvencilhar daquilo em que estava imersa e então se envolver com a coisa nova que chama a sua atenção. Quando isso acontece, a consciência precisa traçar seu caminho de volta, se possível, até a área da mente em que estava antes de se distrair. Esse envolvimento e desligamento constante consome muito tempo e energia. A continuidade inestimável é quebrada. O potencial para mais ideias, soluções e criatividade se perde.

As interrupções são uma forma de distração. A maioria das empresas tenta lidar com isso bloqueando coisas desse tipo de várias maneiras. Implementar cômodos e áreas silenciosas é útil, mas é um remendo, não uma cura. A cura é ensinar as pessoas a se concentrar. Se os funcionários souberem como e fizerem isso bem, as empresas não precisarão descobrir como protegê-los tanto das distrações. Parte deste livro foi escrita todas as manhãs dos dias úteis durante alguns meses no New York City Bagel and Coffee House, em Astoria. Eu comprava uma xícara de café, me sentava em uma mesa e escrevia. Lá nunca estava tranquilo. O café excelente e os bagels atraíam um fluxo constante de clientes.

365

Mas o barulho, a música e as multidões não me incomodavam. Minha consciência estava presa no que eu estava fazendo. Tudo isso é para dizer que podemos investir tempo, energia e dinheiro criando maneiras de proteger os funcionários da distração — ou podemos simplesmente ensiná-los a se concentrar.

As interrupções também acontecem porque muitas vezes uma pessoa não tem ideia do que a outra está fazendo. Eu cresci na Austrália e adorava passar o tempo na praia, então observava como as bandeiras informavam a condição do mar. As bandeiras vermelhas significavam "Não entre", e as amarelas indicavam "Tome cuidado, pode haver perigos"— sinais simples que enviavam uma mensagem clara. Sem me aprofundar muito nisso, ao longo dos anos encorajei muitas empresas a adotar um sistema de sinais acordado entre todos para transmitir o nível de concentração entre os colegas. Por exemplo: "Alto" = por favor, não interrompa; "Moderado" = apenas assuntos urgentes; e assim por diante. Ao treinar os funcionários para que não tenham o hábito de interromper uns aos outros, nós os ajudamos a praticar a concentração por mais tempo, melhorando assim sua capacidade de foco.

ADOTANDO UMA POLÍTICA DE FOCO

Para gestores que desejam adotar os ensinamentos deste livro, o primeiro passo é fazer com que os proprietários ou os líderes das empresas os aceitem. O foco em uma corporação só funciona se for implementado de cima para baixo. Os líderes devem acreditar nesses ensinamentos e adotá-los em suas vidas a fim de servir de exemplo para todos. Esse é o primeiro passo. O segundo é convencer a equipe da necessidade de se concentrar. Os líderes precisam persuadir os funcionários a aderir aos ensinamentos. Isso é fundamental para o sucesso.

Em seguida, eu recomendo implementar os ensinamentos em pequenos grupos. Por exemplo, se as dez pessoas que compõem a equipe de marketing desejam embarcar nessa empreitada, eis o que podem fazer:

1. Começar a ler este livro ao mesmo tempo.

2. Revisar cada capítulo em grupo e anotar os pontos de maior destaque para cada um. Compartilhar esses pontos com o grupo e discutir como podem ser aplicados no dia a dia.

3. Comprometer-se a usar a terminologia correta em todas as comunicações entre o grupo.

4. Identificar os eventos habituais indispensáveis em uma jornada comum de trabalho que cada pessoa pode usar para desenvolver a força de vontade e o poder de concentração. Eventos em grupo, como reuniões, são oportunidades perfeitas. Prestar contas uns aos outros com bondade e gentileza.

5. Fazer uma autoavaliação e acompanhar o progresso. Lembrar-se sempre do "poder de dar um passo de cada vez". Comemorar marcos e vitórias.

6. Apoiar-se em seus esforços para administrar a consciência na mente de forma delicada e cuidadosa. Praticar a paciência e a compaixão.

7. Apoiar e ajudar a trazer a prática para a vida de cada um fora do trabalho. A prática do foco precisa ser integrada a todos os momentos.

BENEFÍCIOS DE UMA MENTE FOCADA

Não esqueça: quando você ensina sua equipe a se concentrar usando os princípios específicos deste livro, não ensina apenas isso, mas também:

- Como controlar para onde a consciência se move na mente, que por sua vez é...

- Como controlar para onde a energia flui e, portanto, o que se manifesta na vida (incluindo projetos de trabalho);

- Como aplicar os três princípios do desenvolvimento da força de vontade em tudo o que for feito;

- Como estar presente em todos os compromissos;

- Como gerenciar e superar a preocupação, o medo, a ansiedade e o estresse por meio da conscientização;

- Como gerenciar reações e respostas.

O meu objetivo aqui é fazer com que as empresas adotem os princípios deste livro como parte de seu currículo de treinamento. Eles não apenas contribuirão para um melhor desempenho no local de trabalho, mas também capacitarão suas equipes com os ensinamentos e as ferramentas necessários para uma saúde mental melhor e, assim, permitir que levem vidas mais gratificantes. Esse benefício não para por aqui. Todo indivíduo cuja vida é transformada de forma positiva terá a prática experimental para capacitar seus entes queridos com esses ensinamentos e essas ferramentas e ajudá-los a também levar vidas gratificantes.

Lembre-se da história que contei sobre como Gurudeva ergueu o centro do lenço e, ao fazê-lo, explicou: "Sua energia está conectada com a de todos aqueles que estão em sua vida. À medida que você se eleva, ergue todos eles junto". Ao capacitar e elevar quem faz da sua empresa ser o que é com a compreensão fundamental da mente, do foco e da força de vontade, você faz uma escolha consciente de influenciar de maneira positiva todos que são importantes para ela. Agora você vai ajudá-los a criar uma vida que pode resultar em felicidade.

Conclusão

Meu guru compartilhou comigo há 27 anos a percepção profunda de compreender o funcionamento interno da mente. Esses ensinamentos antigos foram transmitidos por monges da linhagem espiritual à qual ele e eu pertencemos por mais de dois milênios.

Quem consegue entender a profundidade desses ensinamentos — a simplicidade, a praticidade e a capacidade que eles têm de promover estados intensos de realização se forem compreendidos e aplicados — tem a vida transformada para sempre. Eu sou uma dessas pessoas, um daqueles cujas vidas foram transformadas e profundamente impactadas por esses ensinamentos. Como não compartilharia isso com você?

Este livro é resultado de um trabalho de amor. Eu o escrevi para você, para que também possa experimentar os ensinamentos que mudaram a minha vida e a de muitos outros. Esses ensinamentos, por mais profundos que sejam, são completamente inúteis se não forem compreendidos e aplicados de forma consistente e correta. O fardo da responsabilidade é apenas seu. Você pode trilhar o caminho das palavras e falar sobre o que leu e aprendeu, ou o da experiência pessoal, aplicando-os e experimentando a transformação que trazem. A escolha é sua.

"Então, para onde vamos daqui?", você pode perguntar. Esforce-se para compreender os ensinamentos. Leia-os uma e outra vez. Permita que permeiem cada átomo do seu ser. Aplique-os em todos os aspectos de sua vida. E, o mais importante: pratique, pratique, pratique! Você consegue aprender a dominar a consciência na mente porque valoriza o que isso vai lhe proporcionar.

Conforme avança na prática desses ensinamentos, seja compreensivo, paciente e compassivo consigo mesmo. Lembre-se de que você é um trabalho em andamento, um prédio em construção. Existem algumas partes que são confusas, mas tudo bem, desde que você esteja trabalhando nelas devagar, mas com segurança.

Você foi agraciado com o maior presente de todos — a própria vida. O conteúdo deste livro pode ajudá-lo a viver uma vida verdadeiramente incrível. Compreender a consciência e a mente, além da capacidade de administrar e concentrar a consciência, é um dos maiores presentes que você pode dar a si mesmo. É uma panaceia secreta para muitos males da mente. É o ingrediente essencial para realizar os seus objetivos e viver com propósito. Alegria, felicidade e satisfação estão entre os resultados dessa experiência, mas a consequência mais importante dessa jornada é "conhecer a si mesmo".

Me despeço com uma das minhas citações favoritas de Gurudeva: "Siga em frente com confiança!".

Agradecimentos

A gratidão e o reconhecimento são as principais virtudes
para uma vida melhor. São o feitiço lançado para dissolver o ódio,
a mágoa e a tristeza, o remédio que cura estados subjetivos
da mente, restaurando a autoestima, a confiança e a segurança.

GURUDEVA

Nada é produzido por uma pessoa apenas. É sempre um esforço coletivo, e é preciso uma aldeia para escrever um livro. Esta obra foi possível graças a todas as pessoas que acreditam em mim e me apoiaram no processo.

Gurudeva, Yogaswami e os gurus da linhagem: obrigado pelo amor incondicional, pela sabedoria e orientação que vocês concederam à minha família e a mim nas últimas cinco gerações.

Alice Martell, minha agente literária: tudo começou com você acreditando no meu trabalho no início desta empreitada. Obrigado por fazer isso acontecer.

Adrian Zackheim, meu editor: obrigado por acreditar neste trabalho e por apoiar de forma audaciosa as minhas escolhas. Você tem sido profundamente encorajador.

À equipe da Portfolio e da Penguin Random House:

obrigado por tudo o que vocês fazem — o que é visto e o que não é. Seus esforços tornaram este livro e a missão de elevar e transformar muitas vidas possíveis. Por favor, saibam que eu sou muito grato a todos vocês. Agradecimentos especiais a Annie Gottlieb.

James Landis, Michael Lützenkirchen, Robert van der Putten e Ragy Thomas: me sinto profundamente honrado pelo apoio de vocês e por acreditarem no trabalho de Gurudeva e no meu.

Sadhaka Haranandinatha e Sadhaka Tejadevanatha: obrigado por serem meus irmãos monásticos. Agradeço o amor e a crença que têm em mim, e que se estendeu por muitas vidas.

Minha equipe incrível (Marilyn, Yeimi, David, Icho, Alex e Georgii): obrigado por não perder o ritmo quando eu estava absorto na criação deste livro. Sou muito grato a cada um de vocês.

À minha mãe, pelo amor e apoio incondicional. Você me trouxe até aqui e aos lugares aonde vou chegar com o seu amor.

Minha filha, Meenakshi: obrigado por seu amor, pela profunda alegria que você me traz todos os dias, por ter vindo quando chamei e por inspirar a seção "A verdade velada" com suas perguntas e entendimento da consciência e da mente.

Minha esposa e melhor amiga, Tatiana: obrigado por seu amor e paciência incríveis e por sempre ser minha principal apoiadora. Este livro não teria sido possível sem o seu incentivo contínuo. Eu tenho muita sorte por contar com você em minha vida.

Índice remissivo

As páginas em itálico indicam as tabelas

absorção, estado de: em competições atléticas, 349; em filmes, 115-8, 158-9, 161, 163
abstinência, 263
acidentes de trânsito, 204-5, 258
acompanhar o progresso, 211-5, *216*
acreditar, fazer o outro, 39-40
alegria, 45-7, 289
algoritmos tecnológicos, 265
ambiente, consciência controlada pelo, 117-21, 169, 337
ambiente de trabalho, 357-69; adotar uma política de foco no, 366-7; benefícios de uma mente concentrada no, 368; controle da consciência no, 351-6; eficiência da comunicação e, 360-1; ensinar o foco no, 357-8, 368; fadiga e distração no, 359; interrupções no, 364-6; praticar a força de vontade no, 241; reuniões distraídas no, 361-4; sinais para os níveis de concentração e, 366
amor, 275
Angkor Wat, o complexo de templos, 77

ansiedade, 191, 322-7, 354
aprender: aquisição de conhecimento, 272; estar aberto a, 92, 138
Associação Psiquiátrica Americana (APA), 180
atenção: alegria de oferecer a total, 46; chamando a atenção da consciência, 158-62, 361; eficiência da comunicação e, 360-1; exigir total, 361; praticar oferecer a total, 208-11, 213, 277-81, 310; como um sinal de respeito, 283; tolerância zero para a distração e, 281-2
atletas, 288, 346-50
autoconhecimento, 372
autodesenvolvimento, 31
autorrealização, 34-5, 244
autorreflexão, 22

bloquear tudo, 288, 349
Bolt, Usain, 198-9

cama, hábito diário de fazer a, 234-8
capacidade de ouvir, 214, 276-7, 360-1
celular *ver* telefone/ celular
Centros de Controle e Prevenção de Doenças (CDC), 180, 204

ciúme, 93

clareza: controle da fala e, 337; no propósito e na intenção, 237; sentimento de exaustão e, 74

Colorado, rio, 77

comportamento de iniciante, adotar, 92

comunicação, eficiência da, 361

concentração: no ambiente de trabalho, 355, 357-8; definição, 185-9; diagnóstico de TDAH e, 180-4; discussões internas/ problemas não resolvidos e, 342; eficiência e, 360-1; estar presente e, 300-5; falta de instrução sobre, 178-9, 182-4; força de vontade e, 273; como um hábito fácil, 271; importância de desenvolver, 177; integração na vida cotidiana, 197-206; meditação/ pessoas que meditam e, 188, 197-8; padrões na mente subconsciente, 269-71; praticar, 183-4, 197-206; preocupação controlada com, 310-1; razões pelas quais as pessoas têm dificuldade para, 268; rituais para, 207-16; terminologia, 13, 185

concentrar usando a respiração, 135

concepções equivocadas sobre o foco, 286-93; ausência de alegria, 289; bloquear tudo, 288; como exaustão, 286-7; medo de ficar de fora, 287; mindfulness, 290-2; multitarefa, 292-3

concluir bem os projetos, 226, 228-32, 235, 240

concluir o que começou, 226-8, 240

confiança, 228, 372

conhecimento, 272-3

consciência: analogia da lanterna e da caverna, 96; analogia da mente como uma mansão e, 99-103; analogia do avião para a, 270; caminhos profundos criados na mente e, 139-44; chamando a atenção da, 158-60, 161-2, 361; controlada pelo ambiente, 117-21, 169; controle da (ver também concentração; controle da consciência), 136, 144, 147, 169-71, 225, 307; definição de, 93-4; no dia a dia, 115-21; escolher dominar a, 171; estado de observação da, 161-2; experiências emocionais não resolvidas e, 134-5; da felicidade, 95, 100, 105; força de vontade sobre a, 224-5, 237, 243; fortalecer as áreas na mente e, 131; meditação e, 142; medo e, 316-20; mente relacionada com a, 96, 102, 157, 305; movimento da consciência na mente, 94, 96, 102, 123, 152-7, 169, 186; objetivo/ propósito de aprender sobre, 147-51; no passado, no futuro, ou no presente, 301-3, 305-6, 311-2; passear/ vagar, 102, 113, 154, 160, 273-4, 361-4; poder da emoção e, 116-7, 339; princípios fundamentais da, 157; da raiva, 100, 105; reações e, 336; recuperação de memórias no subconsciente e, 155-6; relação da energia com, 126-30, 135-6; saltando de forma descontrolada entre pensamentos, 325; separar/ afastar a, 161-8; de si (consciência), 166-7; tarefas não concluídas e, 322-4; terminologia, 111; sem treino/ sem controle, 122-5; da tristeza, 95; como um viajante, 104-7; como você mesmo, 95-7, 102, 105, 125, 157

consciência espiritual, 29

Conselho Nacional de Segurança (EUA), 204

conselhos, procura de, 70-2

consistência: no aprendizado de ferramentas, 23, 61-2; no aprendizado de força de vontade, 236-7

controle da consciência: à mercê do ambiente, 117-21; no ambiente de trabalho, 351-6; analogia da mente como uma mansão, 100-1; como antídoto da ansiedade, 327; de atletas, 348-9; ausência/ perda de, 148-51, 185-6, 323-7, 333-5, 339, 351-3; controle da fala e, 338; distrações tecnológicas e, 259, 261; domínio do, 136, 144, 147; experiências acumuladas com, 98; fazer a cama diariamente e, 237-8; fluxo de energia e, 130; de forças externas e internas, 147-51; medo e, 317, 327; como um objetivo, 147-51, 274; papel da força de vontade no, 124, 156, 224-5, 237, 243; problemas não resolvidos e, 342-4; recompensas do, 103; repercussões emocionais e, 148-51; separação e, 161-4; como solução para a preocupação, 307, 327
controle da fala, 337-9
convencer os outros, 39, 40
conversas: conclusão natural das, 227; eficiência das, 361; estar presente nas, 300-1; sem foco/ sem rumo, 361-4
crianças: chamando a atenção da consciência nas, 159-60; custo da distração e, 195; expectativas de foco, 179; força de vontade em, 220; punições físicas em, 179; valentões e, 320
criatividade, 29, 93, 364
curiosidade, 138

Dalai Lama, 50
De Sena, Joe, 35, 77
desafios da saúde mental: no ambiente de trabalho, 353; para atletas, 346, 349; controle da consciência e, 325, 327
desânimo, 170, 208

desejo, 33-8, 353
desistir, 35, 77
dia a dia: consciência no, 115-21; fazer a cama todos os dias, 234-8
direção: acidentes, 204, 258; conversar na, 292; distração, 204
disciplina, amor por cultivar a, 275
discussões internas, 340-5; consequências/ custos das, 340-1; controle da consciência e, 341-4
distração, 190-6; no ambiente de trabalho, 359, 362-4; ansiedade e, 325; consequências da, 190-4; crianças medicadas por conta da, 182; dirigir distraído, 204-5; discussões internas, 340; dominar a, 193-4; energia consumida pela, 359; fadiga e, 360; falta de consciência sobre a, 190; interrupções e, 364-6; mindfulness e, 291; como um padrão na mente subconsciente, 266-70, 287; como praga, 190; prática de, 193-4, 198, 261, 286-7; tecnologia criticada por causa da, 257-65; tolerância zero para, 281-3
dominar as ferramentas, 23
dúvida, 36

Ecko, Marc, 71
elevar os outros, 31, 368-9
emoção: analogia da cobertura do bolo e, 132-3; caminhos profundos criados na mente e, 140; em competições atléticas, 350; controlada pelo ambiente, 118-9, 148-51; experiências de rápidas sucessões, 120; extremos, 151; impregnadas nas memórias, 155-6; mau controle da consciência e, 339; medo como porta de entrada para emoções negativas, 315; poder da, 116, 339; problemas não resolvidos e, 133-5; relação da energia com, 133;

separar-se da, 162-3; transferência de energia e, 339

empolgação, 337

empreendedores: coleta de informações e, 277; demanda por foco, 179; ensinamento do controle da consciência e, 354-5; estados elevados da mente e, 142; excedendo as expectativas, 231; mudança de autor para o empreendedorismo, 12; *ver também* ambiente de trabalho

encurtar o tempo, clareza obtida ao, 56-7

energia: analogia da cobertura do bolo, 132-3; analogia da mente como um jardim e, 129-30; caminhos profundos criados na mente e, 141, 318; consciência relacionada à, 126-30, 135-6; controle do fluxo da, 130, 136; conversar enquanto se dirige e, 292; nas conversas, 301; custo da distração e, 193; definição de, 127, 132; discussões internas/ problemas não resolvidos e, 345; distrações tecnológicas e, 262; empolgação comparada ao entusiasmo e, 337; fortalecimento de áreas da mente e, 131, 344; frequência das vibrações e, 127; impacto da distração na, 359; interrupções e, 365; investimento de, 48-9, 128; má gestão, 181; como magnética, 131, 133, 141; manifestação e, 135-6, 237; multitarefa e, 292; propriedades da, 127; redes sociais e, 264; regulação da respiração e, 135; relação da emoção com, 132, 140; transferência de, 339

engrenagens da mente: engrenagem da concentração, 269-71; engrenagem da distração, 266-70; engrenagem do medo, 317

entusiasmo, 337

escolha: de como interagir com a tecnologia, 261; de como responder, 26-7; de controlar a consciência, 171; de escolher uma vida com foco, 24; de onde colocar a consciência, 100

esperança, perda de, 170

esportes, 179, 346-50

estresse, 191, 324, 326, 354

eventos habituais indispensáveis: praticar a concentração durante, 199-206, 207-8; praticar a força de vontade, 234, 237, 239-44; praticar o uso da tecnologia, 263-5

exaustão, 191, 286-7

expectativas, superar, 226, 228-30

Facebook, 192, 262

fadiga, 123

fala: controle da, 337-9; usar a linguagem precisa na, 111-4

falar livremente, 338

fazer a cama diariamente, 234-8

fazer mais do que acredita que pode, 226, 231-2, 235, 240

felicidade: como uma área da mente, 93; atenção total e, 47; caminhos profundos criados na mente e, 140; consciência da, 95, 100, 105; fluxo da energia e, 130, 132; como ímpeto para uma vida com foco, 45; como um resultado, 22, 276, 285, 290-1

ferramentas, aplicação de, 62-3, 372

filmes: absorção, 115-7, 158-9, 161, 163; chamar a atenção da consciência e, 159, 161; separar a observação, 164

filmes de terror, 143, 316, 318, 320

filosofia hindu, 127

foco (terminologia), 13, 185

foco obstinado, 223

força de vontade: no ambiente de trabalho, 354; analogia do prédio para a mente e, 319; concentração e, 160; consistência em se esforçar, 236-7; controle da consciência e, 124, 156, 224-5, 237, 243; controle da fala e, 339; cultivo da, em várias encarnações, 222; definição de, 221; discussões internas/ problemas não resolvidos e, 342; estar presente e, 305; exercícios de longo prazo para desenvolver, 249-53; falta de instrução sobre, 220; fazer a cama diariamente e, 234-8; fonte da, 246-8; habilidades inerentes a, 220; integrada no dia a dia, 233-8; lado negativo da, 222-3; manifestação e, 227-8, 244; métodos para desenvolver, 226-32; dos místicos, 225; como um músculo mental, 221; natureza consciente e, 223; oportunidades para desenvolver, 233-4; preocupação com, 310; rituais para praticar, 239-44, 245; valor da, 219, 224-5

fracasso: como parte natural da jornada, 72, 171; experiência do autor, 335

frequência, 127, 133

fumar, 27

Fundação de Saúde Mental (Reino Unido), 324

futuro: ansiedade baseada no, 322; imagem mental do, 302-3; medos baseados no, 316; preocupações baseadas no, 309-10, 312; resolução de possíveis problemas, 311

Gates, Bill, 76

Grand Canyon, 77

gratificação instantânea, 75

Gurudeva (guru): sobre ansiedade e estresse, 326; sobre aproveitar as experiências diárias, 202; atenção total de, 280, 360; sobre autoconfiança, 213; sobre o autodesenvolvimento, 31; sobre os caminhos na mente, 143; sobre a ciência da consciência, 158; sobre concentração, 184; sobre concluir bem os projetos, além das expectativas, 229-30; sobre confiança, 372; sobre conhecer o próprio caminho, 21; sobre consciência e energia, 126, 128, 301, 344; conselhos de, 70; eficiência de, 360; sobre elevar outros, 31, 368-9; ensinamentos e ferramentas de, 12-3; sobre ensinamentos/ferramentas, 59, 62; sobre força de vontade, 219, 221-2, 226, 234, 247-8, 250, 253; intenção de, 91; sobre meditação, 171; sobre a mente, 88, 91-2, 97; sobre a mente superconsciente, 29; morte de, 46, 51-2; mudança do autor para a floresta Windbell e, 303-6; sobre obediência, 70; sobre observação, 283; sobre padrões do subconsciente, 285; sobre pequenos passos, 77; sobre praticar da maneira certa, 61; preocupação experienciada por, 309; sobre o presente, 303; sobre recompensas por esforços além das expectativas, 210; sobre regras da mente consciente, 308; repetição empregada por, 65-6; sobre sabedoria, 272; vida reclusa do autor com, 11; sobre viver com alegria, 45, 58

hábitos: mente subconsciente e, 29; com objetivos e propósito na mente, 203; prática da força de vontade e, 241; profundos caminhos criados na mente e, 139; com resultados negativos, 60

heavy metal, 128

Hill, Napoleon: autoridade de, 70; sobre definição de propósito, 33, 78; *Pense e enriqueça*, 33, 70; sobre o poder de acreditar e desejar, 37

hiperatividade, 180

379

horário das refeições, praticar a força de vontade e, 239-40, 243
humildade, 223

impaciência, 75
impermanência de todas as coisas, 281
indecisão, 191
Índia, 331-4, 339
informação, reunir, 277
iniciante, adotar comportamento de, 92
Instagram, 262, 264, 325
intenção: clareza na, 68-9, 73, 237; práticas para lidar com a tecnologia e, 264
internet: distrações na, 260; organizar tempo para, 274
interrupções, 364-6
intuição, 29, 93
ioga, instrutores de, 75

Jornada Espiritual, viagem anual, 331-4

Ki-moon, Ban, 39
kung fu, 64

linguagem precisa, 111-4, 159
livros de autoajuda, 60
louça, praticar a força de vontade ao lavar, 239-40, 243
Lützenkirchen, Michael, 92

mal-entendidos em relacionamentos, 276, 340
Mandela, Nelson, 27, 101
manifestação: compreensão da mente e, 372; dúvidas sobre, 314; força de vontade e, 227-8, 244; fracasso em alcançar, 136; imagens mentais do futuro e, 302-3; medo e, 321; papel da energia, 135-6, 237; preocupações e, 313-4

manter-se centrado e firme, conselho de, 71
Manual diagnóstico e estatístico de transtornos mentais da Associação Psiquiátrica Americana: DSM-5, 180
marcar reunião para problemas não resolvidos, 343-4
Marco Polo (série televisiva), 64
medicações para TDAH, 180-4
meditação: caminhos profundos criados na mente e, 142; compreensão da mente e, 170; concentração e, 188, 197-8; linguagem e, 112; padrões na mente subconsciente e, 268; palavras de Gurudeva sobre o valor da, 171
medo: no ambiente de trabalho, 354; analogia do prédio para a mente e, 318; baseado no futuro, 316; caminhos profundos criados na mente e, 143, 318; como consequência da mente distraída, 191; controle da consciência e, 317, 327; dominar, 315-21; filmes de terror e, 143, 316, 318, 320; como um mecanismo de defesa, 318; medo de ficar de fora, 287; tirando a consciência da área do, 319
memórias: consciência das, 301-2; emoções impregnadas nas, 155-6; repositório na mente de, 93, 156
mentalidade, comportamento como reflexo da, 242
mente: analogia da caverna e da lanterna, 96; analogia da cobertura do bolo para energia e, 132-3; analogia do jardim, 129-30; analogia da mansão, 99-103; analogia do prédio, 318; áreas magnetizadas da, 142, 144; caminhos criados na, 138; compreensão intelectual da, 88-9; definição, 92; domínio da, 88-9; engrenagens da, 266-71; estados da *ver* mente consciente; mente subconsciente;

mente superconsciente; falta de manual/ ensinamentos da, 86-7; fortalecer as áreas da, 131; incapacidade de distinguir o bom do ruim, 27-8, 60; instintiva, 315, 318; meditação e, 170; poder da, 85-90; princípios fundamentais, 157; proteção, 318-21; relação da consciência com (ver também consciência), 96, 102, 157, 305; segredo da, 91-8; terminologia, 111; "vagar" da, 102, 113

mente consciente: meditação e, 142; memória do subconsciente e, 155; preocupação como o resultado da, 308; reforço de padrões e, 266

mente subconsciente: analogia do avião para, 270; caminhos profundos criados na, 139; concluir o que começou e, 227-8, 251; controle da fala e, 337; discussões internas/ problemas não resolvidos, 343; identificar padrões requer ajustes na, 285; impacto da repetição na, 66; importância da terminologia e, 111-3, 159; intuição e, 29; meditação e, 142; memórias guardadas na, 155-6; como a mente intelectual, 28; necessidade de treinamento, 29; passagem de ideias para, 29; problemas como padrões na, 285; problemas não resolvidos e, 133, 274, 341-2; reforço de padrões e, 266-9; sobre, 28; sobrecarga de informação e, 30; treinamento da, 112-3

mente superconsciente: importância da terminologia e, 113; meditação e, 142; dos místicos, 225; observação como um sinal do despertar da, 283; papel da força de vontade ao direcionar a consciência para, 243; sobre, 28-9

metafísica hindu, 97, 318

micélio, 141

mindfulness (atenção plena), 290-2

místicos, 225

morte: avaliação da vida e, 58; esclarecimento de prioridades e, 55-7; de Gurudeva (guru), 46, 51-2; como ímpeto para uma vida com foco, 45, 50-8; natureza finita da vida e, 53-4, 56-7; realidade indistinta da, 53; relutância em falar sobre, 51; relutância em partir, 224

Mozart, Wolfgang Amadeus, 292

multitarefa, 69, 292-3

Munique, Alemanha, 21

natureza finita da vida, 53-4, 56-7, 195, 281

negatividade, 133-5, 164

notícias na televisão, 259-60

"o Universo", 30

obediência, 62, 70-3

objetivos: como ímpeto para uma vida com foco, 45, 48-9; importância de se articular com clareza, 79; incapacidade de concretizar, 170

observação: definição, 283; direcionar, 163; dois estados de consciência da, 161; envolvimentos emocionais e, 150; medo de ficar de fora e, 288; mente superconsciente e, 283; mindfulness e, 290-2; dos pais, 181; perspectiva e, 284-5; poder da, 283-5; de preocupação, 311; como resultado da concentração, 283, 291; separar/ deslocar a consciência da, 161-8; tomada de decisões e, 285

Organização Mundial da Saúde (oms), 258

paciência, 36

padrões repetidos, 266-71

pais, 181

passado: consciência no, 301-2; medo e, 316; preocupação e, 312

Pense e enriqueça (Hill), 33, 70

pequenos passos, o poder dos, 74-9

perfeccionismo, 36

personalidade consciente, 222-3

perspectiva, 284-5

persuasão, 39-40

pessoas deprimidas, 133

piloto automático, 270

plágio, 126

poder transformador de ensinamentos e ferramentas, 13

políticas de foco no ambiente de trabalho, 366-7

prática: abordagem gradual, 208-10, 243; acompanhar o progresso e, 211-5, 216, 245; de concentração, 182-3, 197-206; consistência, 61-2; de distração, 193-4, 198, 261; de ferramentas e ensinamentos, 372; de força de vontade, 239-44, 245; lei da, 59-67, 193-4; oportunidades para, 207-10, 214, 216, 239-44, 245; praticar da maneira certa, 61-2

preciosidade da vida, 51

preocupação, 307-14; no ambiente de trabalho, 354; baseada no futuro, 309; como consequência da mente distraída, 191; controlada com concentração e força de vontade, 311; definição de, 308; domínio da consciência como uma cura para, 307; estados prolongados de, 322; manifestar, 313; como produto da mente consciente, 308; resultados incertos e, 323

presente, 299-306; concentração e, 300; consciência de passado/ futuro e, 301-2; conversas e, 300-1; felicidade e, 47; incapacidade de se manter no, 299-300; mudança do autor para a floresta Windbell e, 303-6

prioridades: atenção total às, 46-7; clareza sobre, 49; definidas pelo propósito, 24, 54; como a morte esclarece as, 54-7

problemas não resolvidos: consequências/ custos de, 340-1; controle da consciência e, 342-4; discussões internas e, 340-5; emoções imersas em, 133; encaminhar, 342-4; permitir a consciência vagar e, 274

produtividade, 167, 360-1

progresso, acompanhamento do, 211-5, 216

projetos incompletos, exercícios para, 249-51

propósito, 21-5; clareza no, 46, 49, 237; morte como ímpeto para compreender o, 54; práticas para administrar a tecnologia e, 264; prioridades definidas por, 54; senso de falta de propósito e, 191

punições físicas, 179

raiva: analogia do prédio para a mente e, 319; como uma área da mente, 93; caminhos profundos criados na mente e, 140; consciência da, 100, 105; fluxo de energia e, 129, 131; como insanidade temporária, 333; reações lamentáveis e, 333-4

razão: analogia do prédio para a mente e, 318-9; aplicar a, 240, 252; experiência do medo e, 318

reações físicas, 336

reações lamentáveis, 332-9; do autor, 332-5; controle da fala e, 337-9; definição de "reação", 335; tipos de, 336

reações mentais, 336

reações violentas, 336

realização, 54

redes sociais: administrar tempo para, 264-5, 274; fracasso em controlar a consciência nas, 192
regulação da respiração, 135
relacionamentos, mal-entendidos em, 276
repetição, 65-7, 266-71
resolução de problemas, 311
respeito, atenção como um sinal de, 283
respostas involuntárias, 28
reunião com seu problema não resolvido, 343-4
reuniões, distrações em, 361-4
rir, 26
rituais para concentração, 207-15
Roddick, Anita, 78
rotinas mentais, 138-44

sabedoria como a única regra estrita, 272-3
sacerdote hindu, vida do autor como, 11
San Francisco Ballet, 61
sankalpa, 237
sentimentos de exaustão, 74
sentimentos de pressão, 326
separação da consciência, 161-8
seriedade, foco confundido com, 289
Serviço Nacional de Saúde (NHS, Reino Unido), 180
Siva Ashram, 250, 279
smartphones ver telefone/ celular
soldados de elite, treinamento de, 348
Stowe, Harriet Beecher, 54
sucesso e perfeccionismo, 35
Suryavarman II, rei, 77

tarefas incompletas, exercícios para, 251-2
tarefas não concluídas, 323-4
tecnologia, 75, 257-65; ver também telefone/ celular
teimosia, 223-4

telefone/ celular: culpa pela distração, 257; dirigir distraído e, 204; ficar presente e, 299-300; fracasso de controlar a consciência com, 191-3, 261-3; práticas para administrar, 263-4; tolerância zero para distração e, 282
televisão, notícias na, 259-60
tempo definido para redes sociais, 264-5
terminologia, importância da, 111-4, 159
Tesla, Nikola, 127, 133
Thomas, Ragy, 211
Tiruvalluvar (sábio), 281
tolerância zero para distração, 281-3
tomada de decisões: coleta de informações e, 277; observação e, 285; em situação de medo, 320; na sobrecarga de informações, 30
transtorno de déficit de atenção com hiperatividade (TDAH), 180-4
treinadores de equipes esportivos, 179, 346
tristeza, 95, 268
Twitter, 192

valentões, 320
vibração, 127, 132
vida monástica: colocar os ensinamentos em prática, 12; desejo de autorrealização e, 34-5; desenvolvimento pessoal do autor e, 31; mestres na, 75; mudança do autor para a floresta Windbell, 303-6; processo de autoavaliação e, 211; rituais na, 207
vidas passadas, impacto de, 141, 222
visão limitada, 288

Windbell, mudança do autor para a floresta, 303-6
World Knowledge Forum (18º), 38-9

YouTube, 167, 261

TIPOGRAFIA Adriane por Marconi Lima
DIAGRAMAÇÃO acomte
PAPEL Pólen Natural, Suzano S.A.
IMPRESSÃO Gráfica Santa Marta, abril de 2023

A marca FSC® é a garantia de que a madeira utilizada na fabricação do papel deste livro provém de florestas que foram gerenciadas de maneira ambientalmente correta, socialmente justa e economicamente viável, além de outras fontes de origem controlada.